Ronald D. Gerste

DUELL UMS WEISSE HAUS

RONALD D. GERSTE

DUELL UMS WEISSE HAUS

Amerikanische Präsidentschaftswahlen
von George Washington bis 2008

FERDINAND SCHÖNINGH
PADERBORN · MÜNCHEN · WIEN · ZÜRICH

Titelbild:
Ullstein Bild – imagebroker.net

Bildnachweis:
Abraham Lincoln Presidential Library, Springfield, IL: 6; Chicago Historical Society: 7; Cincinnati Historical Society: 4; Norman A. Graebner/Gilbert C. Fite/Philip L. White, A History of the American People. McGraw-Hill Book Co.: 2. Aufl., New York 1975: 1; Harper's Weekly, 1877: 10; St. Louis Art Museum, St. Louis, MO: 5; Süddeutscher Verlag-Bilderdienst, München: 15-20, 22; Ullstein Bild, Berlin: 2, 3, 8, 9, 11-14, 21, 23-31, Titelbild.

Bibliografische Information der Deutschen Nationalbibliothek

Die Deutsche Nationalbibliothek verzeichnet diese Publikation in der Deutschen Nationalbibliografie; detaillierte bibliografische Daten sind im Internet über http://dnb.d-nb.de abrufbar.

Umschlaggestaltung: Evelyn Ziegler, München

Gedruckt auf umweltfreundlichem, chlorfrei gebleichtem und alterungsbeständigem Papier ⊗ ISO 9706

© 2008 Verlag Ferdinand Schöningh GmbH & Co. KG
(Verlag Ferdinand Schöningh GmbH & Co. KG, Jühenplatz 1, D-33098 Paderborn)

Internet: www.schoeningh.de

Alle Rechte vorbehalten. Dieses Werk sowie einzelne Teile sind urheberrechtlich geschützt. Jede Verwertung in anderen als den gesetzlich zugelassenen Fällen ist ohne vorherige schriftliche Zustimmung des Verlages nicht zulässig.

Printed in Germany. Herstellung: Ferdinand Schöningh, Paderborn

ISBN 978-3-506-76539-0

INHALTSVERZEICHNIS

Prolog: Debakel in Florida
GEORGE W. BUSH 2000   9
    Lessons from History: Ein Leben nach der Präsidentschaft

Seine Gewählte Majestät
GEORGE WASHINGTON 1789 27
    Lessons from History: Daheim beim Präsidenten

Intrige und Wortbruch
THOMAS JEFFERSON 1800 39
    Lessons from History: Die verkorkste zweite Amtszeit –
    der »second term blues«

In Zeiten des Krieges
JAMES MADISON 1812 45
    Lessons from History: Ungleich verteilt – die Heimatstaaten
    der Präsidenten

Der Kongress entscheidet
JOHN QUINCY ADAMS 1824 53
    Lessons from History: Zeitzonen und die Schließung
    der Wahllokale

Fakten zur Wahl:
    So wählt Amerika – warum es auf die Wahlmänner ankommt 58

Kurzlebige Helden oder: Wie der zweite Mann auf dem
Ticket plötzlich ins Rampenlicht rückte
WILLIAM HENRY HARRISON 1840, ZACHARY TAYLOR 1848. 62
    Lessons from History: Der Wahltag – warum am ersten
    Dienstag nach dem ersten Montag im November?

Der Bürgerkrieg
ABRAHAM LINCOLN 1860 UND 1864 74
    Lessons from History: Die Frau an seiner Seite – First Ladies
    einst und jetzt

Die gestohlene Jahrhundertwahl
RUTHERFORD B. HAYES 1876... 95
   Lessons from History: Wahlkampf vom »front porch«

»The Bull Moose«: Die Drei-Kandidaten-Wahl
WILSON – TAFT – ROOSEVELT 1912.............................. 116
   Lessons from History: Wie alt muss und wie alt darf der
   Präsident sein?

Endlich: Amerikas Frauen dürfen wählen
WARREN G. HARDING 1920... 122
   Lessons from History: Ein »geborener Amerikaner« muss es sein

»Happy Days are here again«
FRANKLIN D. ROOSEVELT 1932 127
   Lessons from History: Eine Kugel gegen das Wählervotum

»Kein Mann ist dreimal gut!«
FRANKLIN D. ROOSEVELT 1940 UND 1944 141
   Lessons from History: Keine dritte Amtszeit

> *Fakten zur Wahl:*
> Nur einen Herzschlag von der Präsidentschaft weg – das Ticket
> und die Rolle des zweiten Mannes... 153

Das Fernsehen entscheidet mit
KENNEDY VERSUS NIXON 1960.. 156
   Lessons from History: »Money matters«- Geld zählt

Die Schatten von Vietnam, der Sumpf von Watergate
RICHARD M. NIXON 1968 UND 1972.................................. 178
   Lessons from History: Ein schwarzer Kandidat

Die konservative Revolution
RONALD REAGAN 1980 194
   Lessons from History: Des einen Angst, des anderen Hoffnung:
   Die »October Surprise«

> *Fakten zur Wahl:*
> Primaries und Conventions – wie die Parteien ihre Kandidaten finden   207

Die Clintons, die Bushs, Swing States und Elektoren
Auf dem Weg ins 21. Jahrhundert............................ 209
   Lessons from History: Wahlen zur Halbzeit – die »midterm elections«

Auswahlbibliographie..................................... 220

Präsidentschaftswahlen. Alle Ergebnisse 1789-2004.............. 223

***

Karte: Die Bundesstaaten und ihre Wahlmännerstimmen
    für die Präsidentschaftswahl 59

Für

Jacqueline,

Chester, Amelia und Victoria

Prolog

DEBAKEL IN FLORIDA
George W. Bush 2000

7. November 2000 – Election Day. Es hätte eigentlich der würdigste Tag in einer Demokratie sein sollen, der Tag, an dem der ultimative Souverän, das Volk, seine Stimme abgibt und entscheidet, wem es für die nächsten vier Jahre die Geschicke des Landes anvertrauen zu gedenkt. In den USA ist die Wahl der Exekutive ein besonderer Feiertag. Nicht nur hat das Land seit Annahme seiner Verfassung und deren Inkrafttreten 1788 in makelloser Regelmäßigkeit seine politische Führungspersönlichkeit gewählt, zwar mit zunächst noch eingeschränktem Wahlrecht, doch ohne Unterbrechungen durch Krieg oder Krisen. Die Wahl des amerikanischen Präsidenten ist auch wegen der Machtfülle des Amtes ein demokratischer Akt von entscheidender, manchmal gar epochaler Bedeutung. Die Väter der »Constitution«, der amerikanischen Verfassung, haben der Exekutive, die der Präsident oder die Präsidentin verkörpert, eine ungewöhnlich starke Position innerhalb des Systems der »Checks and Balances«, der Gewaltenteilung eingeräumt. Doch zu dieser nationalen Bedeutung gesellte sich mit dem Aufstieg der USA zur Weltmacht die enorme Bedeutung, die der Wahlakt des amerikanischen Volkes international hat. In allen Hauptstädten der Welt wird Amerikas Election Day mit Spannung und Erwartung, mit Sorge und mit Hoffnung verfolgt. Diese Gefühle in den Staatskanzleien und Regierungspalästen werden an jenem alle vier Jahre auf einen Novemberdienstag fallenden Tag von Millionen Menschen geteilt, die vor ihren Fernsehgeräten sitzen oder auf die Schlagzeilen der Morgenzeitungen warten, die davon künden, wer künftig das mächtigste Land der Welt führen wird.

So war es auch am 7. November 2000, als Fernsehanstalten rund um den Globus live aus Washington und anderen Metropolen der USA berichteten. Überall im Land, von Maine bis Kalifornien, von New York bis Alaska hatten sich Familien und Freundeskreise vor den TV-Geräten bei Popcorn, Chips mit Salsa und auch der einen oder anderen Flasche Bier versammelt, um gemeinsam den wirklichen Beginn des 21. Jahrhunderts mitzuerleben: die Wahl des ersten Präsidenten, dessen Amtszeit zur Gänze im neuen Saeculum liegen würde und nicht, wie beim ausscheidenden Amtsinhaber Bill Clinton, nur 385 Tage aus einer acht teilweise stürmische Jahre umfassenden Regierungszeit. Auch die Bars waren zur frühen, aber schon recht kühlen Abendstunde gut gefüllt, in Boston rund um den

Quincy Market, in Washington entlang der Siebten Straße und in Georgetown, in Miami und Tampa bei viel wärmeren Temperaturen oft »outdoors«, unter freiem Himmel bei einer tropischen Abendbrise. Die Menschen, die sich nach der Arbeit noch mit Kollegen aus dem Office auf einen Drink trafen, erwarteten einen spannenden, gleichwohl zeitlich begrenzten Abend: zwei, drei Gläser – dann würde die Entscheidung gefallen sein. Die Prognosen der großen Fernsehanstalten waren nach allen Erfahrungen sehr zuverlässig, bis neun Uhr Ostküstenzeit sollte eine verlässliche Vorhersage vorliegen, meist artikuliert als: »*It is now Eight Fifty-five Eastern Standard Time and CNN* (oder NBC, ABC, CBS) *declares... the winner and the next president of the United States!*«

Warum sollte es an diesem Abend anders kommen als in der Vergangenheit? Bei der letzten Wahl, im November 1996, hatte sehr früh festgestanden, dass der republikanische Senator Bob Dole keine Chance gegen den zu diesem Zeitpunkt noch nicht von seinem verheerendsten Skandal heimgesuchten Amtsinhaber Bill Clinton haben würde. Clinton selbst hatte acht Jahre zuvor, im November 1992, seinen Vorgänger George H. W. Bush geschlagen, die Prognosen waren ebenfalls zeitig und korrekt verkündet worden. 1988 hatte Bush seinerseits eindeutig gegen den Demokraten Michael Dukakis gewonnen. Und Amerikaner, die im November 2000 sich noch etwas weiter zurück erinnerten, hatten zwei wahre Erdrutschsiege im Gedächtnis, die ebenfalls keine wirklich lange Wahlnacht hatten nötig werden lassen: Ronald Reagan hatte 1980 deutlich gegen den glücklosen Jimmy Carter gewonnen und 1984 schließlich siegte der ehemalige kalifornische Gouverneur so eindeutig gegen seinen demokratischen Herausforderer Walter Mondale, dass die Fernsehzuschauer die homogenste Wahl-Landkarte aller Zeiten zu sehen bekamen. Auf dieser dominierten 49 in rot markierte Bundesstaaten als Symbol, dass in diesen der Republikaner Reagan gewonnen hatte. Und nur eine einzige blaue (= demokratische) Enklave mochte man oben im Norden, in der Mitte dieser Visualisierung der politischen Geographie erkennen: es war Minnesota, Mondales Heimatstaat, der ihm an diesem für die Demokraten desolaten Wahlabend 1984 die Treue gehalten hatte. Es war der einzige Staat, den der Demokrat »gewonnen« hatte.

Die Meinungsumfragen 2000 indes hatten in den Wochen vor dem Wahltag am 7. November einen engen Ausgang des Ringens zwischen dem Demokraten, dem amtierenden Vizepräsidenten Al Gore, und dem Republikaner, dem Gouverneur von Texas, George W. Bush, vorhergesagt. Beide Kandidaten hatten sich im Ausscheidungsverfahren ihrer jeweiligen Parteien relativ frühzeitig durch Siege in den wichtigsten Vorwahlen, den *primaries*, durchgesetzt. George W. Bush konnte nicht nur als Sohn des 41.

Präsidenten auf einen hohen Bekanntheitsgrad bauen, ihm standen auch dank der Verbindungen von Bush senior eine fast perfekte Wahlkampforganisation und scheinbar unbegrenzte finanzielle Ressourcen zur Verfügung. Die einzige ernstzunehmende Bedrohung im innerparteilichen Qualifizierungsprozess hatte Senator John McCain aus Arizona dargestellt. McCain, der auch 2008 für die Präsidentschaft kandidierte, gilt als Kriegsheld. Der Sohn eines Admirals war 1967 über Nordvietnam abgeschossen worden. In kommunistischer Gefangenschaft verweigerte er sich dem Ansinnen des Regimes in Hanoi, sich gegen eine vorzeitige Freilassung für Propagandazwecke einspannen zu lassen und Amerikas Engagement in Südostasien zu verurteilen. McCain blieb auch unter wiederholter Folter standhaft. Als Politiker pflegte er im Wahlkampf 2000 ein Image als Außenseiter, als *maverick*, im republikanischen Lager, während er und sein Team Bush als Kandidaten des Partei-Establishments porträtierten. Ihm gelang bei der ersten *primary*, die traditionsgemäß in New Hampshire abgehalten wird, ein Überraschungserfolg. Doch binnen weniger Wochen wurde klar, dass seine Möglichkeiten der gutgeölten Wahlkampfmaschine Bushs wenig entgegenzusetzen hatten. Nach persönlichen Angriffen, die McCain erkennbar verletzten, zog er bereits im März seine Kandidatur zurück; immerhin konnte er sieben der 18 *primaries*, an denen er teilgenommen hatte, gewinnen. In den nächsten Jahren näherte sich McCain nicht nur dem republikanischen Partei-Establishment, sondern auch Präsident Bush an. In den Wahlkampf des Jahres 2008 zog McCain als einziger der ernstzunehmenden Kandidaten mit der Forderung, die Zahl der amerikanischen Truppen im Irak nicht ab-, sondern *auf*zubauen.

Vizepräsident Al Gore setzte sich im demokratischen Bewerberfeld ebenfalls zu einem frühen Zeitpunkt durch, sein wichtigster Rivale war der ehemalige Senator von New Jersey, Bill Bradley. In den Vorwahlen, mehr aber noch in den Wochen des Wahlkampfes gegen George W. Bush versuchte Gore einen eigentümlichen Spagat in der Selbstdarstellung. Er war der Vizepräsident einer der erfolgreichsten Administrationen der amerikanischen Geschichte: im Haushalt gab es kein Defizit mehr, die Wirtschaft boomte und die Zahl der Arbeitslosen war so niedrig, wie sie in einer modernen postindustriellen Wirtschaft wohl überhaupt sein kann. Das Ansehen des Landes in der Welt war hoch, der Kalte Krieg, der unter Clintons Vorgänger Bush senior zu Ende gegangen war, hatte keineswegs, wie es manche Auguren prophezeit hatten, zu einer Abfolge von Konflikten im Herrschaftsbereich der ehemaligen Sowjetunion geführt. Mit dem ehemaligen weltpolitischen Kontrahenten, Rußland, war ein gedeihliches, wenngleich nicht völlig von Misstrauen freies Verhältnis geschaffen worden; die Präsidenten Clinton und Jelzin waren erkennbar freundschaftlich verbunden. Allerdings: die gern getroffene Feststellung, dass die USA ungeachtet ihres kurzzeitigen militärischen Engagements in Somalia und dem ehemaligen Jugoslawien eine Zeit des Friedens durchlebten, zeugte von einem mangelnden Gefühl für die dem Land drohende Gefahr. Die Anschläge auf amerikanische Botschaften in Ostafrika sowie der Angriff auf die im Hafen von Aden (Jemen) vor Anker liegende Fregatte *Cole* wurden von der Clinton-Administration nicht als das erkannt, was sie waren: eine Kriegserklärung durch den radikalen Islam, als dessen Speerspitze eine damals dem Durchschnittsamerikaner völlig unbekannte Organisation namens Al-Quaida fungierte. Die Regierung Clinton reagierte mit ein paar Marschflugkörpern in Richtung Sudan und Afghanistan – es war bei weitem zu wenig, um die Feinde Amerikas von der Entschlossenheit der USA zu überzeugen, sich gegen die Bedrohung zur Wehr zu setzen. Die Vorbereitungen für den 11. September 2001 liefen weiter.

Das Thema einer äußeren Bedrohung spielte im Wahlkampf 2000 keine wesentliche Rolle. Doch trotz glänzender Wirtschaftsdaten und scheinbar ruhiger Weltlage zögerte Gore, die Verdienste der Clinton-Administration, deren zweithöchster Repräsentant er war, in gebührender Form herauszustellen. Vielmehr ließ er eine Distanz zum Präsidenten erkennen, die den Wählerinnen und Wählern den Unterschied in der in Wahlkämpfen stets wichtigen Charakterfrage deutlich machen sollte. Gore wollte nicht mit Bill Clintons Skandalen assoziiert sein, vor allem nicht mit den menschlichen Schwächen, die der Präsident im Zusammenhang mit der Lewinsky-Affäre, wegen der die Republikaner ein Amtsenthebungsverfahren gegen ihn angestrengt hatten, gezeigt hatte. Dass Gore aus anderem Holz geschnitzt und ein *family man* durch und durch war, sollte eine Szene symbolisieren, die zur meistbeachteten des Demokratischen Parteitages wurde. Als Gore unter donnerndem Applaus der Delegierten zum Kandidaten ernannt worden war, zog er seine Frau Tipper auf die Bühne und küsste sie vor laufenden Kameras lang und mit einer Leidenschaft, die wenig zu Gores Image als unterkühltem, leicht besserwisserischem Intellektuellen passen wollte. *The Kiss*, wie die Medien den Auftritt bald nannten, sollte als Indiz dafür gelten, dass Fremdgehen mit Praktikantinnen und Bardamen keinen Platz im Leben des Al Gore hatte. Die Distanzierung von Clinton und der weitgehende Verzicht Gores auf die Wahlkampfhilfe des Präsidenten, der nicht nur ein charmanter, sondern auch ein mitreißender Redner ist, führte zu einem tiefen Zerwürfnis zwischen den beiden Politikern, die 1992 als junges, unverbrauchtes Dream Team der Demokraten in den Wahlkampf gezogen waren und zwölf Jahre republikanischer Herrschaft im Weißen Haus beendet hatten.

Gore hatte den Senator aus Connecticut, Joe Lieberman, zu seinem »running mate«, seinem Vize-Präsidentschaftskandidaten ernannt. Es war das erste Mal in der Geschichte, dass ein Amerikaner jüdischen Glaubens von einer der beiden großen Parteien auf ein »Ticket« gesetzt wurde. Bush zog mit Dick Cheney in den Wahlkampf, der im Kabinett seines Vaters Verteidigungsminister und davor schon ein enger Mitarbeiter Richard Nixons gewesen war. Beide Kandidaten unterschieden sich in der Perzeption durch politisch interessierte Amerikaner und durch die Meinungsbildner in den Medien nachhaltig voneinander. Bush ging der Ruf voraus, nicht besonders smart zu sein. Diese Einschätzung, die von Parteigängern der Demokraten oft nach Kräften gefördert wurde, übersah nicht nur, dass der älteste Sohn des 41.Präsidenten ein Studium an den Universitäten Yale und Harvard erfolgreich[1] absolviert hatte, sondern kündete auch von einem relativ kurzen Gedächtnis. Denn Bush zu unterschätzen, hatten die Demokraten schon einmal teuer bezahlen müssen. Die demokratische Gouverneurin von Texas, Ann Richards, eine Politikerin, die auf ihr besonders burschikoses Mundwerk stolz war, hatte ihren Herausforderer im Wahlkampf 1994 nach Kräften von oben herab behandelt und zu spät gemerkt, dass Bush in den Fernsehdebatten im »Lone Star State« vielleicht nicht als rhetorischer Überflieger erschien, wohl aber erfolgreich den Eindruck erweckte, als sei er für die Nöte der einfachen Leute in Texas in besonderem Maße sensibel. Ann Richards und ihre Strategen erkannten ihren Fehler erst am Wahlabend, als deutlich wurde, dass die Texaner sie aus dem Amt gejagt und Bush in dieses hineingewählt hatten. Als der neue Gouverneur 1998 mit großer Mehrheit wiedergewählt wurde, galt er fast automatisch als einer der Hoffnungsträger der republikanischen Partei. Den Attacken gegen seine angebliche Minderqualifikation sahen Bush und sein Wahlkampfteam mit Gelassenheit entgegen. Einen der schärfsten Angriffe ritt ausgerechnet Ron Reagan, Sohn des republikanischen Präsidenten Ronald Reagan, der über Bush herzog: »Das ist die am wenigsten qualifizierte Person, die je von einer der großen Parteien nominiert wurde. Was sind denn seine Verdienste? Dass er sich nicht mehr sinnlos betrinkt?«[2] Wenige Tage vor der Wahl wurde publik gemacht, dass Bush 1976 wegen Trunkenheit am Steuer im Bundesstaat Maine festgenommen worden war. Die Enthüllung an sich stand in erkennbarem Widerspruch zur Betonung der Charakterfrage im republikanischen Wahlkampf, mit der deutlich erkennbar gegen Clinton und, quasi über eine amtsbedingte Nähe, auch Gore geschossen wurde. Allerdings wurde der Effekt der Aufwärmung einer Jugendsünde dadurch konterkariert, dass viele Beobachter den Zeitpunkt dieser Veröffentlichung für wenig hilf-

---

[1] Mit einem Masters Degree der hochrenommierten Harvard Business School.
[2] David E. Johnson: A funny thing happenend on the way to the White House. Lanham, Maryland 2004. S. 195.

reich hielten – mit diesem Detail, so hieß es weithin, hätten die Medien fairerweise auch zu einem früheren Zeitpunkt wie seiner Kandidatur für das Gouverneursamt kommen können.

Al Gore, Sproß einer politisch höchst einflußreichen Familie aus Tennessee mit langer politischer Tradition, wurde im Gegensatz zu dem Texaner als hochintelligent, aber emotional unterkühlt mit einer deutlichen Neigung zu überheblicher Besserwisserei wahrgenommen oder zumindest gezeichnet. In den ersten beiden Fernsehdebatten mit Bush hatte Gore die Angewohnheit an den Tag gelegt, zu gähnen, zu stöhnen und Ausführungen seines Gegners mit Grimassen zu begleiten, was bei vielen Fernsehzuschauern keine Gefühle der Sympathie auslöste. Außerdem wurde deutlich, dass der trotz seiner relativen Jugend über eine beträchtliche Erfahrung verfügende Vollblut-Politiker – er war 16 Jahre lang im Kongress und acht Jahre lang Vizepräsident gewesen – nicht unbedingt ein Muster an persönlicher Bescheidenheit war. Gore, der sein Umfeld gern die eigene intellektuelle Überlegenheit spüren ließ und läßt, behauptete unter anderem, das Internet erfunden zu haben. Das war eine leichte Übertreibung: er hatte jedoch als Senator wesentlich zu einer Gesetzgebung beigetragen, die das Anfang der 1990er Jahre noch junge Medium mit Bundesmitteln unterstützte.

Im Rückblick auf die im Herbst 2000 noch in der Zukunft liegenden und für viele Amerikaner damals wohl unvorstellbaren Ereignisse wie die Anschläge von New York und Washington, der Krieg gegen die Taliban in Afghanistan und der verlustreiche Konflikt im Irak, mag eine Bemerkung Bushs in einer der Fernsehdebatten mit Al Gore auffallen. Der Gouverneur von Texas kritisierte die Entscheidung der Regierung Clinton-Gore, amerikanische Truppen unter UN-Mandat nach Somalia zu entsenden. Bei dieser Mission hatten die Army Rangers an einem Sonntag im Jahr 1993 schwere Verluste hinnehmen müssen, die Ereignisse dieses Tages wurden unter dem Titel »Black Hawk Down« zu einem Bestseller und von Hollywood verfilmt. Bush sagte, er halte es nicht für richtig, dass amerikanische Truppen zum *nation-building*, zum Aufbau eines demokratischen Gerüstes für ein fernes Land eingesetzt werden sollten. Als Präsident benutzte Bush indes diesen Begriff vorübergehend als eines von verschiedenen Argumenten für den Einsatz des amerikanischen Militärs im Irak. Interessant ist ein Blick auf die Größenordnung der Opfer, die Amerikas Soldaten bei den beiden unterschiedlichen Missionen bringen mussten. An jenem schwarzen Sonntag von Mogadischu kamen 18 amerikanische Soldaten ums Leben, was zu herber Kritik an der Regierung Clinton führte. Die Verluste im Irak mehr als ein Jahrzehnt später betragen mehr als das 200fache.

Wie bei jeder amerikanischen Präsidentschaftswahl standen auf dem Wahlzettel – oder erschienen auf dem Bildschirm des Wahlcomputers – weit mehr als nur zwei Namen. Mehr als ein Dutzend Kandidaten fanden die Wählerinnen und Wähler dort aufgeführt, doch die meisten waren weitgehend unbekannt und wurden im Wahlkampf von den Medien kaum einer Porträtierung gewürdigt. Zu diesen *also rans*, den »Unter ferner liefen« gehörten so engagierte, aber wenig illustre Persönlichkeiten wie Harry Browne von der Libertarian Party, David McReynolds von den Sozialisten, James Harris von den Socialist Workers und Monica Moorehead von der Partei Workers World – letztere stellte übrigens mit ihrer Vizepräsidentschaftskandidatin Gloria La Riva das einzige rein weibliche Ticket. Das Duo trat nur in fünf Bundesstaaten an, einer davon war Florida. Dort wollten 1.804 Wählerinnen und Wähler Frau Moorehead als Präsidentin haben. Wenn es eines Beweises bedurft hätte, dass in einer wahren Demokratie wirklich jede Stimme Gewicht hat – hier ist er: Man möge sich vorstellen, die beiden Politikerinnen der Linken hätten in letzter Minute ihre Bewerbung in Florida zurückgezogen und ihre Wähler ermuntert, jenen von den beiden wesentlichen Kandidaten zu wählen, der ihnen näher stünde. Wenn nur ein Drittel der Moorehead-Wähler das demokratische Ticket statt des Damen-Duos gewählt hätten und die anderen zu Hause geblieben wären, es hätte wahrhaft welthistorische Folgen gehabt. Eine Präsidentschaft des George W. Bush und damit auch mit hoher Wahrscheinlichkeit einen Irak-Krieg hätte es nicht gegeben.

Bei zahlreichen Präsidentschaftswahlen hat es einen ernsthaften *Third Party Candidate* gegeben, einen sogenannten Unabhängigen, der sich meist an die Spitze einer existierenden Klein-Partei setzte oder eigens eine politische Vereinigung gründete und der zwar kaum Chancen auf den Sieg hatte, aber dennoch das sprichwörtliche Zünglein an der Waage wurde. Im Jahr 1912 war der ehemalige Präsident Theodore Roosevelt, verärgert über die Politik seines von ihm selbst handverlesenen Nachfolgers William Howard Taft, als Kandidat der Progressive Party angetreten und hatte entscheidend mit zu der verheerenden Niederlage Tafts beigetragen, ohne allerdings mehr als ein seine private Rachsucht befriedigendes Ergebnis davonzutragen: Taft brachte es nur auf demütigende 8 Wahlmännerstimmen, Roosevelt auf 88, während der Sieger Woodrow Wilson 435 Stimmen im Wahlmännerkollegium erhielt – es war eine jener Wahlen, bei denen das Mißverhältnis zwischen Wahlmännerstimmen und tatsächlichem absolutem Wahlergebnis besonders eklatant war. Wilsons *electoral votes* repräsentierten gut 81% der im Wahlmännerkollegium zu vergebenden Stimmen, von den Wählerstimmen konnte er indes nur knapp 42% auf sich vereinigen.

Folgenschwer war auch die Kandidatur des texanischen Ölmilliardärs Ross Perot im Jahr 1992. Der eher wertkonservative Geschäftsmann machte sich zum Fürsprecher der Kritik an »Washington«, also an der politisch tonangebenden Klasse und präsentierte sich damit als eine Art bodenständiger Bürgeropposition gegen die Regierenden – was in jenem Jahr die Republikaner unter Präsident George W. H. Bush waren. Perot gewann zwar keinen einzigen Bundesstaat und damit keine einzige Stimme im Wahlmännerkollegium, aber sein Anteil von 18,9 % aller abgegebenen Stimmen war ein Erfolg. Der Leidtragende war Präsident Bush, denn Perot hatte weit intensiver in seinem Wählerreservoir gewildert als in jenem des demokratischen Herausforderers Bill Clinton, der mit 42,3 % aller Wählerstimmen als Sieger aus der Wahl hervorging.

Im Jahr 2000 stand die Kandidatur eines bekannten und medial präsenten Unabhängigen unter umgekehrten Vorzeichen als noch acht Jahre zuvor. Ralph Nader, einem breiten Publikum als langjähriger oberster Verbraucherschützer des Landes bekannt, entschloß sich zur Kandidatur und ließ sich als Spitzenkandidat der amerikanischen Grünen (Green Party) aufstellen. Den demokratischen Wahlkampfstrategen bereitete diese Konstellation von Beginn an Bauchschmerzen. Denn eine Agenda wie jene Naders, auf der Kritik an den großen Konzernen, an Öl-Multis und Waffenlobby, ebenso prominent war wie ökologische Anliegen, ließ klar erkennen, dass Nader seine Stimmen vom liberalen politischen Spektrum und von jungen Leuten bekommen würde. Nader-Wähler, das schien unabweisbar, hätten mit der Wahl zwischen Gore und Bush junior konfrontiert in überwältigender Mehrheit den demokratischen Vizepräsidenten gewählt. Verschiedentlich wurde Nader gedrängt, auf eine Kandidatur zu verzichten, da weitsichtige Prognostiker es für möglich, wenn nicht gar für wahrscheinlich hielten, dass er genügend Stimmen bekommen würde, um George W. Bush zum Präsidenten zu machen. Der für seine Eitelkeit bekannte Nader ließ sich von derartigen Szenarien nicht beeindrucken. Die (aus Sicht der Demokraten) düsteren Vorahnungen trogen nicht: Naders Stimmenanteil von 2,7 Prozent war enttäuschend niedrig. Doch auch hier gilt, was für die Kandidatin aus der Welt des Arbeiters gesagt wurde: hätten nur ein Prozent der Nader-Wähler Floridas, wo der Grüne auf 97.488 Stimmen kam, statt für Nader für Gore votiert – die Geschichte der USA im frühen 21. Jahrhundert hätte eine gänzlich andere Wendung genommen. Die Wahl von 2000 sollte ebenso wie jene von 2004 Sinnbild einer eigentümlichen Tendenz werden: dass in einer der ältesten Demokratien der Welt keineswegs um jede Stimme gekämpft wird. Das amerikanische Wahlsystem ist durch die an anderer Stelle eingehender beschriebene Eigentümlichkeit charakterisiert[3], dass nicht die absoluten Stimmen bzw. der prozentuale Anteil an ihnen entscheidend sind. Vielmehr wird jener Kandidat zum Präsidenten gewählt, der die meisten Wahlmännerstimmen im Electoral College dadurch erworben hat, indem er oder sie in genügend Staaten die meisten Stimmen erhalten, mithin diese Staaten »gewonnen« hat. Zahlreiche Staaten waren 2000 und 2004 aber keineswegs *up for grabs*, wurden gar nicht zu Schlachtfeldern der repräsentativen Demokratie. Die Wahlstrategen in beiden Lagern und in den Medien hatten die Mehrheit der Bundesstaaten von vornherein aufgrund früherer Wahlgänge, aufgrund der demokratischen oder republikanischen Tradition und vor allem aufgrund regelmäßiger Meinungsumfragen dem einen oder anderen Lager zugeordnet. In einem Staat, der mit hoher Wahrscheinlichkeit von der gegnerischen Partei gewonnen werden wird, macht der übertriebene Einsatz eigener Mittel nicht viel Sinn. Die ganz großen Geldsummen, die vielbeachteten Gastauftritte des Kandidaten oder gar des Tickets aus Kandidat und potentiellem Vizepräsidenten – dieses Kapital an monetären und personellen Ressourcen wird tunlichst in jene Staaten investiert, wo ein knapper Wahlausgang zu gewärtigen ist und die Entscheidung zur einen oder anderen Seite hin fallen kann, in die sogenannten *swing states*. So ist beispielsweise der Staat Maryland mit seiner liberalen Tradition ebenso wie Massachusetts und Minnesota eine Hochburg der Demokraten. Umgekehrt sind der Mormonenstaat Utah und das benachbarte Nevada erzrepublikanisch. In solchen a priori der einen oder anderen Seite zugeschlagenen Staaten wird natürlich auch Wahlkampf geführt – Überraschungen sind schließlich jederzeit möglich – doch das ganz große Engagement gilt den Schlüsselstaaten, aus denen auch die Medien viel intensiver berichten als zum Beispiel aus Hawaii, das nur drei Wahlmänner zu vergeben hat, somit wenig Einfluß auf die bundesweite Entscheidung nimmt, und diese fast mit der Kraft eines Naturgesetzes Demokraten sind.

Als möglicherweise wahlentscheidend hatten die Demoskopen schon im Vorfeld des Urnengangs den Staat Florida identifiziert; ferner war auch Ohio, möglicherweise auch Pennsylvania als Schlüssel zum Sieg eingestuft worden. Um 19.47 Uhr Ostküstenzeit prognostizierten die ersten Fernsehsender, dass Al Gore Florida und damit dessen 25 Wahlmannerstimmen gewinnen würde. Diese frühe und, wie sich zeigen sollte, unverantwortliche Prognose verärgerte die Republikaner, denn im nordwestlichen Teil Floridas, dem *panhandle*, waren die Wahllokale noch eine Stunde lang geöffnet. Dieser Teil des Staates liegt in der Central Time-Zone und ist

---

[3] Vgl. Fakten zur Wahl, S. 58.

mit zahlreichen Angehörigen des Militärs und Veteranen eher republikanisches Kernland als die Ballungszentren um Miami und Fort Lauderdale.

Doch Florida sollte die Nation nicht nur an diesem Abend, sondern auch in den nächsten Wochen noch in Atem halten. Die großen Fernsehsender nahmen bald ihre Prognose eines Gore-Sieges im Sunshine State zurück und klassifizierten den Staat wieder als *too close to call*, als von so engem Ergebnis, dass keine sichere Voraussage möglich war. Bald nach Mitternacht, in den ersten Stunden des 8. November, sahen die TV-Stationen George W. Bush vorn und bezeichneten ihn als den nächsten Präsidenten der USA. Der Staat Florida wurde jetzt dem Republikaner zugesprochen. Al Gore tat das, was jeder anständige Verlierer an einem Wahlabend zu tun pflegt: Der mutmaßliche Verlierer ruft den Sieger an, um ihm zu gratulieren. Diese *concession* nahm nicht mehr als zwei Minuten Zeit in Anspruch, was ein Indiz für das nicht allzu innige Verhältnis dieser beiden von ihrer Persönlichkeit so unterschiedlichen Männer ist. Der nächste Schritt im Ritual der amerikanischen Präsidialdemokratie nach diesem persönlichen Gespräch ist traditionell die öffentliche *concession speech*. Diese sollte vor dem Kriegerdenkmal in der Innenstadt von Nashville in Gores Heimat Tennessee stattfinden, wo sich trotz des strömenden Regens eine Menschenmenge versammelt hatte, überwiegend Gore-Anhänger, die auf eine Rede des Vizepräsidenten, Worte des Triumphes oder der Zerknirschung warteten. Gore, seine Familie und seine engsten Berater setzten sich mit ihrem Autokonvoi in Bewegung. Derweil hatten Gores Wahlbeobachter in Florida erfahren, dass nicht nur der Vorsprung Bushs auf 2.000 Stimmen zusammengeschmolzen war, sondern es auch beim Wahlvorgang verschiedentlich zu »Schwierigkeiten« gekommen war. Es gelang, den Vizepräsidenten zu erreichen, als er gerade die Stufen des Denkmals erklimmen wollte. Gore war erst ungehalten, wollte es hinter sich bringen, hörte jedoch dann immer aufmerksamer den eindringlichen Bitten seines Stabes zu. Bei einem Wahlausgang mit einer geringeren Differenz als 0,5%, so besagte es die Wahlgesetzgebung Floridas, würde es zu einer neuerlichen Auszählung kommen. Es sei noch alles offen. Gore besann sich und rief zum zweiten Mal in dieser Nacht George W. Bush an. Die Umstände, so Gore zu seinem Kontrahenten, hätten sich dramatisch verändert. Bushs Stimmung war nicht die beste: »Sagen Sie gerade, was ich glaube, dass Sie es sagen? Lassen Sie mich sicher sein, dass ich Sie richtig verstehe. Sie rufen noch mal an, um Ihre Erklärung zurückzunehmen?« Darauf entgegnete Gore mit einer Bemerkung, die wohl zur berühmtesten aus dem Mund dieses nicht gerade als feurigen Redner bekannten Mannes wurde: »Da müssen Sie nicht gleich so schnippisch werden!«

Die Situation war in der Tat gleichermaßen dramatisch wie konfus. Bei unklaren Mehrheitsverhältnissen in Florida und unter der Voraussetzung, dass Gore die ebenfalls hart umkämpften Staaten Oregon und New Mexico gewinnen würde (dies bestätigte sich im Laufe des noch jungen Tages) hätte Gore 267 Wahlmännerstimmen und lag somit deutlich vor Bush, dessen ihm zugefallene Staaten insgesamt 246 Stimmen ins Electoral College einbrachten. Dass Gore mehr abgegebene Stimmen aus der Wählerschaft als jeder andere Kandidat auf sich vereinigen konnte, war zu diesem Zeitpunkt bereits absehbar. Die Entscheidung war jedoch von Florida abhängig, dessen 25 Wahlmänner dem momentan noch zurückliegenden Bush 271 Wahlmännerstimmen verschaffen würden, eine mehr als die benötigte Mehrheit von 270. »Die letzte Präsidentschaftswahl des Zwanzigsten Jahrhunderts«, so beschreibt es eine autoritative Darstellung der Wahlen seit George Washingtons Tagen, »war die knappste seit vierzig Jahren und brachte die Nation an den Rand einer Verfassungskrise, die nach 36 Tagen giftigen Argumentierens und Klagen vor den Gerichten darüber, wer denn nun gewonnen habe, der Demokrat Al Gore oder der Republikaner George W. Bush, nur knapp abgewendet werden konnte.«[4] Das Nachrichtenmagazin TIME schrieb einige Tage später, noch erkennbar unter Schock stehend: »Die größte wirtschaftliche Kraftmaschine der Welt, die Geburtsstätte des Informationszeitalters, begann Stimmzettel per Hand auszuzählen. Einhundert Millionen Menschen hatten abgestimmt und das Ergebnis rangierte innerhalb der statistischen Fehlerbreite. Nach 18 Monaten und mehr als einer Milliarde Dollar war das Rennen um die Präsidentschaft 2000 auf ein Fünftausendstel von einem Prozent reduziert worden.«[5]

Während die Nation sich am Morgen des 8. November 2000 übermüdet die Augen rieb und immer noch nicht wußte, wer ihr nächster Präsident sein würde und die gleichermaßen übernächtigten Kommentatoren der Fernsehsender durchaus zutreffend von einem Fiasko zu sprechen begannen, kam in Florida jenes Gesetz zur Anwendung, das bei einer Differenz von weniger als 0,5% automatisch eine Neuauszählung vorschreibt. Hierbei handelt es sich um eine maschinelle Auszählung. Anders als in Europa brauchen amerikanische Wähler nur in wenigen Regionen »ein Kreuz zu machen«. Sie stanzen ein Loch in einen Wahlzettel, schraffieren ein computerlesbares, ovales Feld auf einem Formular oder ziehen den Hebel einer Wahlmaschine. Mindestens acht verschiedene Wahl- und damit Auszählungssysteme sind in den USA in Gebrauch, oft gibt es in einem *coun-*

---

[4] Presidential Elections 1789 – 2004. Hrsg. von Congressional Quarterly. Washington DC 205. S. 87.
[5] TIME, 20. November 2000.

ty ein ganz anderes Verfahren als im Nachbarkreis. Nach dem maschinellen *recount* war Bushs Vorsprung von 1.784 auf 327 Stimmen gesunken.

Gore und seine Mannschaft verlangten nun nach einer Auszählung per Hand. Ihr Argument: Viele Stimmzettel waren fehlerhaft ausgefüllt worden. Vor allem bei den *punchcard votes*, bei dem der Wähler und die Wählerin mit einem kleinen Stanzgerät ein Löchlein in das dafür vorgesehene Feld neben des Kandidaten Namen bohren müssen, gab es ein wahres Minenfeld von Fallstricken. So hatten nicht alle Wähler die Stanze kräftig genug eingedrückt und das runde Papierstückchen (*chad*) hing noch an einer, zwei oder drei Ecken am Wahlzettel. Oder der *chad* war nur eingedrückt oder -gedellt und keineswegs herausgelöst. Nichtsdestotrotz hatte der Wähler, wenn auch unbeholfen, seine Präferenz deutlich zu machen versucht. Welche Stimmen sollten verwertet, welche als ungültig erklärt werden? Über diese Frage stritten in den nächsten Wochen Experten und Parteigänger mit wachsender Leidenschaft. Das Foto eines Wahlhelfers, der, sichtlich erschöpft und die Brille tief auf dem Nasenrücken hängend, mit ausgeprägtem Schielen eine solche Eindellung zu interpretieren versucht, ging um die Welt und wurde zum Sinnbild der Sackgasse, in die der Welt mächtigste Demokratie sich hineinmanövriert hatte.

Eine Verschärfung dieser Problematik stellte das Design des Wahlzettels in Palm Beach County dar, jener sonnenverwöhnten Region nördlich von Miami, die zum wichtigsten Schlachtfeld der Auseinandersetzung werden sollte. Hier war das Dokument als *butterfly* gestaltet: Die auszustanzenden Felder befanden sich in der Mitte des Blattes, zu beiden Seiten wurden die Namen aller Kandidaten aufgelistet. Auf der linken Seite war oben zunächst das Feld für Bush, darunter jenes für Gore, es folgte die Hälfte der übrigen, für den Wahlausgang bedeutungslosen Konkurrenten. Auf der rechten Seite befanden sich die Felder für vier weitere Außenseiter sowie das *Write in*-Feld, in das man – so einem die Kandidaten nicht zusagten – nach basisdemokratischer Tradition einen Namen der eigenen Wahl eintragen kann. Beide Listen waren leicht gegeneinander versetzt, so dass nach einem Stanzfeld für einen Kandidaten auf der linken jenes für einen Kandidaten auf der rechten Seite des Wahlzettels folgte, dann wieder ein Feld für einen Kandidaten auf der linken Seite usw. So ergab es sich, dass das oberste Feld zu George Bush gehörte (linke Seite), das darunter liegende zu dem Erzkonservativen Pat Buchanan (rechte Seite), das folgende zu Al Gore (linke Seite). Um keine Missverständnisse aufkommen zu lassen, führte ein Pfeil vom Namen des Kandidaten zum dazu gehörigen Stanzfeld. Selbst das nützte nichts. Noch am Wahltag häuften sich in Palm Beach County die Beschwerden von Gore-Wählern, die versehentlich das zu Buchanan gehörende Feld ausgestanzt hatten. In der Tat schnitt dieser Rechtsausleger in diesem County überdurchschnittlich gut ab. Und es gab in Palm Beach viele *butterfly ballots*, auf denen neben dem Buchanan-Loch noch ein weiteres bei Gore zu finden war – Versuche der Wähler, einen gerade noch bemerkten Irrtum auszugleichen, die dabei jedoch eine ungültige Stimme produzierten. Die griffige Formulierung vom TSTV (*too stupid to vote*) machte schnell die Runde.

Beide Lager setzten nun wahre Armeen jener Spezies in Bewegung, die auf den amerikanischen Alltag, auf die Medien und vor allem auf die politische Szene des Landes einen Einfluß hat, der sich europäischen Vorstellungen entzieht: *lawyers*. Insgesamt waren einige hundert Anwälte in Floridas Hauptstadt Tallahassee, in den umstrittenen *counties* und vor allem in Palm Beach und Miami im Einsatz, von den Kameras eines an Anwaltsserien von *Matlock* bis *Ally McBeal* so überreichen Fernsehens verfolgt. Bemerkenswert war die Zusammensetzung dieser Schnellen Eingreiftruppe von Rechtsexperten und -interpreten: Sie waren fast ausnahmslos männlich und weiß und somit nicht gerade ein Spiegel der amerikanischen Gesellschaft.

Es war ein Kampf der Advokaten, der hin und her wogte. Mal schien eine Partei den Sieg zum Greifen nahe zu haben, mal lag die andere Partei argumentativ knapp vorn. In Washington, aber auch an den Schauplätzen der juristischen Auseinandersetzung demonstrierten Parteigänger der beiden Kandidaten. Grundtendenz der Republikaner war es, darauf hinzu weisen, dass alles was zu zählen war, längst gezählt wurde, die Namen der beiden demokratischen Spitzenkandidaten wurden schnell zu »Sore Loserman« verballhornt, was soviel wie »schlechte Verlierer« bedeutet. Sympathisanten der Demokraten machten sich den Slogan »Lasst jede Stimme zählen« zu eigen. Wie nicht ganz unüblich wurde von dieser Seite des politischen Spektrums insinuiert, dass besonders die Stimmen von weniger privilegierten Amerikanern wie ethnischen Minderheiten nicht gebührend beachtet würden.

Die vom Wahlgesetz Floridas vorgeschriebene Neuauszählung bestand in einer erneuten automatischen Registrierung der abgegebenen Stimmen. Das Problem bei dieser Zählung war aus Sicht Gores und seiner Parteigänger, dass die Maschinen jene Stimmen nicht mitzählten, sondern als »ungültig« erachteten, die als *undervoted* (mit nicht vollständig ausgestanztem *chad*) oder als *overvoted* (wenn ein Wähler den Irrtum auf seinem Buttcrfly-Stimmzettel bemerkt hatte und ein zweites Loch zu stanzen versucht hatte) galten. Die Absichten dieser von der Wahltechnologie irritierten Wähler konnte nur die Auszählung per Hand einigermaßen deutlich machen – dass die erneute Maschinenauszählung Bush einen

Vorsprung von rund 300 Stimmen zugesprochen hatte, motivierte zusätzlich zur Forderung nach einem manuellen *recount*. Die Demokraten schrieben sich die eingängige Formel auf die Fahnen: *Every vote counts, count every vote* !

Die Forderung war indes nicht ganz ehrlich gemeint. Bemerkenswerterweise forderte Gore nämlich keineswegs eine Auszählung in ganz Florida. Der manuelle *recount* sollte auf vier *counties*[6] beschränkt sein. Ein Schelm, wer Böses dabei denkt: Diese vier *counties* waren natürlich Hochburgen der Demokraten, wo die statistische Chance, bei einer Neuauszählung und -bewertung auf Gore-Stimmen zu treffen, höher war als zum Beispiel in Pensacola im *panhandle*, das vom Militär geprägt ist. Die Republikaner ihrerseits wollten überhaupt keine Auszählung. Ihr Mann hatte, wenn auch nur knapp, die Nase vorn, sie konnten somit nur verlieren. Die republikanischen Anwälte argumentierten, die Auszählung per Hand entspräche im Sport einer Situation, bei der man kurzerhand die Regeln ändere, nachdem das Spiel begonnen hatte.

Das Hin und Her der Gerichtsentscheide, gefällt in den betroffenen *counties* und in Tallahassee, der Hauptstadt Floridas, überstieg zweifellos das Verständnis der meisten Amerikaner für juristische Finessen. Wiederholt ergingen Gerichtsentscheide pro oder contra einer weiteren Auszählung, die dann wieder von einer anderen Instanz aufgehoben wurden. Eine besondere Pointe erhielt der juristische Zweikampf dadurch, dass die politisch Verantwortliche für den ordnungsgemäßen Ablauf einer Wahl in Florida herzlich wenig Interesse an der Neuauszählung hatte. Katherine Harris, in deren Kompetenzbereich als Secretary of State Floridas Wahlangelegenheiten fielen, war eine eingeschworene Republikanerin, die sich nach Kräften den Versuchen widersetzte, auch den letzten hängenden *chad* dem einen oder anderen Kandidaten Wochen nach der Wahl zuzuordnen. In dieser Haltung hatte sie die uneingeschränkte Rückendeckung ihres Chefs, des Gouverneurs von Florida. Der hieß Jeb Bush und gönnte zweifellos seinem älteren Bruder George den Einzug ins Weiße Haus von Herzen.

Harris setzte mehrfach eine Deadline, natürlich möglichst zeitnah, zu der die Auszählungen beendet sein mussten; Gerichte schoben diesen Termin ebenso mehrfach wieder hinaus. Am 26. November, 19 Tage nach der Wahl, verkündete Harris, dass die Wahlkommission des Staates George W. Bush mit einem Vorsprung von 537 Stimmen als Sieger ansähe. Bush ließ darauf verlautbaren, er sei geehrt und nehme in Demut das Urteil des Volkes von Florida an. Sein Mitkandidat Dick Cheney war vorüberge-

---

[6] Palm Beach, Miami-Dade, Broward und Volusia.

hend etwas stiller geworden, nachdem er wenige Tage zuvor seinen vierten Herzinfarkt erlitten hatte.

Gore reichte umgehend die nächste Klage ein, der Richter N. Sanders Sauls in Tallahassee am 29. November entsprach. Mehr als eine Million Stimmen wurden in Lastwagen unter Bewachung durch die Polizei in die Hauptstadt Floridas gebracht. Auch in den nächsten Tagen kam es zu teilweise gegensätzlichen Richtersprüchen. Am 8. Dezember ordneten Richter in Florida die manuelle Neuauszählung jener Stimmzettel an, bei denen die Maschinen keine Zuordnung hatten treffen können – nur einen Tag später hob das Oberste Bundesgericht in Washington dieses Urteil abermals auf. Am nächsten Tag befasste sich diese oberste Instanz amerikanischer Jurisdiktion mit dem Verfahren *Bush vs Gore*, um am 12. Dezember ein historisches Urteil zu treffen. Der Supreme Court untersagte eine weitere Auszählung der Stimmen in Florida. Die Entscheidung wurde mit 5 zu 4 getroffen; die fünf als konservativ eingestuften Richter trugen dieses Verdikt, die vier eher liberalen Juristen bildeten die Minderheit. Nach 36 Tagen war die Wahl von 2000 endlich entschieden. Al Gore rief am 13. Dezember seinen Rivalen an, um ihm abermals zu gratulieren und anzufügen: »Ich habe ihm versprochen, dass ich diesmal den Anruf nicht zurücknehmen werde.«[7] Nicht alle Demokraten nahmen es so humorvoll wie der aus dem Amt scheidende Bill Clinton, der mit Augenzwinkern erklärte: »Das Gute an der Wahl von 2000 ist, dass sie dem Supreme Court die Gelegenheit gab, sich für die Rechte von Minderheiten stark zu machen.«[8]

Das endgültige amtliche Wahlergebnis sprach dem »Ticket« Al Gores mit seinem Vizepräsidentschaftskandidaten Joe Lieberman eine Stimmenzahl von 51.003.926 zu, das republikanische Team Bush und Cheney hatte 50.460.100 Stimmen erhalten. In Prozent ausgedrückt war dies ein knapper Vorsprung von 48,38% für Gore gegenüber einem Anteil von 47,87% für Bush; die restlichen Stimmen gingen an Nader sowie die anderen Kandidaten kleinerer Parteien. Doch bei amerikanischen Präsidentschaftswahlen entscheiden nicht – anders als bei den meisten europäischen Parlamentswahlen – diese Zahlen, sondern ausschließlich die Zuordnung der von den einzelnen, vom jeweiligen Kandidaten »gewonnenen« Bundesstaaten ins »Electoral College« entsandten Wahlmänner. Dieses Gremium umfaßt im frühen 21. Jahrhundert 538 Persönlichkeiten; um Präsident zu werden, benötigt ein Kandidat eine Mehrheit in dieser Versammlung, also 270 Stimmen. George W. Bush hatte nach der Ent-

---

[7] Presidential Elections 1789 – 2004, S. 91.
[8] Johnson, S. 212.

scheidung des Obersten Bundesgerichtes mit den Wahlmännern Floridas 271 Stimmen, Al Gore 266[9]. Zum vierten Mal in der amerikanischen Geschichte wurde ein Präsident gewählt, der weniger Wählerstimmen als sein Kontrahent auf sich hatte vereinigen können.

In der endlos scheinenden Wahlnacht, beim Warten auf das Ergebnis aus Florida ging ein bemerkenswertes Detail fast ein wenig unter. Al Gore war es nicht gelungen, seinen Heimatstaat zu gewinnen. Tennessee, in dessen Politik Mitglieder der Familie Gore seit Jahrzehnten eine herausragende Rolle spielten, entschied sich mehrheitlich für George W. Bush. Den eigenen Staat nicht gewinnen zu können – das ist oft Zeichen einer unerwarteten Schwäche für einen Kandidaten gewesen, ein Beweis der begrenzten Attraktivität von Person und Programm. Das letzte Mal vor 2000, dass ein Kandidat einer der beiden großen Parteien die Wahlmännerstimmen seines Heimatstaates nicht für sich gewinnen konnte, geschah im Jahr 1972. Damals verlor der liberale Senator George McGovern »sein« South Dakota an Richard Nixon. Nixon erzielte damals einen Erdrutschsieg – im Gegensatz zum denkbar knappen Erfolg Bushs gegen Gore. Entscheidend war das Versagen in der Heimat dennoch. Hätte Gore Tennessee gewonnen, wäre der Wahlabend bei weitem nicht so spannend, die nachfolgende politische und juristische Auseinandersetzung nicht notwendig gewesen. Mit den Wahlmännerstimmen aus Tennessee hätte sich Al Gore nämlich beruhigt in seinem Sessel zurücklehnen können: das Ergebnis aus Florida wäre irrelevant gewesen, Gore hätte mit Tennessee und ohne den »Sunshine State« 278 Wahlmännerstimmen gehabt und wäre der 43. Präsident der USA geworden.

Die Wahl des Jahres 2000 erschütterte das Vertrauen vieler Amerikaner in ihr weltweit höchst eigentümliches Wahlsystem – ein System, das in vielen anderen Demokratien mit einer Mischung aus Amüsement und Unverständnis betrachtet wird. Die Wahl des Präsidenten in einem mittelbaren Prozess, über ein von der demographischen Stärke der einzelnen Bundesstaaten mitbestimmtes Wahlmännerkollegium, hatte sich bis zu diesem Zeitpunkt als ein Procedere erwiesen, dass trotz einiger umstrittener Wahlen insgesamt zu der bemerkenswerten verfassungsrechtlichen und politischen Stabilität der USA mit beigetragen hat. Die Geschichte der amerikanischen Präsidentschaftswahlen ist eine Saga von oft dramatischen Duellen, von Weichenstellungen, die nicht nur die Geschicke des Landes, sondern auch jene der ganzen Welt dramatisch beeinflussten wie

---

[9] Eigentlich 267, doch eine Demokratin, die aus aus Hauptstadt Washington DC in das »Electoral College« entsandt worden war, enthielt sich aus Protest gegen die ihrer Meinung nach unzureichende Repräsentation der *Washingtonians*, der Hauptstadteinwohner, im Kongress der Stimme.

die Wahl Abraham Lincolns 1860, die in den Bürgerkrieg, aber auch zur Befreiung der Sklaven führte. Oder die Festlegung des Kurses, den Amerika angesichts zweier in Europa tobender und sich bald zum Weltkrieg entwickelnder Konflikte würde einschlagen müssen, eines Kurses, der durch Staatsmänner wie Woodrow Wilson und Franklin Delano Roosevelt symbolisiert ist. Oder die Übernahme der politischen Verantwortung durch Vertreter einer »neuen Generation«, die mit John F. Kennedy nicht fragen sollte, was ihr Land für sie, sondern was sie für ihr Land tun könne. Was wie der Beginn einer neuen Blüte aussah, mündete in das krisenhafte Jahrzehnt der 1960er Jahre, mit der Ermordung dreier Hoffnungsträger wie John und Robert Kennedy sowie Martin Luther King, in Vietnamkrieg und Massenprotest.

Präsidentschaftswahlen, oft umstritten, manchmal – wie 2000 – skandalumwittert, sind die Meilensteine, an denen die amerikanische Demokratie alle vier Jahre inne hält, kaum je zum Verschnaufen, sondern fast immer, um mit frischem Schwung Anlauf zu nehmen, um das Tor zu einer neuen Epoche aufzustoßen, wie es dem Selbstverständnis dieser sich als so ungemein dynamisch empfindenden Nation seit ihrer Gründung entspricht. Und es war in ihren Gründerjahren, in einer Epoche, in der man noch gepuderte Perücken und seidene Kniehosen trug, als die Väter der amerikanischen Verfassung ein Amt schufen, das heute, im Guten wie im Schlechten, um den ganzen Erdball ausstrahlt. Allein der Aufstieg des Landes und seines wichtigsten Repräsentanten von einem wenig beachtenswert scheinenden, beinahe experimentellen politischen Gebilde jenseits des Atlantik zu einer Zeit, da in Europa gekrönte Häupter herrschten, zur heutigen globalen Machtposition zeugt davon, dass Amerikas Selbstwahrnehmung seiner Genese als einer Erfolgsgeschichte zumindest bis in die jüngste Vergangenheit keine Illusion sein kann. Und dass wohl auch der Prozess, in dem das Land seine Exekutive wählt, die in einer einzigen Person gebündelt ist, Teil dieser *success story* sein muss.

Lessons from History: Ein Leben nach der Präsidentschaft

Als Bill Clinton im Januar 2001 die Präsidentschaft an seinen Nachfolger George W. Bush übergab, war er einer der jüngsten Ex-Präsidenten. Im Gegensatz zu manchen seiner Vorgänger, die etwas ratlos vor dem politischen Lebensabend standen, hatte der 42. Präsident ein aus der Not geborenes Nahziel: er musste Geld verdienen, sehr viel Geld, um die Rechnungen der Anwälte zu bezahlen, die ihn während der Lewinsky-Affäre und dem aus dieser herrührenden Impeachment verteidigt hatten. Mit Vorträgen, die bis zu sechsstellige Honorare einbrachten und mit der Veröffentlichung seiner Memoiren, für die er dem Vernehmen nach mehr als 10 Millionen Dollar Vorschuß erhalten hatte, gelang ihm dies.

Wie alle Ex-Präsidenten, denen noch eine nennenswerte Lebenszeit vergönnt ist (James Polk und Chester Arthur starben binnen weniger Monate nach dem Ende ihrer Regierungszeit, Woodrow Wilson verließ das Weiße Haus als Schwerbehinderter), steht das Streben danach oft an erster Stelle, die eigene *legacy*, das Erbe, den Nachruhm zu bewahren oder, wenn die Amtszeit nicht gerade als Erfolg gilt, aufzubessern. Der Bau und die Ausstattung einer *Presidential Library* ist dabei ein wichtiger Schritt, läßt sich hier doch die eigene Geschichte sehr subjektiv und in bestmöglichem Licht darstellen. Ein humanitäres Engagement legte Jimmy Carter an den Tag, durchaus mit einer eifernden Komponente – seine Präsidentschaft war eine der erfolglosesten des 20. Jahrhunderts und Carter tat in den nächsten 25 Jahren alles, um die eigene Reputation aufzuhellen, vom Einsatz für Organisationen wie *Habitat for Humanity* bis zu seiner Rolle als meist selbsternannter Vermittler in beinahe jeder nennenswerten Weltkrise. Das Nobelkomitee in Oslo hatte ein Einsehen mit dem Gutmenschen und verlieh ihm 2002 den Friedensnobelpreis – was ebenso wie die Vergabe dieses Preises an Al Gore 2007 auch bewußt als Ohrfeige für den amtierenden Präsidenten George W. Bush verstanden wurde und von dem alles andere als politisch neutralen norwegischen Komitee auch so intendiert war.

Seinen Ruf aufzupolieren bemühte sich auch Richard Nixon, der sich nach der Schmach von Watergate als *elder statesman*, durchaus mit einigem Erfolg, etablierte. Überwiegend dem Golfspielen widmete sich sein Nachfolger Gerald Ford. Ganz Privatmann zu sein, gelingt nur wenigen ehemaligen Präsidenten. George Washington genoß nach acht Jahren an der Macht wieder das Leben als *gentleman farmer* auf Mount Vernon. Sein virginischer Landsmann Thomas Jefferson schuf im Ruhestand ein bleibendes Erbe: er gründete in Charlottesville, unweit seines prächtigen Sitzes Monticello, die University of Virginia.

SEINE GEWÄHLTE MAJESTÄT
George Washington 1789

Die Schöpfer der amerikanischen Verfassung hatten eine genaue Vorstellung von der Person, die künftig die Geschicke der jungen Vereinigten Staaten von Amerika lenken sollte. Er (und daran, dass es ein Mann sein würde, bestand im Jahre 1787 kein Zweifel) musste ehrlich und integer sein. Das hohe Amt sollte er nur mit Zögern annehmen, da ihm ungebührliche Machtfülle zuwider war; nach seiner Vereidigung sollte er es indes mit Entschlossenheit und Mut ausüben. Nach Ende seiner Amtszeit sollte dieser ranghöchste Vertreter des amerikanischen Volkes die Macht ohne Umschweife wieder aus seinen Händen geben und das Schwert des Staatsführers mit der Pflugschar des Farmers vertauschen. Er sollte Würde und Bescheidenheit zugleich ausstrahlen, sollte die beinahe königliche Unnahbarkeit eines Staatenlenkers mit einer Volkstümlichkeit verbinden, die ihn zwar nicht zu einem Präsidenten »zum Anfassen«, wohl aber im Bewusstsein der Menschen zu einer Art Vater der Nation machen würde. Und als solcher stünde seine Persönlichkeit ebenso wie seine Amtsführung nicht nur über jedweder Kritik, sondern auch über dem Zwist, den man im allgemeinen mit dem Begriff »Parteien« verband – ein Terminus, den die meisten Delegierten zur *Constitutional Convention*, zur Verfassunggebenden Versammlung in Philadelphia im Sommer 1787 nicht ohne eine Mimik des Abscheus auszusprechen vermochten.

Die 55 Delegierten in Philadelphia beriefen nicht den Mann in ein Amt, sondern schufen vielmehr das Amt nach dem Bild, vielleicht auch nach der idealisierten Vorstellung eines bestimmten Mannes. Der Name dieses Individuums war George Washington. Für seine Landsleute war er Retter in der Vergangenheit und Hoffungsträger für die Zukunft in einem, für die weitere Entwicklung der jungen Nation sollte er sich als ein historischer Glücksfall erweisen. Denn Washington verkörperte mit seinem Charakter, seiner Persönlichkeit und seiner Pflichtauffassung exakt jene Tugenden, die man ihm zuschrieb und die in dieser Phase der Konstituierung des neugegründeten Staatswesens dringend von Nöten waren. Denn nur wenige Jahre nach Erringung der Unabhängigkeit war es unklar, welchen Weg dieses Land gehen würde. Schlimmer noch: Pessimisten zweifelten daran, ob der Bund der 13 Staaten, der sich 1776 von Großbritannien für unabhängig erklärt hatte, überhaupt als Nation überleben konnte oder ob diese Gliedstaaten getrennte Wege einschlagen würden.

Als 1775 die ersten Schüsse in dem sich seit Jahren abzeichnenden Konflikt zwischen der englischen Krone und den 13 Kolonien zwischen

Massachusetts[1] und New Hampshire im Norden und Georgia im Süden gefallen waren, hatte der in Philadelphia tagende *Continental Congress* den damals 43jährigen Pflanzer aus Virginia, George Washington, zum Oberkommandierenden der Streitkräfte dieser vereinigten Kolonien ernannt. Washington, der über militärische Erfahrung aus dem Krieg Englands gegen die Kanada beherrschenden Franzosen von 1756 bis 1763 verfügte, schuf aus Freiwilligenverbänden eine Armee und hielt sie in dem fast acht Jahre währenden Unabhängigkeitskrieg zusammen. Nach anfänglichen Mißerfolgen und dem Überwinden von Intrigen wurde er nicht nur zur unangefochtenen Führungspersönlichkeit dieser Streitmacht, sondern auch der neuen Nation, die ihr Geburtsdokument auf den 4. Juli 1776, den Tag der Unabhängigkeitserklärung, datierte, die aber zu diesem Zeitpunkt noch keine klar definierte konstitutionelle Form aufwies. Einzig der Überlebenswille im Kampf gegen England, die stärkste Militärmaschine der Epoche, hielt die Kolonien zusammen. Ihre eher machtlose Repräsentanz war die als Kongress bezeichnete Versammlung von Deputierten der ehemaligen Kolonien. Im Laufe des Unabhängigkeitskrieges musste der Kongress mehrfach vor englischen Truppen fliehen. Das Gesicht der noch ungeformten Nation, ihr Symbol für ein die Ereignisse in Amerika aufmerksam beobachtendes europäisches Publikum wurde George Washington. Das kühne Experiment der Amerikaner, sich nicht nur gegen ihren König aufzulehnen, sondern ganz offenbar eine Zukunft als Republik zu gestalten, wurde in Journalen, die in Paris und Stockholm gedruckt wurden, ebenso wie in literarischen Kaffeehäusern zwischen Amsterdam und Wien von den Denkern jener mit dem Begriff Aufklärung assoziierten Epoche heftig und oft kontrovers diskutiert. In den Machtzentren und Kabinetten Europas beobachtete man den Unabhängigkeitskrieg weniger aus politisch-philosophischem Interesse, sondern eher wegen seines potentiellen Einflusses auf das Konzert der Mächte in der Alten Welt, in deren überseeischen Besitzungen und auf den Weltmeeren. Die alte Weisheit, dass der Feind meines Feindes mein Freund sein muss, führte dazu, dass Englands Erzrivale Frankreich zunächst heimlich, dann offen den amerikanischen Unabhängigkeitskampf unterstützte. Der französische General Rochambeau wurde George Washingtons wichtigster Verbündeter zu Land, der französische Admiral de Grasse zur See. Im Oktober 1781 fügten diese Alliierten unter dem Oberbefehl Washingtons den Briten bei Yorktown in Virginia und auf den Wassern der Chesapeake Bay die

---

[1] Massachusetts umfasste damals noch jenes Gebiet im äußersten Nordosten der USA, aus dem später der Bundesstaat Maine entstand.

den Krieg entscheidende Niederlage zu. Die Kapelle der kapitulierenden britischen Armee unter dem Oberbefehl des Lord Cornwallis spielte bei der Niederlegung der Waffen vor Yorktown ein Lied, das Britanniens Überraschung über das Debakel im Kampf gegen die für unprofessionell bis minderwertig gehaltenen »Rebellen« trefflich symbolisierte: *The World Turned Upside Down*. Frankreichs Staatenlenker am Hof von Versailles erfreute die Niederlage des Rivalen auf das Vorzüglichste – dass der Geist der Rebellion gegen ein als ungerecht empfundenes Regime nur sechs Jahre nach dem 1783 den Amerikanischen Unabhängigkeitskrieg beendenden Frieden von Paris das eigene Land erreichen und zu einer viel gewalttätigeren Revolution als der amerikanischen führen würde, ahnten weder Ludwig XVI. noch seine Minister.

Die Bewunderung, die viele Intellektuelle in Europa für die Amerikaner und deren Führungspersönlichkeit aufbrachten, stieg noch, als man erfuhr, wie dieser George Washington nach Ende des Krieges mit der ihm verliehenen Machtfülle umging. Washington trat am 23. Dezember 1783 vor den in Annapolis (Maryland) tagenden Kongress, sprach Worte des Dankes und der inneren Bewegung und legte dann seinen Degen symbolträchtig vor den Vertretern der zivilen Autorität nieder. Ein Feldherr, der auf der Höhe seines Ruhmes freiwillig seine Macht zurückgibt und sich dem römischen Vorbild Cincinnatus gleich wieder auf seine Landgüter zurückzieht, um das Leben eines *Country Gentleman* zu führen – es war ein ziemlich unerhörter Vorgang, der einen würdigen Kontrast zu historischen Parallelen von Cäsar bis Cromwell darstellte. Wenig später erstrahlte Washingtons Beispiel in hellstem Licht, als in Europa ein militärischer Genius aus Korsika neue Höhen der Machtversessenheit offenbarte und sich selbst in Anwesenheit eines zum Statisten degradierten Papstes zum Kaiser von Frankreich krönte.

Nachdem Washington sich auf sein geliebtes Landgut Mount Vernon zurückgezogen hatte, bewegte sich sein Land auf eine ungewisse Zukunft zu. Eine starke zentrale Regierung fehlte den 13 ehemaligen Kolonien ebenso wie eine gemeinsame Währung, Partikularinteressen deuteten eher auf ein Auseinanderdriften als auf ein Wachstum als geeinte Nation. Schon im Juli 1784 traf auf Mount Vernon der Brief eines anonymen Verehrers ein, der über den Zustand des in Zwietracht und Orientierungslosigkeit versinkenden Landes lamentierte und gleichzeitig im Adressaten des Schreibens, George Washington, den einzigen denkbaren Garanten eines Auswegs aus der Krise sah: »Ich bin daher in Überzeugung, dass die Gegenwart ein kritischer Moment für Amerika ist, ohne die mindesten Zweifel dazu veranlasst zu denken, dass Sie, Great Sir, nicht nur die geeignetste Person, sondern, so fürchte ich, auch die einzige Person auf der

Erde sind, die zusammen mit der Neigung auch die Fähigkeiten besitzt, die Sie in Stand setzen, den drohenden Ruin abzuwenden.«[2]

Diese Auffassung wurde von den Delegierten der *Constitutional Convention* 1787 geteilt. Das von ihnen geschaffene Amt des Präsidenten war maßgeschneidert für den Abgesandten aus Virginia, der die Reise nach Philadelphia mit einer vierbändigen Ausgabe des »Don Quixote« angetreten hatte und dort wenig Zeit zu entspannter Lektüre fand. Es war weithin bekannt, dass Washington nur ungern Mount Vernon verlassen würde und keineswegs nach politischer Macht strebte. Sein ehemaliger Adjutant Alexander Hamilton, eine der treibenden Kräfte bei der Schaffung der Verfassung und einer der einflussreichsten Gestalter der jungen Republik, machte seinem ehemaligen Chef unmissverständlich deutlich, dass er sich abermals der Pflicht nicht entziehen konnte: »Ich gehe davon aus, Sir, dass Sie sich dazu entschieden haben dem zu folgen, was ohne Zweifel der allgemeine Ruf Ihres Landes in Bezug auf die neue Regierungsform sein wird. Gestatten Sie mir darauf hinzuweisen, dass es unverzichtbar für diese erste Operation ist, dass Sie sich zur Verfügung stellen. Es macht wenig Sinn, ein neues System einzuführen, wenn man nicht alle Einflüsse zu seiner festen Etablierung spielen läßt.«[3]

Die Verfassung trat 1788 in Kraft, der Kongress bestimmte noch im September, wie der Staats- und Regierungschef zu wählen sei. Am ersten Mittwoch im kommenden Januar sollten die Wahlmänner (*electors*) in der vorläufigen Hauptstadt New York zusammentreten und ihre Stimmen für den ersten Präsidenten sowie den ersten Vizepräsidenten abgeben. Die Zahl der jeweiligen Elektoren sollte im Verhältnis zum demographischen Gewicht ihrer Heimatstaaten stehen. Virginia, der bevölkerungsreichste Staat, hatte 24 Wahlmänner, gefolgt von Pennsylvania und Massachusetts mit jeweils 20. Die beiden kleinsten Staaten, Delaware und Rhode Island, entsandten je 6 Wahlmänner in das erste *Electoral College* der amerikanischen Wahlgeschichte. Wie die einzelnen Staaten ihre Wahlmänner bestimmten, war ihnen selbst bzw. ihren jeweiligen Gesetzgebenden Versammlungen überlassen. In der Frühphase der amerikanischen Geschichte war es in aller Regel das jeweilige Staatsparlament (*state legislature*), das seine Wahlmänner ernannte, welche damit auf höchst indirekte Art Ausdruck des politischen Willensbildungsprozesses waren. In manchen Staaten fanden in den Gründerjahren Wahlen zu den jeweiligen Staatsparlamenten primär mit dem Motiv statt, dabei solche Abgeordnete zu wählen, die für eine bestimmte Präferenz bei der darauf folgenden Präsidentschaftswahl standen, die also zum Beispiel bei der Wahl

---

[2] Zitiert nach: Joseph J. Ellis: His Excellency George Washington. New York 2004. S.168.
[3] The Papers of George Washington, Confederation Series. Hrsg. von Dorothy Twoig und Philander D. Chase. Band 6. Charlottesville (Virginia) 1997. S.444.

von 1800 deutlich hatten erkennen lassen, ob sie sich den Föderalisten und damit John Adams oder den Republikanern unter Thomas Jefferson verbunden fühlten. Derartige Festlegungen waren 1788/89 nicht von Nöten. Einziger Kandidat war George Washington, der sich einer geradezu universellen, niemals für einen Politiker mehr wiederholbaren Zustimmung durch seine Landsleute erfreute.

Aufgrund der langen Kommunikationswege in dem weitgestreckten Land, in dem Neuigkeiten mit der Geschwindigkeit des Postreiters voran kamen, war nicht nur die Einhaltung des als landesweit einheitlich vorgeschriebenen Wahltermins schwierig, sondern auch eine Abstimmung der Elektoren von New York mit jenen aus Massachusetts oder South Carolina. Und dass eine gewisse Abstimmung nötig war, dafür sorgte der größte dem neuen System innewohnende Fehler. Jeder Wahlmann nämlich hatte zwei Stimmen. Die Wahlgesetzgebung sah vor, dass jener Kandidat mit den meisten Stimmen im Wahlmännerkollegium Präsident sein würde, derjenige mit der zweitgrößten Stimmenzahl Vizepräsident. Da alle Vertreter der politischen Klasse des Jahres 1788 George Washington als Präsident sehen wollten – ein Wunsch, der ungeachtet des Fehlens von beweisenden Meinungsumfragen sicherlich von der überwältigenden Mehrheit der Amerikaner geteilt wurde – musste sichergestellt werden, dass er nicht nur die meisten Stimmen erhielt, sondern auch, dass kein anderer Kandidat genauso viele Stimmen auf sich vereinigen konnte. In dieser Wahl, der ersten und einzigen vor der Ausbildung eines wenn auch noch rudimentären Parteiensystems, gab es nur einen weiteren Kandidaten: den für die Vizepräsidentschaft. Es war John Adams aus Massachusetts, einer der führenden Verfechter der amerikanischen Unabhängigkeit, ein Patriot der ersten Stunde und ein erfolgreicher Diplomat auf Missionen in den Niederlanden und am Hof von St. James in London. Hätte Adams genau so viele Stimmen bekommen wie Washington – es wäre ein Affront gegen den General gewesen!

Aus dieser von der Verfassung vorgegebenen Falle führte nur ein Weg heraus, den der scharfsinnige Alexander Hamilton als einer der ersten erkannte. Alle Wahlmänner müßten (und würden) für Washington stimmen, aber hier und dort sollte der eine oder andere Elektor quasi vergessen, seine zweite Stimme für John Adams abzugeben. Dieser Trick wurde als *throw away* bezeichnet. Hamilton schrieb einem Vertrauten: »Ich habe Freunden in Connecticut vorgeschlagen, zwei Stimmen wegzuwerfen, anderen in New Jersey, die gleiche Zahl wegzuwerfen und unterbreite Ihnen, ob es nicht in Ordnung wäre, drei oder vier Stimmen in Pennsylvania zu verlieren.«[4]

---
[4] Presidential Elections 1789 – 2004. S. 18.

Hamiltons Rechnung ging auf. Am 6. April 1789 wurden die abgegebenen Stimmen im Kongress offiziell ausgezählt. Es war eine unvollständige Wahl, denn North Carolina und Rhode Island hatten die Verfassung noch nicht ratifiziert und New York hatte seine Wahlmänner nicht zum vorgeschriebenen Zeitpunkt bestimmen können. George Washington erhielt alle 69 abgegebenen Wahlmännerstimmen. Das Szenario, dass ein zu gutes Ergebnis des Vizepräsidenten – oder gar ein Gleichstand! – als Beleidigung des allseits verehrten Washington wirken musste, konnte um einen hohen Preis durch Hamiltons Machenschaften vermieden werden. Es war nämlich der neue Vizepräsident, der außerordentlich verärgert war. John Adams erhielt nur 34 Stimmen – viel zu viele Wahlmänner hatten beim *throw away* mitgemacht und ihre zweiten Stimmen an andere Politiker wie John Hancock und John Jay gegeben.

Der Kongress schickte am nächsten Tag, dem 7. April 1789, einen Boten nach Virginia, um Washington offiziell von dem Ergebnis zu unterrichten. Der General hatte nie offiziell seine Kandidatur erklärt und hielt es seiner Würde für angemessen, an der Wahl kein Interesse zu bekunden. Der Kongress spielte bei dieser kleinen Komödie mit und tat so, als hätte Washington in den Wochen seit dem Zusammentreten der Elektoren in ihren Staaten keinerlei Nachricht über die sich abzeichnende Entscheidung erhalten.

Hatte Washington noch irgendwelche Zweifel an seiner Beliebtheit und an den Hoffnungen, die man an ihn in seinem neuen Amt richtete, der Triumphzug, zu dem sich seine Reise von Mount Vernon nach New York entwickelte, muss diese schnell zerstreut haben. In Baltimore hatten sich mehr als zehntausend Menschen versammelt und jubelten ihrem künftigen Präsidenten unter Salutschüssen von aus dem Unabhängigkeitskrieg übrig gebliebenen Kanonen zu. Noch größer war die Menge in Philadelphia, wo Washington auf einem Schimmel einzog und einen von dem Künstler Charles Willson Peale entworfenen Triumphbogen durchritt. In Trenton, heute die Hauptstadt New Jerseys, wo Washington am Weihnachtsmorgen 1776 seinen ersten Sieg im Krieg gegen die britische Kolonialmacht[5] hatte erringen können, warfen in Weiß gekleidete Mädchen Blumen nach ihrem Idol, während die älteren weiblichen Honoratioren ein Liedlein mit dem Titel *The Defender of the Mothers, The Protector of the Daughters* sangen. Den Hudson River überquerte er in einem von ganz in Weiß gekleideten Seeleuten gesteuerten Schiff, während auch hier eine Hymne gesungen wurde. Den Text hatte man neu geschaffen, die Melodie

---

[5] Es waren weniger englische Soldaten als vielmehr hessische Söldner in Diensten Großbritanniens, die Washington mit seinen Truppen am Weihnachtsmorgen in Trenton überraschte.

war jene von *God Save the King* – wie kaum ein anderer hatte George Washington dafür gearbeitet, dass in seinem Land diese Ode an einen König nicht mehr *en vogue* war.

In der Federal Hall von New York legte George Washington am 30. April 1789 seinen Amtseid als erster Präsident der Vereinigten Staaten ab. Dann begann er eine Tradition, die auch heute noch fester Bestandteil dieser Zeremonie ist: Washington hielt seine *inaugural address*, seine Rede aus Anlaß der Amtseinführung. In privaten Briefen ließ er wenig Zweifel daran, dass er aus Pflichtbewusstsein sein geliebtes Mount Vernon verlassen hatte und fürchtete, die Hoffnungen der Amerikaner zu enttäuschen: »So viel wird erwartet, so viele unvorhersehbare Umstände mögen intervenieren, dass ich unüberwindbare Mängel in meinen Fähigkeiten für die Ausübung dieses schweren Amtes empfinde.«[6] Washington enttäuschte seine Landsleute mitnichten. Er steuerte das Schiff des jungen Staates durch alle Klippen der Epoche und gilt unter Historikern noch heute als einer der größten Präsidenten der amerikanischen Geschichte.

»Ich gehe auf unbeschrittenem Boden«, hatte Washington bald nach seiner Vereidigung zutreffend beobachtet. Was immer der erste Präsident unternahm, er setzte einen Präzedenzfall. »Sie sind nun König, unter einem anderen Namen« rief ihm ein politischer Weggefährte zu. Doch was genau war sein Name, wie hatte man den Ersten Bürger einer Republik anzureden? Verschiedene Titel wurden diskutiert, im Senat gehörten *His Elected Majesty* und *His Mightiness* zu den Favoriten. Obwohl Washington ein Mann war, der stets auf Form und Etikette bedacht war, setzte sich mit der Zeit eine Anrede durch, die republikanische Simplizität ausstrahlte, ohne es an Respekt, vielleicht sogar Ehrfurcht fehlen zu lassen: *Mr. President*.

Der Regierung Washington gelang eine Stabilisierung der jungen Nation, gestützt durch eine meisterhafte Verfassung, als deren wesentlicher Autor der Virginier James Madison gilt und die in den nächsten mehr als zwei Jahrhunderten in vielen sich neu konstituierenden Ländern eine Vorbildfunktion einnahm. In der Außenpolitik war es das größte Verdienst Washingtons, in der bewegten Epoche seiner beiden Amtszeiten, von April 1789 bis März 1797, sein Land aus den europäischen Konflikten herausgehalten zu haben. Der alte General wusste, dass Amerika wenige Jahre nach seinem Unabhängigkeitskrieg nicht über die Ressourcen verfügte, um abermals an einem Konflikt teilzunehmen, und steuerte das Land auf einen Kurs der Neutralität zwischen dem revolutionären Frankreich und

---

[6] Brief an Edward Rutledge, 5. Mai 1789. George Washington: Writings. Library of America. New York 1997. S.745.

seinen Gegnern, allen voran Großbritannien. Wo seine persönlichen Sympathien lagen, spürten selbst seine engsten Mitarbeiter kaum. Es mag immerhin als ein Indiz seiner Zustimmung für das Streben nach Freiheit auch anderenorts gelten, dass noch heute in seinem Landsitz Mount Vernon der Schlüssel der Bastille zu sehen ist. Der Sturm auf die Festung im Herzen von Paris, gut zweieinhalb Monate nach Washingtons Amtsantritt, war der Auftakt zur Französischen Revolution; der Schlüssel war ein Geschenk seines französischen Adjutanten, des Marquis de Lafayette.

Die Haltung gegenüber den Kontrahenten des europäischen Ringens, das sich mit Unterbrechungen bis 1815 hinziehen sollte, war einer der Auslöser einer Entwicklung, die Washington, der sich als *president above party*, als über allen Parteiungen stehend fühlte, mit großem Mißfallen beobachten musste. In seiner ersten Amtszeit begann sich ein noch rudimentäres Parteiensystem auszubilden, das zwar nicht über die organisatorischen und logistischen Kennzeichen moderner Parteien wie offizielle Mitgliedschaft, regelmäßige Versammlungen, Wahl von Funktionsträgern, finanzielle Zuwendungen etc. verfügte, dessen Vertreter sich aber dennoch mit stetig größer werdender Leidenschaft argumentative Gefechte lieferten, in den der jeweiligen Gruppierung nahestehenden Gazetten ebenso wie in Debattierklubs und vor allem an einem unerwarteten Ort: in George Washingtons Kabinett. Die beiden prominentesten Minister des Präsidenten wurden zu den Wortführern der beiden sich entwickelnden Parteien. Sein Finanzminister Alexander Hamilton, ein geistreicher politischer Autor, war zusammen mit Benjamin Franklin und George Washington einer der treibenden Kräfte hinter der Einberufung der Verfassunggebenden Versammlung gewesen. Die dort erarbeitete Konstitution unterstützte er mit seinem reichen publizistischen Œuvre, in dem er für die Ratifizierung der Verfassung warb. Seine herausragenden Schriften erschienen anonym zusammen mit jenen James Madisons in einer Zeitschrift mit dem Titel *Federalist Papers*. Föderalisten, *federalists*, war auch der Name, mit der Hamiltons »Partei« bedacht wurde. Der Finanzminister, ein Bonvivant von großem persönlichen Charme und einer beeindruckenden Vision von Amerikas Zukunft (die sich in wesentlichen Teilen erfüllen sollte), trat für eine starke Zentralgewalt ein und baute auf eine Wirtschaftsordnung, in der Handel und Industrie (damals meist noch als Manufakturwesen bezeichnet) die führende Rolle spielten. Außenpolitisch galt die Bewunderung Hamiltons und seiner Anhänger dem politischen System des ehemaligen Mutterlandes England.

Thomas Jefferson, der wesentliche Verfasser der Unabhängigkeitserklärung von 1776 und Außenminister, wurde bald als führender Theoretiker und auch Agitator einer Geisteshaltung bekannt, die man zunächst als

Anti-Federalist, dann als *Democratic-Republican* und schließlich nur noch als *Republican* bezeichnete. Dieser Name wirkt aus heutiger Sicht außerordentlich verwirrend: Die Republikaner des Thomas Jefferson gelten als Vorläufer der modernen Demokratischen Partei. Die heutigen Republikaner haben ihre Wurzeln in einer viel späteren Epoche, der Vor-Bürgerkriegsära der 1850er Jahre. Ihr historischer Gründervater ist Abraham Lincoln, nicht Thomas Jefferson.[7] Jefferson und die Republikaner waren einer starken Zentralgewalt (und deren Machtmittel, einer stehenden Armee) gegenüber äußerst mißtrauisch und suchten die Stellung der einzelnen Staaten zu stützen. Für das Blühen und Gedeihen der Wirtschaft Amerikas sollten Farmen und Plantagen sorgen und weniger rauchende Schlote. In der Außenpolitik sah vor allem Jefferson im revolutionären Frankreich einen potentiellen Verbündeten, wenn nicht gar einen ideologisch Gleichgesinnten.

Die Wahl des Jahres 1792 war die erste, in der widerstreitende Ideen und Kandidaten aufeinander stießen – bei manchen Gouverneurswahlen, bei den Wahlen zu den Staatsparlamenten und bei jenen zum Kongress gaben sich viele Kandidaten als Anhänger der einen oder der anderen Richtung zu erkennen. Nur ein Amt wurde aus dem sich entwickelnden demokratischen Wettstreit herausgehalten: das des Präsidenten. George Washington wollte nach vier Jahren im Amt 1792 sich endlich in sein privates Landleben zurückziehen und bat James Madison, eine Abschiedsrede für ihn zu verfassen. Doch die beiden wichtigsten Kontrahenten in der sich abzeichnenden politischen Landschaft, Hamilton und Jefferson, bemühten sich gleichermaßen, den Ex-General davon zu überzeugen, dass eine zweite Amtszeit zur Stabilisierung der noch wenig erprobten Verfassungsorgane unumgänglich sei. Washington gab schließlich nach, ohne offiziell eine Kandidatur zu verkünden – sein sybillinisches Schweigen wurde von Föderalisten und Republikanern gleichermaßen so verstanden, dass der Präsident weiterhin als über allen Gegensätzen stehender Vater der Nation bereit war seine Pflicht zu erfüllen.

Während Washington nach wie vor kaum angreifbar war und kein noch so ehrgeiziger Politiker eine Kandidatur gegen ihn ernstlich in Erwägung ziehen mochte, wurde das Amt des Vizepräsidenten erstmals Gegenstand eines Wettstreits zweier Parteien. John Adams galt als Kandidat der Föderalisten. Gegen den amtierenden Vizepräsidenten schickten die Republikaner den Gouverneur von New York, George Clinton, ins Rennen. Dies-

---

[7] Beide modernen Parteien berufen sich regelmäßig auf die als »Giganten« angesehenen Führungspersönlichkeiten der jungen Republik. George Washington, John Adams und Thomas Jefferson, Leitfiguren des Unabhängigkeitskampfes ebenso wie erste Präsidenten, sind in der heutigen Sichtweise tatsächlich zu *presidents above party* geworden.

mal ging der Wahlprozess fast reibungslos vor sich; dass sich die Zahl der Wahlmänner deutlich vergrößert hatte, lag nicht nur am Bevölkerungszuwachs, sondern auch daran, dass zwei neue Staaten hinzu gekommen waren. Vermont und Kentucky ergänzten die ursprünglichen 13 Gründerstaaten.

Wie vier Jahre zuvor erhielt George Washington alle Wahlmännerstimmen, jeder der 132 Elektoren stimmte für den amtierenden Präsidenten. Es war die letzte einstimmige Wahl der US-Geschichte. Als die Wahlmänner zur Wahl des Vizepräsidenten schritten, fand sich eine Mehrheit von 77 Stimmen für John Adams, sein Herausforderer George Clinton erhielt 50 Stimmen, die verbliebenen 5 Stimmen entfielen auf andere Kandidaten. Das Wahlsystem funktionierte, die politische Stabilität schien gewährleistet. Dass Washington noch mehr als bei seiner ersten Wahl das Amt gegen seine innersten Wünsche antrat, die sich – den Terminus benutzte er in seinen Schriften regelmäßig in sehnsuchtsvollem Ton – auf *retirement*, auf den Ruhestand und das Landleben konzentrierten, verdeutlicht auch die Antrittsrede. Sie war die kürzeste aller *inaugural addresses*.

Es gab keine Überzeugungskunst, die George Washington im Jahr 1796 hätte bewegen können, ein drittes Mal zu kandidieren. Der Präsident schloß eine solche Kandidatur kategorisch aus und begründete damit eine Tradition, der für eineinhalb Jahrhunderte auch die erfolgreichsten Präsidenten folgten: nach zwei Amtszeiten heißt es Abschied nehmen von der Macht in der Hauptstadt, die seit dem Jahr 1800 in der nach dem ersten Präsidenten benannten Stadt am Potomac beheimatet ist. Nur ein einziger Präsident, Franklin Delano Roosevelt, kandierte ein drittes und schließlich sogar ein viertes Mal. Bald nach seinem Tod zu Beginn der vierten Amtszeit wurde die Verfassung um einen Zusatz erweitert, wonach eine erneute Kandidatur nach zwei Amtszeiten nicht zulässig ist.

Mit dem Abschied Washingtons schien der Mantel der Präsidentschaft fast zwangsläufig seinem Vize John Adams zuzufallen. Diesmal gab es allerdings einen Gegenkandidaten: Thomas Jefferson warf für die *Democratic-Republicans* seinen Hut in den Ring. Es kam zu einem begrenzten Wahlkampf, mit öffentlichen Debatten und einer frühen Form einer breiten Partizipation, wurden doch in einigen Staaten die Elektoren direkt von der wahlberechtigten Bevölkerung (weiße Männer mit einem bestimmten Mindestbesitz) gewählt. Wieder einmal agierte Alexander Hamilton eifrig hinter den Kulissen. Er war zwar überzeugter Föderalist, mochte John Adams aber nicht besonders und ersann einen besonders perfiden Trick, indem er seinen früheren Ratschlag des »Wegwerfens« von Stimmen bei der Wahl des Vizepräsidenten nun konterkarierte. Er versuchte vielmehr die den Föderalisten nahestehenden Wahlmänner aus dem Norden zu überzeugen, in gleichem Maße für Adams wie für dessen Vize-Präsidentschaftskandidaten Thomas Pinckney zu stimmen. Hamiltons Kalkül: Im Süden war Adams recht unbeliebt, so dass dort möglicherweise selbst der eine oder andere föderalistische Wahlmann wohl Pinckney, nicht aber den Spitzenkandidaten wählen würde. Dies und ein Verzicht auf das *throw away* könnte dazu führen, dass Pinckney mehr Stimmen als Adams erhielt und dann nicht Vizepräsident, sondern Präsident werden würde.

So weit kam es nicht. Doch das Jahr 1796 bescherte den USA den ersten sehr knappen Wahlausgang. John Adams erhielt 71 Wahlmännerstimmen, nur drei mehr als Thomas Jefferson, der es auf 68 Stimmen brachte. So wurde Adams zum zweiten Präsidenten gewählt und sein Rivale zu seinem Stellvertreter.

Der Löwe und das Lamm legen sich zusammen zur Ruhe, so formulierte der feinsinnige Alexander Hamilton das erzwungene Miteinander eines Präsidenten und seines Stellvertreters aus unterschiedlichen politischen Lagern. Diese im modernen französischen System mögliche Kohabitation politischer Rivalen sollte indes nicht das größte theoretische Übel sein, welches der Geburtsfehler der Verfassung, die gemeinsame Wahl von Präsident und Vizepräsident, mit sich brachte. Die Zeitgenossen von 1797 konnten sich in ihrer kühnsten Phantasie nicht vorstellen, dass dieser konstitutionelle Makel sogar eine noch schlimmere Möglichkeit zuließ – eine Situation, in der die gemeinsamen, der *gleichen* politischen Gruppierung angehörenden Kandidaten für die Präsidentschaft und die Vizepräsidentschaft exakt die gleichen Stimmenzahl erhalten würden. Und in der dann die vermeintliche Nummer Zwei plötzlich Sinn für das höhere, dem Partei*freund* zustehende Amt an den Tag legte.

Lessons from History: Daheim beim Präsidenten

Die Regierungszeit George Washingtons erscheint dem Betrachter aus dem frühen 21. Jahrhundert ebenso wie die Lebensumstände des Mannes mit der gepuderten Perücke und seiner Zeitgenossen unendlich weit entfernt. Doch wie bei fast allen anderen Präsidenten kann man auch auf das private Umfeld des Gründervaters einen Blick werfen, seine Welt – mit etwas Phantasie zumindest – erkunden. Vor den Toren der Hauptstadt, die seinen Namen trägt, findet sich auf einer Anhöhe über dem Potomac Mount Vernon, George Washingtons Landgut. Wie andere *Presidential Homes* im Lande fungiert es als ein höchst anschauliches Museum zum Leben und Wirken des einstigen Bewohners – im

Falle Mount Vernons ist es mehr als ein Museum, es ist eine Farm im Stile des späten 18. Jahrhunderts. Auf seinem Grund und Boden hat Washington, *first in war, first in peace and first in the hearts of his countrymen*, zusammen mit seiner Frau Martha auch die letzte Ruhestätte gefunden.

Fast alle Staatschefs der USA haben ein *Presidential Home* hinterlassen, die prächtigsten sind neben Mount Vernon das Anwesen Thomas Jeffersons, Monticello, und das Herrenhaus Andrew Jacksons, The Hermitage. Bescheidener, aber immer noch großbürgerlich sind die Häuser von Franklin D. Roosevelt in Hyde Park, New York, und Abraham Lincoln in Springfield, Illinois. Den Präsidenten ab der zweiten Hälfte des 20. Jahrhunderts sind durchweg (seit Roosevelt) *Presidential Libraries* gewidmet, die eine Doppelfunktion erfüllen: zum einen sind sie als Archive Lagerstätten von Millionen von Dokumenten aus Leben und Amtszeit des betreffenden Präsidenten, zum anderen sind sie Museen, oft didaktisch exzellent gestaltet, in der ein Bild des Mannes und seiner Administration gezeichnet wird, das nie ganz objektiv sein kann oder will. Besuchenswert sind diese Stätten wie die Clinton Library in Little Rock, Arkansas, oder die Ronald Reagan Library in den Bergen Kaliforniens über dem Pazifik immer.

INTRIGE UND WORTBRUCH
Thomas Jefferson 1800

Margaret Bayard Smith, die Frau eines Zeitungsverlegers, war sich der historischen Bedeutung des Ereignisses wohl bewusst, dessen Zeugin sie zusammen mit einigen anderen tausend Menschen gerade geworden war: »Ich habe an diesem Morgen eine der interessantesten Szenen miterlebt, die ein freies Volk überhaupt bezeugen kann. Der Wechsel einer Administration, der in jedem Regierungssystem und zu jeder Epoche stets eine Phase der Konfusion, der Schurkerei und des Blutvergießens war, hat in unserem glücklichen Land ohne eine Andeutung von Ablenkung oder Unordnung statt gefunden.«[1] Mrs. Smith war eine scharfsinnige Beobachterin, denn die »Szene«, der sie in der noch völlig provisorischen Hauptstadt Washington, das erst seit wenigen Monaten Regierungssitz war, beigewohnt hatte, beeindruckt auch mehr als zwei Jahrhunderte später durch ihre würdevolle Simplizität. Was diesen 4. März 1801 zu einem so symbolhaft glücklichen Tag für die weitere Entwicklung der USA machte, war das, was an jenem Vormittag passierte: eigentlich nichts. Zum ersten Mal kam es zu einem Regierungswechsel, zum Übergang der Macht von einer politischen Partei auf die andere. Dieser Vorgang lief mit einer solchen Selbstverständlichkeit ab, ohne die mindeste Gefahr gewaltsam artikulierter Dissonanz, dass die Beobachter ihr Land in der Tat als glücklich einschätzen konnten. Selbst die Tatsache, dass der aus dem Amt scheidende Präsident und Wahlverlierer, John Adams, seinem Nachfolger, Thomas Jefferson, nicht coram publico gratulieren mochte, konnte die historische Signifikanz dieser »Revolution von 1800« nicht schmälern. Adams hatte noch lange vor Sonnenaufgang, um vier Uhr morgens, Washington mit einer regulären Kutsche verlassen und sich auf die lange Reise ins heimische Quincy in Massachusetts begeben.

Der Weg zu diesem Regierungswechsel von Föderalisten zu Republikanern, der in Jeffersons beschwichtigender Ansprache an jenem ersten Tag seiner Präsidentschaft gipfelte: »Wir alle sind Föderalisten, wir alle sind Republikaner«[2], war allerdings wesentlich steiniger als der Akt der Vereidigung des neuen Präsidenten.

Das Verhältnis von John Adams zu seinem Vizepräsidenten Thomas Jefferson war nach vier gemeinsamen Jahren zutiefst zerrüttet und hatte auch

---
[1] Zit.n. Jill Lepore: Party Time. The New Yorker, 17. September 2007.
[2] Antrittsrede Jeffersons, 4. März 1801. Merrill D. Peterson (Hrsg.): The Portable Jefferson. New York 1975. S. 292.

ihre aus der Frühphase der Amerikanischen Revolution datierende Freundschaft zerstört. Für die Föderalisten, vor allem deren Wortführer Hamilton, war Jefferson ein »Jakobiner«, der Sympathien für die Gewaltherrschaft der Französischen Revolution hatte. Umgekehrt warfen die Republikaner der Regierung Adams Eingriffe in die Grundrechte amerikanischer Bürger vor. Der wegen einer krisenhaften Zuspitzung der Beziehungen zu Frankreich 1798 erlassene *Alien and Sedition Act* konnte in der Tat dazu benutzt werden, oppositionelle Presseorgane zum Schweigen zu bringen. Die Tatsache, dass John Adams ein gewisses Faible für Pomp hatte, führte schnell zum Vorwurf der Republikaner, Adams wolle die Monarchie einführen und sich selbst zum König machen. Als Begründung für diesen Vorwurf wurde zudem angeführt, dass Adams einen politisch engagierten und als Diplomat erfolgreichen Sohn, John Quincy, hatte, den sein Vater vermutlich als eine Art Thronfolger betrachte. Es drohe, so schmähten republikanische Gazetten, eine Dynastie der Adams. Bei Jefferson hingegen bestehe diese Gefahr nicht, der Vizepräsident habe schließlich »nur« Töchter. Der Wahlkampf war polemisch, doch die Spitzenkandidaten selbst mochten in die Schlammschlacht nicht mit hineingezogen werden. Als John Adams auf dem Weg von Massachusetts in die Hauptstadt Washington in den Staaten Maryland und Pennsylvania nicht die kürzestmögliche Route benutzte, sondern verschiedene Orte besuchte und dort mit Honoratioren sprach, wurde ihm vorgeworfen, selbst auf Stimmenfang zu gehen, was als absolut unschicklich für einen Präsidenten galt. Jefferson seinerseits warnte einen seiner Agitatoren, um seinen Ruf besorgt: »Lasst meinen Namen nicht mit diesem Geschäft [= *Wahlkampf*] verbunden sein.«[3]

Er hatte Grund zu dieser Forderung, denn der noch nicht als solcher bezeichnete Wahlkampf war einer der schmutzigsten der amerikanischen Geschichte. Zu Jeffersons publizistischen Verbündeten – mit dem man als Gentleman tunlichst nicht in einem Atemzug genannt werden wollte – gehörte unter anderem der Pamphletist James Callender, der in seiner Schrift »The Prospects Before Us« die Leser vor die Wahl stellte, mit John Adams an der Spitze auf Krieg und allgemeine Verelendung oder mit Thomas Jefferson auf Frieden und Prosperität zuzusteuern. Callender war ein Journalist, der nicht vor Angriffen tief unter die Gürtellinie zurückschreckte; erst 1797 hatte er Hamiltons Chancen auf ein höheres Amt zerstört, in dem er die außerehelichen Eskapaden des früheren Finanzministers und Gründers des fiskalischen Systems der USA dem Publikum in lüsternen Details darlegte. Mit solchen Leuten zu paktieren, kam letztlich auch Thomas Jefferson teuer zu stehen. Im Jahr 1802, als Jefferson

---

[3] Ebd.

Präsident war, schockte Callender die Leserschaft mit dem Vorwurf, Thomas Jefferson habe ein Verhältnis mit einer Sklavin, Sally Hemmings, und sei der Vater ihrer Kinder.[4]

Als *running mate*, als seinen Vizepräsidentschaftskandidaten, bestimmte John Adams den älteren Bruder seines Mitstreiters von 1796, Charles Cotesworth Pinckney aus South Carolina. Jefferson entschied sich für einen der profiliertesten Politiker der Republikaner, den Anwalt Aaron Burr aus New York. Burr war ein hochintelligenter, rhetorisch brillanter Mann von manchmal geradezu umwerfendem Charme. Selbst Menschen, die seine und Jeffersons politische Ansichten teilten, sahen indes bei Burr eine gewissen Prinzipienlosigkeit, verbunden mit Opportunismus, kaum gebremster Ambition und einer Neigung zu Ranküne und Intrige. Jefferson hatte durchaus seine Bedenken, mit Burr in die Wahl zu ziehen – wie berechtigt diese Vorbehalte sein würden, konnte indes selbst dieser durch viele Kabalen gegangene Gründervater der USA nicht ahnen.

Historiker schätzen, dass in der Wahlperiode von März bis Dezember 1800 etwa 550.000 Amerikaner wahlberechtigt waren. Wie viele wirklich zur Wahl gingen, ist unbekannt, denn die Wahlzettel wurden anschließend (mit Ausnahme von Massachusetts) vernichtet. In einigen Staaten konnten die Wähler direkt die Wahlmänner wählen, die dann im Wahlmännerkollegium Volkes Stimme (oder zumindest die seiner Mehrheit) zum Ausdruck bringen sollten, in den meisten Staaten wählte man Abgeordnete für das jeweilige Staatsparlament, das dann seinerseits aufgrund der mit dieser Wahl geschaffenen Mehrheitsverhältnisse seine Elektoren bestimmte. Eine Besonderheit 1800: Im Staat New York durften weiße Frauen wählen, im Staat Maryland freie Schwarze – beides wurde innerhalb der nächsten Jahre wieder abgeschafft.

Wie vier Jahre zuvor agierte Alexander Hamilton hinter den Kulissen. Natürlich war er als führender Repräsentant der Föderalisten an deren Sieg interessiert. Doch er mochte Präsident John Adams nach wie vor nicht und ersann erneut einen perfiden Plan: Er versuchte potentielle föderalistische Wahlmänner dazu zu ermutigen, abermals die Praxis des *throw away* auszuüben, aber dieses Mal wie 1789 schon die eine oder andere Stimme für John Adams »wegzuwerfen«. Wenn alle föderalistischen Elektoren indes ihre Stimme dem eigentlich für das Vizepräsidentenamt kandidierenden Charles Cotesworth Pinckney geben würden, hätte dieser mehr Stimmen als John Adams und wäre damit zum Präsidenten gewählt. Immer vorausgesetzt, die Föderalisten gingen als Sieger aus der Wahl hervor.

---

4   DNA-Analysen im späten 20. Jahrhundert haben Jeffersons Verwandschaft mit Sally Hemmings Nachkommen mit hoher Sicherheit bestätigt.

Es kam jedoch ganz anders. Als am 11. Februar 1801 die Stimmzettel der Elektoren geöffnet wurden, zeigte es sich, dass die Republikaner eine knappe Mehrheit gewonnen hatten. Auf Hamilton hatten seine Parteifreunde nicht gehört, vielmehr hatte ein föderalistisches Mitglied des Wahlmännerkollegiums seine Stimme für den Vizepräsidenten in einer Variante des *throw away* nicht Pinckney, sondern John Jay gegeben. Auf föderalistischer Seite hatten John Adams 65 Stimmen und Pinckney 64 Stimmen. Zur Wiederwahl als Präsident reichte dies für John Adams nicht. Bei den Republikanern war zwar im Vorfeld ausgemacht worden, dass ein Elektor einem anderen als Burr seine Stimme geben sollte, doch der Mann hatte diesen Deal offenbar vergessen. So bekamen sowohl Thomas Jefferson als auch Aaron Burr 73 Stimmen.

Plötzlich stand Aaron Burr der Sinn nach Höherem. Noch kurz vor der Wahl hatte er blumig erklärt: »Es ist gut möglich, dass ich die gleiche Anzahl von Stimmen erhalte wie Mr. Jefferson. Sollte es zu diesem Ergebnis kommen, so weiß jeder, der mich kennt, dass ich einen solchen Wettstreit verabscheuen würde.«[5] Doch auf eine öffentliche Erklärung, dass er nicht für die Präsidentschaft zur Verfügung stünde, wartete man nun bei Burr vergeblich.

Findet sich im Wahlmännerkollegium keine Mehrheit für einen Kandidaten, muss das Repräsentantenhaus entscheiden. Hier wurde nach Staaten abgestimmt. Da die USA 1801 aus 16 Bundesstaaten bestanden, bedeutete die erforderliche absolute Mehrheit, dass sich mindestens neun Staaten für einen Kandidaten aussprechen mussten.

Am 11. Februar 1801 trat das Repräsentantenhaus zusammen, während ein Schneesturm über Washington zog. In dieser Kammer des Kongresses hatten die Föderalisten noch eine Mehrheit. Sie hatten kein Interesse daran, Jefferson zum Präsidenten zu wählen. So fanden sich nur acht Staaten, die für Jefferson stimmten, sechs votierten für Burr und zwei weitere Staaten waren gespalten, so dass deren Repräsentanten einen leeren Stimmzettel abgaben. Acht Staaten – das war keine absolute Mehrheit. Als an diesem Winterabend die Dunkelheit über dem noch unfertigen Capitol hereinbrach, wurden die Kamine und die kerzenbestückten Kronleuchter angezündet; die Abgeordneten mussten noch verweilen, was angesichts des draußen tobenden Blizzards für manche nicht die schlechteste Lösung war. Bis es drei Uhr nachts schlug, hatte man nicht weniger als 27mal abgestimmt – das Ergebnis blieb gleich.

In den nächsten Tagen suchte man nach einem Ausweg aus der ersten großen Verfassungskrise der USA. Wieder einmal arbeitete Hamilton hin-

---

[5] Bernard A. Weisberger: America Afire. Jefferson, Adams and the first contested election. New York 2000. S.261.

ter den Kulissen, versuchte Abgeordnete zu beeinflussen. Der langjährige Rivale Jeffersons erkannte, dass der Virginier – bei allem, was sie trennte – bei weitem der bessere Mann im Präsidentenamt sein würde: »Jefferson muss den Vorzug bekommen. Es gibt nichts, was für Burr spricht. Er ist moralisch bankrott jenseits jedweder Vorstellung. Er ist der Catilina Amerikas.«[6] Am 17. Februar schließlich, im 36. Wahlgang, entschlossen sich die Föderalisten in den Delegationen von Maryland und Vermont, nicht an der Abstimmung teilzunehmen. Damit änderte die republikanische Stimmenzahl in beiden Delegationen das Votum beider Staaten von Enthaltung in eines pro Jefferson. Gleichzeitig hatte Delaware sich aus dem Burr-Lager zurückgezogen und sich der Stimme enthalten. Somit hatten sich zehn Staaten für Jefferson und vier für Burr bei zwei Enthaltungen ausgesprochen. Thomas Jefferson war nun der dritte Präsident der USA. An seiner Seite stand ein Vizepräsident, dem er kaum über den Weg getraut haben dürfte.

Im Jahr 1804 verabschiedete der Kongress den zwölften Zusatz zur Verfassung (*amendment*), mit dem künftig die Wahlmänner separat ihre Stimmen für den Präsidenten und den Vizepräsidenten abgaben. Damit war ausgeschlossen, dass beide aus unterschiedlichen politischen Lagern stammten. Nicht mehr möglich war auch ein Gleichstand zwischen zwei politisch verbündeten Kandidaten, von denen der »zweite Mann« auf dem Ticket plötzlich *second thoughts* über seine Rolle bekam und wie Aaron Burr nach der Präsidentschaft strebte.

Nach allen Wirrnissen konnte Thomas Jefferson zufrieden resümieren, dass die »Revolution«, der Übergang der Macht von einer Partei in die Hände einer anderen, nicht »mit dem Schwert, sondern mit den Stimmzetteln des Volkes« vonstatten gegangen war. Doch die Episode der Wintermonate 1800/01 hatte dennoch ein blutiges Nachspiel, bei dem nicht das Schwert, wohl aber die Pistole gezückt wurde. Die Feindschaft zwischen Hamilton und Burr gipfelte in einer Duellforderung. Am Morgen des 11. Juli 1804 standen sich in Weehawken, New Jersey, der amtierende Vizepräsident der USA, Aaron Burr, und einer der Wegbereiter der Konstitution und erste Finanzminister des Landes, Alexander Hamilton, gegenüber. Der Schuß Hamiltons ging in das Gezweig der Bäume über den Duellanten, die Kugel Burrs durchschlug die Leber Hamiltons und blieb in seiner Wirbelsäule stecken. Am nächsten Tag starb der Mann, der für sein Land eine glänzende Zukunft als industrielle Großmacht vorhersah und dessen Porträt die 10-Dollar-Note schmückt – ein posthumer Triumph über seinen Rivalen Jefferson, der den amerikanischen Verbrau-

---

[6] Ebd. S. 262/263.

cher von dem im Alltag kaum noch benutzten 2-Dollar-Schein irritiert anblickt.

> *Lessons from History:*
> Die verkorkste zweite Amtszeit – der »second term blues«
>
> Ein Präsident, der wiedergewählt wird, ist zweifellos einer der erfolgreicheren Amtsinhaber. Immerhin sind in der jüngeren Vergangenheit mit Gerald Ford, Jimmy Carter und George Bush senior drei amtierende Präsidenten abgewählt worden. Doch mit einem neuerlichen, zweiten Wahltriumph bricht oft keine Zeit politischer Glückseligkeit an. Schon George Washington machte der nach seiner Ansicht ins Kraut schießende *party spirit*, das Entstehen politischer Parteien und damit von Zwist in seinem Kabinett schwer zu schaffen. Jeffersons zweite Amtszeit sah die langen Schatten des Krieges mit Großbritannien heraufziehen, der unter seinem Nachfolger Madison – in dessen zweiter Amtszeit natürlich – zur Realität wurde.
>
> Ob es ein psychologischer Nachteil ist, ein schon alteingesessener Amtsinhaber zu sein, ob es an dem Verbot einer dritten Amtszeit liegt, die jeden Wiedergewählten nach Meinung mancher Auguren zu einer *lame duck*, einem Staatsmann mit begrenzten Optionen werden läßt – oder ob es schieres Pech ist: Im letzten halben Jahrhundert haben Präsidenten nach erfolgreicher Wiederwahl oft schwere Rückschläge einstecken müssen: Lyndon B. Johnson, der zunächst Kennedys Amtszeit vollendet hatte und dann 1964 in einem Erdrutschsieg wiedergewählt wurde, verzweifelte ab 1967 an dem Sumpf des Vietnamkrieges und der Gewalt im eigenen Land. Richard Nixon musste nach dem Watergate-Skandal in der Mitte seiner zweiten Amtszeit zurücktreten. Bill Clinton wurde in der Lewinsky-Affäre privates Fehlverhalten beinahe zum Verhängnis, George W. Bush erreichte historisch niedrige Beliebtheitsraten, nachdem der Krieg im Irak immer mehr Opfer forderte.
>
> Der Begriff *second term blues* wird in naher Zukunft eine Auszeit nehmen – frühestens ab 2013 kann ein Präsident (oder eine Präsidentin) wieder dieses frustrierende Gefühl erleben.

IN ZEITEN DES KRIEGES
James Madison 1812

Wenn James Madison zu Anfang des 21. Jahrhunderts leben würde, er hätte angesichts der Bedeutung der Medien für den Meinungsbildungsprozess kaum eine Chance, zum Präsidenten gewählt zu werden. Ihm fehlte so ziemlich alles, was für eine moderne Außendarstellung eines Kandidaten essentiell ist: Fotogenität, strahlendes Lächeln auch im grellsten Blitzlichtgewitter, überzeugendes Auftreten vor großem Publikum und vor allem Charisma. Doch zu seinem Glück – und dem seiner Nation – lebte James Madison in den Gründerjahren der Republik, zu deren wichtigsten geistigen Vätern er zählt. Seine Zeitgenossen beeindruckte er durch seine hohe Intelligenz, durch seine Fähigkeit, komplexe politische Fragen in logischen Gedankengängen zu verknüpfen und durch seine ruhige Integrität. Seine physische Erscheinung war wesentlich weniger beeindruckend als seine geistige Potenz: Madison war selbst für seine Epoche unterdurchschnittlich klein, er war kein begeisternder Redner und seine Miene war meist von Verschlossenheit geprägt. Da er fast immer schwarze Kleidung trug, wirkte er mit seiner eher griesgrämigen Physiognomie oft wie ein Mann, der sich gerade auf dem Weg zu einer Beerdigung befand oder eine solche just hinter sich gebracht hatte.

Den Aufstieg ins Präsidentenamt trotz dieses Fehlens einer in modernen Demokratien eigentlich unverzichtbaren Ausstrahlung verdankte James Madison nicht nur dem hohen Respekt, der ihm als wichtigstem Autor der amerikanischen Verfassung und der Bill of Rights entgegenschlug, sondern auch den für ihn und die von ihm vertretene politische Richtung günstigen Zeitumständen. Denn Madison galt als engster Vertrauter von Präsident Thomas Jefferson, der sich trotz einer Verfinsterung der außenpolitischen Situation und zunehmender Kritik an seiner Politik nach acht Jahren im Amt immer noch eines hohen Ansehens erfreute. Dafür gab es einen guten Grund. Das Bewußtsein der jungen Nation war auch geographisch auf Wachstum ausgelegt. Für ihre Hoffnungen fand eine spätere Generation den Begriff *Manifest Destiny:* die Nation sei ganz offensichtlich vom Schicksal ausersehen, sich über den ganzen nordamerikanischen Halbkontinent auszubreiten. Und diese optimistische Zukunftserwartung hatte Jefferson mit seiner wichtigsten außenpolitischen Tat, deren ganze Bedeutung sich erst noch zeigen sollte, in einem ersten großen Schritt erfüllt. Des Präsidenten Diplomaten – unter ihnen James Monroe, der Nachfolger Madisons und fünfte Präsident – hatten 1803 in Paris Napoleon Louisiana abgekauft. Das Territorium, das nicht identisch mit dem heutigen Bundesstaat gleichen Namens ist, verdoppelte die Staatsfläche der USA mit einem Federstrich, gegen eine Zahlung von rund 15 Millionen Dollar an Frankreich. Jefferson war sich bewusst, dass es sich um eine verfassungsrechtlich bedenkliche Situation handelte, war doch der Kongress nicht vorab informiert und die immense Summe also auch nicht bewilligt worden. Doch die Nachricht von der gelungenen Transaktion löste weithin Jubel[1] aus, die Mittel wurden nachträglich ohne zu zögern bereit gestellt. Aus dem Territorium Louisiana entstanden im Laufe des 19. Jahrhunderts insgesamt dreizehn Bundesstaaten zur Gänze oder in Teilen.

James Madison amtierte in beiden Amtszeiten Jeffersons als dessen Außenminister. Es war ein schwieriges Amt in einer Zeit, da auf den Weltmeeren die dominierende britische Marine Krieg gegen das napoleonische Regime und seine (wechselnden) Verbündeten führte. Der Handel der neutralen USA litt beträchtlich unter britischen Durchsuchungen auf hoher See und der Konfiszierung amerikanischer Waren als angeblicher Konterbande durch die Royal Navy. Am meisten empörte die Amerikaner indes die britische Angewohnheit, amerikanische Seeleute – meist unter dem Vorwand, es handele sich um Untertanen des englischen Königs – in den Dienst bei der stets nach Mannschaften hungernden Marine Georgs III. zu zwingen oder zu »pressen«. Die Spannungen zwischen den USA und Großbritannien wuchsen, 1807 kam es zu einem ersten Seegefecht zwischen der britischen Fregatte *Leopard* und der amerikanischen Fregatte *Chesapeake*. Die Regierung Jefferson verhängte 1807 ein Embargo gegen die kriegführenden Nationen in Europa. Es war kein weiser Schritt, denn die Maßnahme schadete dem amerikanischen Außenhandel mehr als dem überseeischen Kontrahenten. Vor allem im von dieser Entwicklung besonders betroffenen Nordosten war die Opposition gegen diese Politik und gegen den Präsidenten, der wie so viele andere Wiedergewählte sich keiner ruhigen zweiten Amtszeit erfreuen konnte, lautstark. Aus dieser Region schlug dem von den *Democratic Republicans* Anfang 1808 zu ihrem Kandidaten ernannten James Madison besonders heftiger Widerspruch entgegen. Die Parteigänger der Föderalisten warfen Madison vor, nicht genug zum Schutz amerikanischer Handelsinteressen getan zu haben. Madisons Mentor Thomas Jefferson betätigte sich sogleich als Wahlhelfer und veröffentlichte Dokumente, die eindeutig belegten, dass es sein Außenminister nicht an Engagement hatte fehlen lassen und er in seinen – letztlich gleichwohl hilflosen – Protesten sowohl gegen britische wie gegen französische Übergriffe auf See diplomatisch zu intervenieren versucht hatte.

---

[1] Zurückhaltung herrschte vor allem in den Jefferson und später auch Madison wenig gewogenen Neuenglandstaaten im Nordosten, die ihre wirtschaftliche Bedeutung – nicht ganz zu Unrecht – bei einer Verlagerung von Teilen des amerikanischen Handels nach Westen hin in Gefahr sahen.

Zu Gunsten Madisons wirkte sich im Wahljahr 1808 auch aus, dass die Föderalisten nicht nur immer schwächer wurden, sondern auch über keine effektive Führungsspitze verfügten. Sie nominierten Charles Cotesworth Pinckney zu ihrem Spitzenkandidaten; dieser hatte bereits 1804 gegen Amtsinhaber Jefferson kandidiert und deutlich verloren. 1808 erging es ihm nicht anders. Das Wahlmännerkollegium trat am 7. Dezember 1808 in Washington zusammen, im Februar 1809 wurde das Abstimmungsergebnis im Kongress bekannt gegeben: Pinckney hatte nur 47 Stimmen erhalten, was immerhin gegenüber dem Ergebnis von 1804, als er 33 Elektoren hinter sich hatte, eine leichte Verbesserung war. Mit 122 Wahlmännerstimmen wurde James Madison mit großer Mehrheit zum vierten Präsidenten gewählt. Die Landkarte der von den Kandidaten gewonnenen Staaten zeigte den Schwerpunkt der Unzufriedenheit mit der Embargopolitik von Jefferson und seinem Außenminister Madison: Pinckney hatte alle Neuenglandstaaten mit Ausnahme Vermonts gewonnen, dazu die maritim ausgerichteten Staaten Maryland und Delaware.

Es war mit James Madison ausgerechnet ein höchst unkriegerischer Intellektueller, der 1812 zum ersten Präsidenten der amerikanischen Geschichte wurde, welcher im Zustand des Krieges mit einem anderen Land um seine Wiederwahl kämpfte. Die Spannungen mit Großbritannien hatten zugenommen, da dessen Seemacht mit dem zunehmenden Erfolg gegen Napoleon und das von ihm weithin beherrschte Europa kaum noch Anlass zu vornehmer Zurückhaltung zeigte. Darüber hinaus standen immer noch britische Truppen in Grenzgebieten zum englischen Kanada, die diese nach dem Frieden von Paris 1783 eigentlich hätten räumen müssen. Im Kongress wurde eine Gruppe junger Abgeordneter immer aktiver, die überwiegend aus dem Süden oder aus den erst in den letzten Jahren zur Union hinzu gekommenen Bundesstaaten im Westen stammten. Die »War Hawks«, wie die Gruppe genannt wurde, forderten ein Ende der permanenten Demütigungen durch das ehemalige Mutterland. Neben der nationalen Ehre hatte man auch die nationale Ausdehnung im Blick: ein Vertreiben der Briten aus Kanada würde eine Vereinigung mit dem nördlichen Nachbarn denkbar werden lassen.

Die Auswahl der Kandidaten erfolgte unter den drohenden Wolken des Krieges. Die Föderalisten, deren Basis in Neuengland und New York lag, lehnten den Konflikt teilweise ab und erkoren den Neffen von Ex-Vizepräsident George Clinton, DeWitt Clinton, zu ihrem Spitzenkandidaten. Die Offenheit der damals noch nicht eindeutig definierten Grenzen der Parteien manifestiert sich unter anderem darin, dass DeWitt Clinton eine Zeitlang auch bei den Republikanern, vor allem deren New Yorker Anhängerschaft, als Präsidentschaftskandidat im Gespräch war. Die Abstimmung unter den Kongressabgeordneten der Partei – dieser *caucus* war damals der gängige Nominierungsmechanismus – fiel dann aber fast einstimmig zu Gunsten James Madisons aus.

Zum Zeitpunkt des Wahlentscheids gegen DeWitt Clinton war Madison nominell bereits ein Kriegspräsident, auch wenn die meisten amerikanischen Bürger von diesem Konflikt nichts spürten – was sich innerhalb der nächsten zwei Jahre ändern sollte. Madison hatte dem Drängen der War Hawks nachgegeben und den Kongress im Juni um eine Kriegserklärung an Großbritannien ersucht. Dem gaben die Abgeordneten am 18. Juni 1812 statt. Die Kriegserklärung an eine der mächtigsten Militärmaschinen der Welt und seine die Weltmeere beherrschende Flotte kam aus einem Land, das nur über eine Handvoll Kriegsschiffe und ein kleines Heer von Berufssoldaten verfügte, welches kaum 12.000 Mann umfaßte und über zahlreiche Grenzposten in der Wildnis verteilt war. Auch das Timing war denkbar ungünstig. In jenem Juni 1812 begann Napoleon seinen Russlandfeldzug, der zum Grab seiner Grande Armée wurde. England würde in absehbarer Zukunft seine Hände frei haben, um sich mit dem im Vergleich zum imperialen Frankreich allenfalls drittklassigen Gegner auf der anderen Seite des Atlantiks auseinanderzusetzen.

Im Wahlkampf 1812 zeichnete sich jenes Muster ab, das in allen Präsidentenwahlen in Zeiten des Krieges sichtbar werden sollte. Der Herausforderer des Amtsinhabers gab sich alle Mühe, nicht als unpatriotisch zu gelten. DeWitt Clinton sprach sich nicht gegen das Kriegsabenteuer aus, um nicht von vornherein den Süden und Westen verloren zu geben. Kaum jemals würde ein Spitzenkandidat einer der beiden großen Parteien inmitten eines bewaffneten Konfliktes eine völlige Einstellung des Krieges fordern, sondern vom Amtsinhaber oft nur in Details, nicht aber im Grundsatz abweichen. Seit 1812 ist der Herausforderer eines Kriegspräsidenten in einer denkbar schwachen Position und selbst unpopuläre Kriege sind kaum geeignet, sich gegen den jeweiligen Präsidenten vorteilhaft zu profilieren – das Jahr 2004 und die oft als wankelmütig empfundene Haltung des demokratischen Kandidaten John Kerry sind das jüngste Beispiel.

Die zumindest den größten Teil des Landes erfassende Kriegseuphorie trug James Madison zu einem Sieg, doch war erkennbar, dass die Opposition gegen dieses Abenteuer stark und die Nation in dieser Frage offenbar tief gespalten war. Madison wurde mit 128 Wahlmännerstimmen für eine zweite Amtszeit gewählt, doch schnitt DeWitt Clinton mit 89 Stimmen wesentlich besser ab als Pinckney vier Jahre zuvor, als noch Frieden geherrscht hatte. Ein einziger Staat hätte die Wende bringen können. Wäre Pennsylvania mit seinen 25 Wahlmännern statt an Madison an Clinton gegangen, der New Yorker wäre gewählt worden und Madison hätte die Heimreise auf sein Landgut Montpelier in Virginia antreten müssen.

Vielleicht hat der wiedergewählte Präsident im Laufe der nächsten zwei Jahre heimlich von einer solchen Wendung der Dinge geträumt. Der Krieg verlief nämlich keineswegs nach Wunsch. Eine Invasion Kanadas durch die amerikanische Armee scheiterte schnell; mit besonderer Überraschung vermerkte die Generalität, dass sich die nördlichen Nachbarn, ob englisch- oder französischsprechend, offenbar keineswegs von den Vereinigten Staaten aus britischem Joch »befreien« lassen wollten. Weder in Upper Canada (das heutige Ontario) noch in Lower Canada (Quebec) zeigten die Menschen einen erkennbaren Enthusiasmus dafür, ihre Provinz in einen auf dem Sternenbanner repräsentierten neuen Bundesstaat umzuwandeln. Die britische Marine blockierte die amerikanischen Häfen, was den Export der überwiegend landwirtschaftlichen Produkte des Landes fast zum Erliegen brachte. Erfolge in einzelnen Seegefechten wie der Sieg der amerikanischen Binnenflottille unter Oliver Hazard Perry auf dem Lake Erie am 10. September 1813 und der Fregatte »Constitution« über die britische Fregatte »Guerriere« kurz nach Kriegsausbruch besserten vorübergehend die Stimmung. Doch Präsident Madison blieb die größte denkbare Demütigung nicht erspart. Ein britisches Expeditionskorps landete im August 1814 an der Chesapeake Bay und zog wenige Tage später in die Hauptstadt Washington ein. Madison musste fliehen, das für ihn noch vom Personal des Amtssitzes zubereitete Dinner verspeiste genüsslich der englische Admiral Cockburn. Danach brannten die Briten das Haus des Präsidenten[2], das Capitol und die Marinewerft nieder. Madison kehrte wenige Tage darauf in die Hauptstadt zurück, die ein plötzlich aufkommendes Gewitter vor weitergehenden Zerstörungen bewahrt hatte. Der Versuch der Briten, Baltimore zu erobern, scheiterte. Die Episode hatte für Amerikas Selbstbildnis eine wichtige Konsequenz: der Anwalt und Hobby-Dichter Francis Scott Key textete anlässlich der nach Stunden schweren Bombardements durch die Briten ungebrochen über Fort McHenry (das Baltimores Hafeneinfahrt bewacht) wehenden Fahne »The Star-Spangled Banner«, die amerikanischen Nationalhymne.

Die beiden kriegsmüden Nationen einigten sich im Frieden von Gent am Heiligabend des Jahres 1814 auf die Bewahrung des Status quo ante. Die wichtigste Schlacht des Krieges wurde zwei Wochen später bei New Orleans geschlagen – die beiden beteiligten Armeen hatten noch keine Kenntnis von der Einigung im fernen Gent. Die Bataille endete mit einem bedeutenden amerikanischen Sieg, für den Befehlshaber der amerika-

---

[2] Das nach seiner Restaurierung den Namen »Weißes Haus« bekam.

nischen Truppen in New Orleans, Andrew Jackson, war es der Beginn einer Popularität, die ihn ins Weiße Haus bringen sollte. James Madison hingegen zog als Folge des Krieges in einen neuen, provisorischen Amtssitz: bis zur Rekonstruktion der ausgebrannten *Executive Mansion* lebte und arbeitete er in dem wegen seiner achteckigen Form Octagon House genannten Gebäude an der 18. Straße in Washington.

Nicht nur beim Kriegführen agierte Madison wenig glücklich, auch mit seinen Vizepräsidenten hatte er mehr Pech als jeder andere Präsident. Während seiner ersten Amtszeit verstarb der 71jährige Vizepräsident George Clinton. In den Wahlkampf von 1812 zog Madison mit dem Gouverneur von Massachusetts und Unterzeichner der Unabhängigkeitserklärung, Elbridge Gerry. Auch dieser war nicht mehr der Jüngste und wurde bald aus dieser Welt abberufen. In beiden Fällen blieb das Amt des Vizepräsidenten unbesetzt, was man als Ausdruck der geringen Achtung vor diesem Posten ansehen kann. Würde heute ein Vizepräsident sterben oder, wie in der Administration von Richard Nixon geschehen, zurücktreten, käme es zur Ernennung eines neuen Vizepräsidenten durch den Präsidenten und der Bestätigung durch den Kongress.

Der Krieg gegen Großbritannien hatte nicht zuletzt durch die eigentlich nach Friedensschluss stattfindende Schlacht von New Orleans zu einer Welle von Patriotismus geführt, viele Amerikaner sahen in dem Konflikt einen »Zweiten Unabhängigkeitskrieg«, mit dem man endgültig die Souveränität der USA gegenüber dem ehemaligen Mutterland verteidigt hatte.

Für die Föderalisten, die dem Konflikt gegenüber kritisch eingestellt waren und in deren Reihen sogar von einer möglichen Abspaltung Neuenglands gesprochen wurde, war dieser Stimmungsumschwung das politische Todesurteil. Bei der Wahl von 1816 stellten sie keinen eigenen Kandidaten mehr auf. Madison verzichtete wie Thomas Jefferson und George Washington vor ihm auf eine dritte Amtszeit. Er unterstützte, wie es Jefferson zuvor mit ihm getan hatte, seinen Außenminister, James Monroe. Der Veteran des Unabhängigkeitskrieges gewann überzeugend gegen Rufus King, den Kandidaten einer sich *Independent Republicans* nennenden Gruppierung. Unter Monroe erreichten Wirtschaftswachstum und nationales Selbstbewusstsein einen Höhepunkt, so dass seiner Regierungszeit der Begriff *Era of Good Feelings* anhaftet. Die gute Stimmungslage erfuhr der Präsident auch bei der Wahl von 1820: 231 Wahlmänner stimmten für ihn, nur einer für einen anderen Kandidaten – eine solche Mehrheit im Wahlmännerkollegium hat kein amtierender Präsident mehr erhalten. Die »Zeit der Guten Gefühlslage« überdeckte aber nur mühsam, dass ein neues Problem der Nation harrte, das den tiefsten Graben ihrer Geschichte schaffen würde: die Sklaverei und die Frage, ob und in welchem Ausmaß diese Institution in den neu hinzukommenden Staaten des Westens heimisch werden dürfe.

Mit James Monroe endete die sogenannte »virginische Dynastie« der Gründerjahre. Von den ersten 36 Jahren der amerikanischen Präsidentschaft waren 32 Jahre[3] durch Amtsinhaber aus Virginia geprägt gewesen. Und noch etwas ging mit Monroes Abschied an der Wende des Jahres 1824/1825 zu Ende: die Zeit eindeutiger Wahlentscheidungen. Auf Amerikas Wahlsystem wartete die zweite große Krise seit jener des Jahres 1800.

Lessons from History:
Ungleich verteilt – die Heimatstaaten der Präsidenten

In den ersten 36 Jahren der amerikanischen Präsidentschaft schien das Amt fast eine Art Erbhof für die älteste englischsprachige Kolonie in Amerika, *The Commonwealth of Virginia*, zu sein. Das mochte in anderen einflussreichen Gründerstaaten Mißmut auslösen – bis 1829 gelang es nur Massachusetts, nichtvirginische Präsidenten in die Hauptstadt zu schicken, nämlich John Adams und seinen Sohn John Quincy Adams. Die bisher 42 Individuen im höchsten Staatsamt kamen aus weniger als der Hälfte der Bundesstaaten, wobei neben Virginia die Staaten Ohio und New York die meisten Präsidenten stellten. Allerdings ist die Zuordnung der Heimat eines Präsidenten, *the president's home state* nicht ganz einfach. Definiert man den Heimatstaat als denjenigen, in dem der Präsident geboren wurde oder eher als jenen, in dem er politische Karriere machte? In ersterem Fall würde man den Kurzzeitpräsidenten William Henry Harrison ebenso Virginia zuschlagen wie Woodrow Wilson, der in Staunton im gebirgigen Westen dieses Commonwealth geboren wurde. Allerdings sehen die Statistiken Harrison eher als Kandidaten aus Ohio, wo er heimisch war, und Wilson als Staatsmann aus New Jersey – dort leitete er die renommierte Universität Princeton, dort war er Gouverneur. Zweifelsfrei ein Virginier ist hingegen John Tyler, der Harrison nachfolgte.

Zählt man Harrison als Vertreter des *Buckeye State* (Ohio), so bringt dieser es auf sechs Präsidenten, neben dem Indianerkämpfer sind es Hayes, Garfield, McKinley, Taft und Harding – zahlreich sind sie zwar,

---

[3] Je acht Jahre mit Washington, Jefferson, Madison und Monroe an der Spitze. Die einzige Unterbrechung dieser Vorherrschaft des aus der ältesten englischsprachigen Kolonie in Amerika hervorgegangenen Commonwealth of Virginia waren die vier Jahre der Amtszeit des aus Massachusetts stammenden John Adams.

doch keinem einzigen *Ohioan* wird so etwas wie historische Größe zugesprochen. Das würde sich auch nicht ändern, wenn man den in Ohio geborenen U.S.Grant hinzuzählt, der indes wegen seines Wohnsitzes in Galena als einer der beiden Präsidenten aus Illinois (neben Lincoln) gilt. Auch aus New York stammen zweifelsfrei sechs Präsidenten: die beiden Roosevelts, van Buren, Fillmore, Arthur und Cleveland.

Die heute demographisch so dominanten Staaten Kalifornien und Texas haben bislang zwei bzw. drei Präsidenten hervorgebracht: Hoover und Reagan aus dem *Golden State*, Bush Vater und Sohn sowie Lyndon B. Johnson aus dem *Lone Star State*. Ein weiteres Ballungszentrum unserer Epoche hingegen, Florida, blieb bislang eine präsidentenfreie Zone. Der Westen ist insgesamt eher dünn vertreten, was mit der späten Besiedlung zu tun hat, vielleicht aber auch damit, dass es doch so etwas wie die vielgescholtene »Ostküstenelite« gibt. Sämtliche Rocky Mountains-Staaten sowie weite Teile des Mittleren Westens wie Iowa (obwohl Hoover hier geboren wurde), beide Dakotas, Wisconsin und das angeblich als so typisch für das *heartland* geltende Kansas (hier liegt zumindest Eisenhower begraben) sind ohne Präsidenten geblieben.

DER KONGRESS ENTSCHEIDET
John Quincy Adams 1824

Das Jahr 1824 erlebte eine weitere Demokratisierung der amerikanischen Präsidentschaftswahl: zum ersten Mal wurden in einer Mehrzahl der Bundesstaaten die Wahlmänner direkt von den Wahlberechtigten gewählt und nur noch in einer Minderheit von den Staatsparlamenten. Die Tatsache, dass es nach dem Niedergang der Föderalisten nur noch eine Partei (bei weitgefasster Definition dieses Begriffes) gab, tat der Wahlmöglichkeit keinen Abbruch, konnten die Wahlberechtigten schließlich zwischen nicht weniger als vier veritablen Kandidaten auswählen. Auch der Nominierungsprozess wurde offener. Bislang hatten die Kongressabgeordneten der jeweiligen politischen Gruppierung die Kandidaten im einem *caucus* genannten Prozess, einer Art Mini-Parteitag einiger privilegierter Insider, ausgewählt. Doch dieses Verfahren geriet als undemokratisch – »King Caucus« – zunehmend in die Kritik und der im Caucus von 1824 vorgeschlagene Kandidat, Finanzminister William Crawford, hatte mehr mit der Last dieser »Empfehlung« zu kämpfen, als dass sie ihm bei den Wählern genützt hätte. Aufgrund der zunehmend schlechten Reputation dieser Einrichtung trafen sich nur noch 66 Kongressmitglieder, um Crawford zu nominieren. Sie hatten wahrscheinlich selbst Zweifel, dass ihre Entscheidung von Bedeutung sein würde, denn Crawford hatte wenige Monate zuvor einen Schlaganfall erlitten, der ihn gelähmt und fast blind zurückließ.

Es liegt auch an der Person eines der Kandidaten, dass der Wahltermin von 1824 als eine Art Wegmarke der Demokratisierung angesehen wird. General Andrew Jackson, der Held der Schlacht von New Orleans und zahlreicher Scharmützel mit Indianern, wurde vor allem von Parteiversammlungen und Kongressabgeordneten aus dem Süden und dem Westen auf den Schild gehoben. Wegen seiner Herkunft aus Tennessee und des rauhen Pioniergeistes, den er verkörperte, galt er als eine Art Kandidat der breiten Massen – als Repräsentant jener Amerikaner, die nicht der Ostküstenelite entstammten und die niemals ein College oder eine Universität von innen gesehen hatten. Jackson war der Prototyp jenes in der amerikanischen Wahlgeschichte immer wieder auftauchenden Kandidaten, der gegen Washington, also ein Kritiker der in der Hauptstadt tonangebenden politischen Klasse zu sein schien, und der – eher als Außenseiter – eine Beschränkung der Zentralregierung, nicht deren weitere Stärkung zu seinem Programm machte. Typischerweise haben derartige Kandidaten, hatten sie gesiegt, diesen Teil ihrer Agenda meist vergessen und sich einer Machtkonzentration in Washington und damit in den eigenen Händen nicht weiter entgegengestellt. Jackson sollte nach seiner Wahl 1828 geradezu zu einem Musterbeispiel eines zupackenden, Kompetenzen an sich ziehenden Präsidenten werden. Diese Symbolfigur der »Jacksonian Democracy«, der den Unterprivilegierten eine Stimme in der amerikanischen Politik zu geben versprach, war selbst – auch das sicherlich kein historischer Einzelfall – alles andere als der sprichwörtliche einfache Mann. Jackson war extrem wohlhabend, wovon sich heute noch jeder Besucher seines Anwesens »The Hermitage« vor den Toren Nashvilles überzeugen kann. Vom einfachen Mann auf den Feldern oder in der fernen Prärie unterschied er sich auch dadurch, dass er andere Menschen sein eigen nannte: Jackson war ein Sklavenbesitzer. Das änderte nichts daran, dass seine wichtigste Stütze die sogenannten *common* (oder *plain*) *people* waren, einfache Menschen wie Handwerker, Farmer, Trapper, Fallensteller und Individuen, die man gemeinhin als das Proletariat bezeichnet. Nach seiner Vereidigung im März 1829 öffnete Jackson mehreren Hundertschaften seiner Anhänger aus diesen sozialen Schichten das Weiße Haus zu einer ausgedehnten Party, was zur schlimmsten Heimsuchung des Amtssitzes seit der Invasion der Briten 1814 wurde.

Doch so weit war es 1824 noch nicht. Zwei weitere Kandidaten kämpften neben dem angeschlagenen Crawford und dem jähzornigen Ex-General um den Einzug ins Weiße Haus. Henry Clay, der Sprecher des Repräsentantenhauses und einer der begabtesten politischen Redner der Epoche, bekundete ebenso sein Interesse an dem höchsten Staatsamt wie John Quincy Adams. Dieser war Außenminister im Kabinett des ausscheidenden Präsidenten James Monroe und galt nach langer Karriere als Botschafter u.a. in St.Petersburg und Berlin als einer der besten Diplomaten der frühen amerikanischen Republik. Er war der wichtigste Ratgeber Monroes, wenn nicht gar der eigentliche Autor der Monroe-Doktrin, mit der dieser Präsident 1823, viele Jahre vor dem Aufstieg der USA zur Groß- oder gar Weltmacht, europäische Nationen davor warnte, sich in die Angelegenheiten der westlichen Hemisphäre einzumischen. John Quincy Adams war der Sohn des zweiten Präsidenten John Adams. Wie dieser war er kein Mann von bestechender Außenwirkung oder Charisma, sondern erschien seinen Zeitgenossen recht distanziert; seine gelegentlich überhand nehmende Gefühlskälte erstreckte sich bis in seine Ehe hinein.[1] Erkennbar ein Intellektueller, schien Adams der größte denkbare Gegensatz zu dem Haudegen Jackson zu sein, der insgesamt 13 Duelle überstanden hatte

---

[1] Sie dazu: Ronald D. Gerste: Die First Ladies der Vereinigten Staaten. Regensburg 2000.

und von einem dieser Zweikämpfe zeitlebens eine Kugel in seinem Körper trug.[2]

Vier Kandidaten, denen ungeachtet Crawfords Behinderung allesamt Chancen eingeräumt wurden, Präsident zu werden – diese Konstellation gab es niemals zuvor und auch später mit Ausnahme der schicksalsträchtigen Wahl von Abraham Lincoln 1860 nicht mehr, da ansonsten allenfalls ein *Third Party Candidate* den Zweikampf stören konnte, den amerikanische Präsidentschaftswahlen meist darstellen. Als die Stimmen ausgezählt wurden, zeigte es sich, dass Andrew Jackson sowohl bei den Wählerstimmen als auch bei den Wahlmännern weit vorn lag. Der Mann aus Tennessee brachte es auf 43,1% der abgegebenen Stimmen der Wahlbeteiligten und bekam 99 Stimmen der Elektoren. Wie zu erwarten, lag seine Basis im Westen; außerdem gewann er North und South Carolina sowie Pennsylvania. John Quincy Adams gewann in seiner Heimatregion, den Neuenglandstaaten, und konnte in verschiedenen anderen Bundesstaaten die eine oder andere Elektorenstimme gewinnen – 1824 und bei manch anderen frühen Wahlen splitteten einige Staaten ihre Elektorenstimmen. Insgesamt kam Adams auf 30,5% der Wählerstimmen und auf 84 Voten der Wahlmänner. Crawford bekam 41, Clay 37 Wahlmännerstimmen.

Damit hatte keiner der vier Kandidaten das erreicht, was notwendig ist, um Präsident zu werden: 50 Prozent plus eine Stimme im Wahlmännerkollegium. Der Zwölfte Verfassungszusatz regelt seit 1804 einen solchen Fall: Wenn kein Kandidat eine Mehrheit bekommt, muss das Repräsentantenhaus unter den drei Bestplazierten entscheiden. Im *House of Representatives* war indes die Anhängerschaft Jacksons begrenzter als im Wahlvolk: Jackson hatte als kurzzeitiger Kongressabgeordneter und Senator des Staates Tennessee seine gesetzgeberischen Kollegen wenig beeindruckt. Der viertplazierte und somit aus dem Rennen ausgeschiedene Henry Clay hatte als *Speaker of the House* reichlich Möglichkeiten, das Geschehen zu beeinflussen. Und Clay entschied sich relativ schnell, John Quincy Adams zu unterstützen. Wie bei der Wahl zwischen den »Parteifreunden« Jefferson und Burr 24 Jahre zuvor musste der siegreiche Kandidat eine Mehrheit der Bundesstaaten hinter sich bringen.

Diesmal waren keine 36 Wahlgänge im Capitol von Nöten, die Entscheidung fiel am 9. Februar 1825 bereits in der ersten Abstimmung. Dreizehn der 24 Bundesstaaten stimmten für John Quincy Adams, der damit zum sechsten Präsidenten der USA gewählt worden war. Sieben Staaten stan-

---

[2] Auch Mitkandidat Crawford verfügte über Duellerfahrung und hatte bei einer solchen Gelegenheit einst einen Mann erschossen.

den hinter Jackson, vier hinter Crawford. Zunächst sah es nach einem von allen Seiten in Fairness akzeptierten Ergebnis aus und auch Jackson gratulierte dem neuen Präsidenten höflich. Eine gewisse Erleichterung mochte zunächst bei dem alten General mitgespielt haben, hatte er doch vor gar nicht so langer Zeit Anhänger, die ihn zur Kandidatur drängten, beschieden: »Glauben die wirklich, dass ich so ein verdammter Narr bin und mich für geeignet halte, Präsident der Vereinigten Staaten zu sein?« Doch nur drei Tage nach der Entscheidung schlug die Stimmung um. Adams nämlich ernannte Henry Clay zu seinem Außenminister. Jackson und seine Anhänger sahen *bargain and corruption*, Absprache und Korruption, am Werke. Ihr Vorwurf: Clay habe seinen Einfluss als *Speaker of the House* eingesetzt, um Adams zum Präsidenten zu machen und habe im Gegenzug dafür das begehrte Amt an der Spitze des State Department bekommen. Dies galt nicht nur als das wichtigste in einem Kabinett, sondern auch als Sprungbrett für höchste Weihen: John Quincy Adams war nach Jefferson, Madison und Monroe bereits der vierte Präsident in Folge, der vorher das Amt des Außenministers bekleidet hatte. Zwar ist eine Absprache zwischen Clay und Adams von Historikern nie nachgewiesen worden, doch Jackson und sein Lager waren von einem unredlichen Deal überzeugt. In der Propaganda der *Jacksonians* und in den Leitartikeln der dem General nahestehenden Gazetten wurden schwere Vorwürfe gegen die neue Regierung erhoben, die vom ersten Tag an als korrupt gezeichnet wurde. Zwar gab es wenig direkte Kritik an der Verfassung und dem Wahlsystem – Jackson selbst allerdings forderte später die Abschaffung des *Electoral college* – doch der Schock, dass dem in der Wählergunst führenden Kandidaten letztlich die Präsidentschaft verweigert wurde, saß bei vielen Amerikanern tief. Die *Era of Good Feelings* war jedenfalls offenkundig vorbei.

John Quincy Adams regierte fast in einer Art Belagerungszustand. Da das Staatsparlament von Tennessee beinahe umgehend Andrew Jackson als Kandidat für die Wahl im Jahre 1828 ausrief, konnte der Präsident gewiss sein, dass der Wahlkampf über seine Wiederwahl oder Nachfolge schon in seinem ersten Amtsjahr begonnen hatte. Ihm standen vier freudlose Jahre im Weißen Haus bevor, was durchaus zu der eher reservierten Grunddisposition des neuen Präsidenten zu passen schien. Der Wahlkampf von 1828 wurde erwartungsgemäß besonders schmutzig, mit dem heftigen Austausch persönlicher Angriffe. Adams' Anhänger schlugen gegen Jacksons wieder aufgewärmte Korruptionsvorwürfe mit einer unschönen Attacke auf des Herausforderers Privatleben zurück. Dessen Ehe sei nicht rechtsgültig, so ließen Adams' Parteigänger verlauten, da seine Frau Rachel zum Zeitpunkt der Eheschließung noch nicht von ihrem ersten Mann geschieden war. Die Vorwürfe setzten dem General, mehr aber noch seiner Frau zu. Wenige Wochen nach Jacksons Sieg über Adams, der wie sein Vater ein *one-term president*, ein Präsident mit einer Amtszeit blieb, und noch vor dem Amtsantritt ihres Mannes starb Rachel Jackson. Jackson machte dafür die Verleumdungskampagne seiner politischen Gegner und natürlich auch seinen Vorgänger verantwortlich. Es war ein zutiefst verbitterter Andrew Jackson, der im März 1829 sein Amt als siebter Präsident antrat.

Lessons from History: Zeitzonen und die Schließung der Wahllokale

In den frühen Jahren der Republik war die von der Verfassung gestellte Forderung, dass alle Wahlberechtigten gleichzeitig wählen sollten, keineswegs leicht zu erfüllen. Festgelegte Zeitzonen gab es zum Beispiel zu Andrew Jacksons Zeiten nicht, manchmal gingen sogar innerhalb eines Staates die Uhren zwischen verschiedenen Städten anders: Die heutigen vier Zeitzonen der »kontinentalen« 48 Staaten wurden auf Forderung der Eisenbahngesellschaften 1883 eingeführt – diese waren für einen reibungslosen Betrieb auf eine genau festgelegte Standardzeit angewiesen. Die Größe des Landes führt heute, da meist unmittelbar nach Schließung der Wahllokale Hochrechnungen oder Trends aus den Staaten im Osten schon vorliegen, dazu, dass weiter im Westen die Wahllokale noch mehrere Stunden geöffnet sein können – dass also ein Ergebnis aus New York vorliegt, während in Kalifornien viele Wähler noch nicht abgestimmt haben. Ob die Kenntnis um erste Trends das Wählerverhalten im Westen allerdings nennenswert beeinflusst, ist kaum zu beweisen.

FAKTEN ZUR WAHL
So wählt Amerika – warum es auf die Wahlmänner ankommt

Anders als bei fast allen Wahlen in Europa gewinnt bei einer amerikanischen Präsidentschaftswahl nicht mit letzter Sicherheit der Kandidat, der mehr Wählerstimmen auf sich vereint hat als sein wichtigster Konkurrent. Viermal ist ein Präsident ins Amt gekommen, der *weniger* Stimmen als sein Rivale hatte: John Quincy Adams 1824, Rutherford B. Hayes 1876, Benjamin Harrison 1888 und George W. Bush 2000.

Dies ist in einem Wahlsystem durchaus möglich, das von den Vätern der Verfassung auf eine Art konstruiert wurde, die den Bundesstaaten ein besonderes Gewicht zukommen läßt. Bei der Wahlentscheidung am jeweils ersten Dienstag nach dem ersten Montag im November kreuzen die Wählerinnen und Wähler zwar einen Kandidaten auf einem Wahlzettel an, berühren einen Namen auf einem Touch-Screen, stanzen ein Loch in eine Wahlkarte oder ziehen einen Hebel in einer Wahlmaschine. Doch eigentlich bestimmen sie damit ein zwischengeschaltetes Gremium, das *electoral college*, das Wahlmännerkollegium.

Die Größe des Electoral College ist genau festgelegt, sie richtet sich nach der Bevölkerungsstärke der einzelnen Bundesstaaten. Zumindest ungefähr und – abermals – indirekt. Jeder Staat entsendet so viele Elektoren in das Gremium, hat also so viele Wahlmänner, die es für die Kandidaten zu gewinnen gilt, wie es seiner Vertretung im Kongress entspricht. Das heisst: die Zahl der Abgeordneten im Repräsentantenhaus (die sich in der Tat nach der demographischen Bedeutung richtet) plus zwei Elektoren für die beiden Senatoren, die jeder Staat – unabhängig von seiner Größe – nach Washington auf den Capitol Hill entsendet. Der Kandidat mit den meisten Stimmen in diesem Staat bekommt alle Elektorenstimmen zugesprochen: *The winner takes it all.* Lediglich in Maine und Nebraska ist ein Splitting der Elektorenstimmen heute möglich; in der Praxis der letzten Wahlen ist es dazu aber nicht gekommen.

Nehmen wir als Bespiel den schönen, aber weder geographisch noch von der Einwohnerzahl her großen Staat Maryland, nördlich und östlich der Hauptstadt Washington D.C.gelegen. Seine rund 5 Millionen Einwohner bedeuten: er entsendet 8 Abgeordnete ins Repräsentantenhaus. Dazu kommen zwei Senatoren – also hat Maryland 10 Wahlmänner. Kalifornien hingegen mit fast 38 Millionen Einwohnern hat 53 Repräsentanten. Dazu zwei Senatoren – also hat Kalifornien 55 Wahlmänner und ist folglich der mit Abstand größte Preis, den ein Kandidat im Kampf

FAKTEN ZUR WAHL | 59

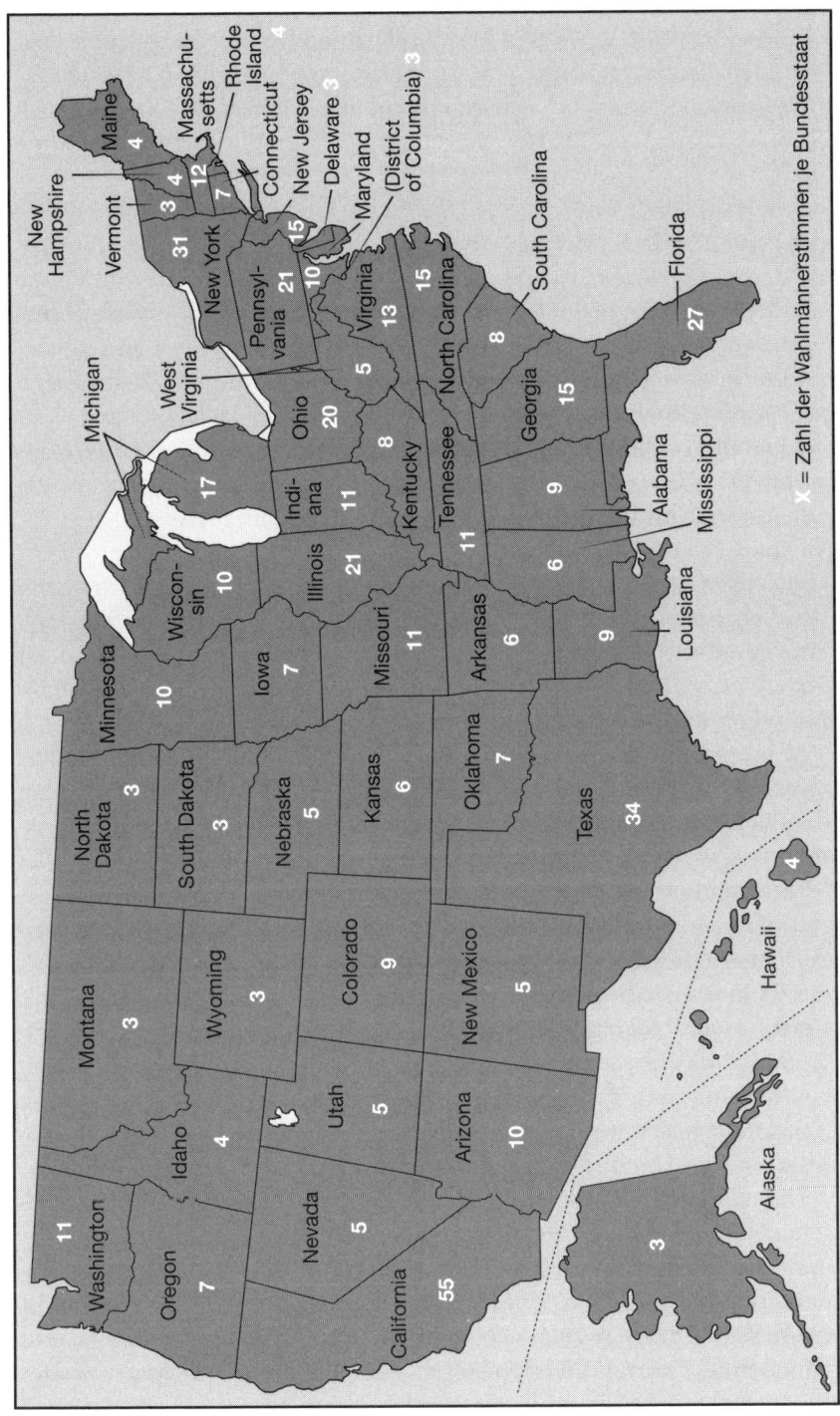

Die Bundesstaaten und ihre Wahlmännerstimmen für die Präsidentschaftswahl

um die Elektoren gewinnen kann. Allerdings: Kalifornien, einen eher liberalen Staat, zu gewinnen, bedeutet keineswegs automatisch, auch die Präsidentschaftswahl für sich zu entscheiden. Sowohl Al Gore als auch John Kerry siegten 2000 bzw. 2004 in Kalifornien und zogen bekanntermaßen dennoch nicht ins Weiße Haus ein.

Die Hauptstadt Washinton D.C., die kein eigener Bundesstaat ist, wird dieses eine Mal, alle vier Jahre, wie ein solcher behandelt. Die Metropole hat drei Elektoren, als hätte sie neben ihrer einzigen, nicht voll stimmberechtigten Abgeordneten noch zwei (nicht existierende) Senatoren. Nicht an der Präsidentschaftswahl können amerikanische Bürger auf Puerto Rico, den amerikanischen Jungferninseln und den Besitzungen im Pazifik teilnehmen.

Eigentlich ist die Rechnung ganz einfach: Im Repräsentantenhaus sitzen 435 Abgeordnete. Die 50 Bundesstaaten entsenden insgesamt 100 Senatoren. Und Washington D.C. hat drei Elektoren. Also:
435 plus 100 plus 3 = 538
Und 538 ist exakt die Stärke des Wahlmännerkollegiums. Jetzt wird auch deutlich, warum die 270 bei einer amerikanischen Präsidentschaftswahl eine geradezu magische Zahl ist. Zum Präsidenten wird der Kandidat gewählt, der die Mehrheit im Wahlmännerkollegium erreicht. Die Mehrheit ist die Hälfte von 538 plus eins – exakt 270!

Während die in der Vergangenheit selten geübte Praxis des *electoral vote splits*, das Verteilen der Elektorenstimmen eines Staates nicht nur an den Sieger in diesem Staat sondern auch an andere Kandidaten praktisch ausgeschlossen (mit den beiden genannten Ausnahmen) ist, gibt es gelegentlich das Phänomen des *faithless elector*, des »treulosen Elektors«. Hierunter versteht man das vom eigentlichen Mandat abweichende Verhalten eines Wahlmannes oder einer Wahlfrau. Im Jahre 2004 gab ein Elektor aus Minnesota seine Stimme nicht dem Demokraten John Kerry, der den Staat gewonnen hatte, sondern an dessen Vizepräsidentschaftskandidaten John Edwards. Vier Jahre zuvor hatte eine Elektorin aus Washington D.C. nicht für Gore gestimmt, wie es ihr Wählerauftrag war, sondern sich aus Protest gegen die mangelhafte politische Repräsentation der Hauptstadtbewohner im Kongress der Stimme enthalten.

Das Wahlmännerkollegium tritt entgegen einer durchaus weit verbreiteten Meinung heutzutage nicht als ein nationales Gremium zusammen, das dann in einer Kombination aus Festakt und Abstimmung den Präsidenten wählt und dabei jenes Ergebnis bestätigt, das in der Wahlnacht (Ausnahme 2000) bereits von den Medien verbreitet, analysiert und kommentiert wurde. Vielmehr treten die Elektoren eines jeden Staates und von Washington D.C. am – auch dieser Termin ist von der Verfassung etwas umständlich klingend vorgeschrieben – ersten Montag nach dem zweiten Mittwoch im Dezember in den jeweiligen *state capitols*, den Staatsparlamenten zusammen. Dort geben sie dann ihr Votum ab, das natürlich niemanden mehr überrascht. Die zehn Elektoren von Maryland treffen sich also im State House von Annapolis, der Hauptstadt des Staates; die 55 Elektoren Kaliforniens brauchen einen etwas größeren Tagungsraum, dieser wird sich im Capitol von Sacramento finden. Sehr intim geht es in Dover, der Hauptstadt Delawares, zu: es sind nur 3 Elektoren, die im dortigen Capitol abstimmen.

Einen Monat später, am sechsten Kalendertag des Jahres (so abermals die offizielle Beschreibung) und rund zwei Wochen vor der Amtseinführung, wird in einer gemeinsamen Sitzung beider Kammern des Kongresses dann das Ergebnis dieser Stimmabgaben verkündet und der Sieger offiziell ausgerufen.

KURZLEBIGE HELDEN
oder: Wie der zweite Mann auf dem Ticket plötzlich
ins Rampenlicht rückte
William Henry Harrison 1840
Zachary Taylor 1848

Verschiedentlich haben die Vereinigten Staaten im Laufe ihrer Geschichte erfolgreiche Militärs in das höchste politische Amt gewählt. Führungsstärke auf dem Schlachtfeld war nicht unbedingt eine Garantie für politische Fortune, doch zumindest zwei ehemalige Generäle konnten zwei Amtszeiten als Präsidenten vollenden und nahmen danach, von der Bevölkerung hochgeschätzt, Abschied auch von der zivilen Macht: der »Vater der Nation«, George Washington, der von 1789 bis 1797 als erster Präsident amtierte, und der alliierte Oberbefehlshaber im Zweiten Weltkrieg, Dwight D. Eisenhower, der von 1953 bis 1961 im Weißen Haus residierte und der in seiner Abschiedsansprache seine Landleute davor warnte, dem »militärisch-industriellen Komplex« zuviel Macht zukommen zu lassen – ein bemerkenswertes, bis heute aktuelles Vermächtnis eines Mannes, der fast sein ganzes Erwachsenenleben lang selbst Uniform getragen hatte.

Außerordentliches Pech hatte Amerika indes in den 1840er Jahren mit seinen Kriegshelden. Zweimal entschieden sich die Wähler für einen mit dem Lorbeer militärischen Sieges geschmückten General, zweimal erwiesen sich diese Heroen gesundheitlich nicht den Herausforderungen des zivilen Amtes gewachsen – zwei gestandene Männer, die den Pfeilen der Indianer, tagelangen Märschen durch die Wüste und zahlreichen Gefechten an vorderster Front getrotzt hatten, fielen im Weißen Haus so wenig ruhmvollen Feinden wie den Bakterien der Atemwege und einer Überforderung des eigenen Verdauungstraktes zum Opfer. Doch die unerwartete Abberufung zweier neugewählter Präsidenten binnen etwas mehr als acht Jahren brachte plötzlich das zweithöchste von der Verfassung vorgesehene Amt der Vereinigten Staaten wieder ins Bewußtsein der Öffentlichkeit zurück. Denn bis zu einem verregneten Frühjahrstag im Jahre 1841, an dem ein Mann namens William Henry Harrison zwei kausal miteinander verknüpfte Rekorde aufstellen sollte – die längste Antrittsrede, gefolgt von der kürzesten Amtszeit aller Präsidenten – war der Vizepräsident zu einer scheinbaren Marginalie verkommen. Nun jedoch wurde plötzlich deutlich, wie wichtig es war und heute mehr denn je ist, auch den zweiten Namen auf dem Ticket einer genauen Betrachtung zu würdigen. Denn der *running mate* bei einer Wahl wird schnell zum Staatschef im Wartestand, nur einen sprichwörtlichen Herzschlag von jener Machtfülle entfernt, welche die Verfassung der Exekutive zubilligt.

Die politisch dominierende Gestalt der 1830er Jahre war Präsident Andrew Jackson, der 1828 John Quincy Adams besiegt hatte und 1832 mit großer Mehrheit gegen drei Kandidaten unterschiedlicher Gruppierungen wiedergewählt wurde. Der herrische Mann erweckte beim politischen Gegner den Eindruck, ein ausgeprägt persönliches Regiment, ja, fast eine Art imperialer Präsidentschaft auszuüben. Die Bezeichnung »King Andrew« wurde in einem Land, das aus der Rebellion gegen einen König, Georg III. von England, hervorgegangen war, bei weitem nicht als eine positive Charakterisierung verstanden. Aus Opposition gegen den teilweise als extrem autoritär empfundenen Jackson entstand eine neue Partei, die in ihrer Gegnerschaft zu den jetzt meist *Jacksonian Democrats* genannten Demokraten eine Art Nachfolger der nicht mehr existenten Föderalisten war. Die Bezeichnung der neuen politischen Organisation übernahm man vom ehemaligen Mutterland Großbritannien. Dort galten die Whigs als jene Partei, die sich königlichen Machtansprüchen in den Weg stellten. Die amerikanischen Whigs definierten sich aus ihrer Ablehnung des Jacksonschen Systems.

Die junge Partei war organisatorisch kaum gefestigt, als sie in den Wahlkampf des Jahres 1836 zog. Die Demokraten schickten den handverlesenen Nachfolger Jacksons, Vizepräsident Martin Van Buren, ins Rennen. Die Whigs verfügten weder über eine nationale Struktur noch über ein einheitliches Parteiprogramm. Sie stellten drei Kandidaten auf, die in unterschiedlichen Staaten auf den Wahlzetteln standen; keiner von ihnen kandidierte quer über das Land. Angesichts dieser Zersplitterung seiner politischen Gegner (auch ein unabhängiger Kandidat trat an und gewann South Carolina mit seinen 11 Wahlmännerstimmen) gab es wenig Zweifel an Van Burens Sieg. Dieser vereinigte 170 Wahlmännerstimmen auf sich, während der beste Whig, William Henry Harrison, es auf 73 Elektoren brachte. Doch was den Whigs Mut machte, war *the popular vote*, der Anteil der abgegebenen Wählerstimmen. Van Buren, der Favorit, hatte mit 50,8% nur eine knappe absolute Mehrheit der Wähler hinter sich.

Die Whigs begannen bald zu ahnen, dass beim nächsten Mal der Sieg in greifbarer Nähe war. Noch im Jahr von Van Burens Amtsantritt, 1837, kam es zu einer Rezession. Die Whig-Propaganda machte den nun »Van Ruin« genannten Präsidenten für die Wirtschaftskrise verantwortlich. Die sich national konsolidierende neue Partei ging mit Blick auf die Wahl von 1840 auf Nummer Sicher. Früh einigte man sich auf William Henry Harrison und auf eine abermals extrem vage Wahlplattform. Das drängendste Problem der Epoche, die Sklaverei und ihre mögliche (und von Politikern des Südens geforderte) Ausbreitung in die neuen Territorien im Westen wurde tunlichst nicht angeschnitten, um sich der Chancen in »Dixie«, im sklavenhaltenden Teil des Landes, nicht zu berauben. Auch der Spitzenkandidat hielt sich mit öffentlichen Aussagen so weit zurück, dass bald der Spitzname »General Mum« (General Stumm) in Umlauf kam.

William Henry Harrison war eine im ganzen Land bekannte Persönlichkeit hohen Ansehens. Dieses resultierte aus seinen militärischen Erfolgen, die zu diesem Zeitpunkt allerdings schon einige Jahre zurücklagen. Der 1773 in Virginia als Sohn eines Unterzeichners der Unabhängigkeitserklärung geborene Harrison enttäuschte seinen Vater, als er nicht Medizin studierte, sondern sich für eine militärische Karriere entschied. Schon der junge Harrison erwarb sich einen Ruf als Indianerkämpfer, so dass Präsident John Adams ihm einen leitenden Posten in der Verwaltung und Sicherung des Northwest Territory anvertraute, ein Gebiet, das u.a. das heutige Ohio und Indiana umfasste. Die Ureinwohner Amerikas, denen es in ihrem fast 400 Jahre dauernden Kampf gegen die Eindringlinge und Eroberer aus Europa selten an Tapferkeit, aber fast immer an Einigkeit gebrach, hatten in jener Region mit dem Shawnee-Häuptling Tecumseh jene historische Ausnahmepersönlichkeit, der ein Zusammenschluss fast aller Stämme der Region und damit die Bildung einer schlagkräftigen Allianz zu gelingen schien. Unterstützt wurden diese Stämme von den Briten, die von ihrem kanadischen Territorium aus die Indianer mit Waffen versorgten. In der Schlacht am Tippecanoe Creek gelang einer amerikanischen Streitmacht unter dem Oberbefehl Harrisons am 7. November 1811 ein vorentscheidender Sieg über die Allianz Tecumsehs. Harrisons Beiname, der im Wahlkampf von 1840 Teil der Whig-Propaganda war, lautete seither »Old Tippecanoe«. Zwei Jahre nach Tippecanoe, am 5. Oktober 1813, gelang Harrison ein entscheidender Sieg über die Indianer und die mit ihnen nun offen verbündeten Briten in der »Battle of the Thames«, einem Fluß in Kanada, dessen Name bei manch einem englischen Soldaten Heimweh ausgelöst haben mag. Tecumseh kam bei der Schlacht ums Leben, Harrison hingegen wurde endgültig zum Nationalhelden. Seine nachfolgende und für einen siegreichen amerikanischen General der Epoche fast unvermeidliche politische Karriere als Abgeordneter im Repräsentantenhaus, Senator und als amerikanischer Botschafter in Kolumbien verlief allerdings ohne Glanz.

Für die Vizepräsidentschaft einigten sich die Whigs auf John Tyler aus Virginia. Der Kandidat war nicht nur Repräsentant eines sklavenhaltenden Staates, sondern auch ein ehemaliger Demokrat, der mit Jackson wegen dessen Bankpolitik gebrochen hatte. Mit dieser Personalentscheidung hofften Harrison und seine Wahlstrategen jene demokratischen Wähler anzuziehen, denen der Regierungsstil Jacksons und seines Vizes Van Buren damals wenig zusagt hatte.

William Henry Harrison tat etwas in jener Zeit höchst Ungewöhnliches: Der Kandidat der Whigs trat öffentlich auf, hielt Reden und warb um Wählerstimmen. Dies hatte bislang kein Kandidat der führenden Parteien getan und es sollte noch mehr als ein halbes Jahrhundert vergehen, bis Präsidentschaftskandidaten einen derart persönlich engagierten Wahlkampf für angemessen und keineswegs mehr für unter ihrer Würde hielten. Die Whigs zogen mit der Parole »Old Tippecanoe and Tyler, too!« in den Wahlkampf, in dem es wie niemals zuvor feste Organisationsstrukturen der beiden großen Parteien gab. Der Politologe Richard P. McCormick bemerkte: »Der Wahlkampf von 1840 brachte das amerikanische Parteiensystem endgültig zur Blüte. In jeder Region des Landes und in wirklich jedem Staat spielte sich Politik im Rahmen eines Zwei-Parteien-Systems ab und fast überall, mit Ausnahme weniger Staaten, war dieses System derart in einer Balance, dass ein wirklicher Wettstreit entstand. Ganz allgemein gesprochen: es war der Kampf um die Präsidentschaft, der dieses Parteiensystem nicht nur prägte, sondern geradezu seine Daseinsberechtigung definierte.«[1]

Die Volkstümlichkeit des ideologisch so zurückhaltenden Harrison zeigte sich bei einer Wahlveranstaltung auf dem alten Schlachtfeld am Tippecanoe River, zu der im Juni 1840 nicht weniger als 60.000 Menschen zusammenkamen – es dürfte die bis zu diesem Zeitpunkt größte politische Veranstaltung der amerikanischen Geschichte gewesen sein. Dass Harrison bei solchen Anlässen die Kriegsrufe jener Indianer imitierte, an deren Vernichtung und Vertreibung, der größten Tragödie in der Geschichte des amerikanischen Kontinents, er einen beinahe so großen Anteil hatte wie Präsident Andrew Jackson, amüsierte die Massen bei derartigen Veranstaltungen ganz besonders.

Ungewollt hatte der politische Gegner noch seinen Teil zur Popularität Harrisons beigetragen. Eine den Demokraten nahe stehende Zeitung aus Baltimore hatte versucht, Harrison als schlichtes Gemüt abzutun, den man mit einem Faß Apfelschnaps (*hard cider*) zufrieden stellen könne, welchen er gern abseits der Zeitläufte und fern jedweder politischen Erschütterung in seiner Blockhütte (*log cabin*) genießen würde. Die Whigs griffen beide Stichwörter dankbar auf. Hard Cider wurde eine Art inoffizielles Wahlkampfgetränk und zu einem Ausdruck wahrhaft republikanischer Boden-

---

[1] Richard P. McCormick: Political Development and the Second Party System. In: The American Party Systems: Stages of Development. Hrsg. von William N. Chambers und Walter D. Burnham. New York 1967. S. 102.

ständigkeit stilisiert. Natürlich steckte darin auch ein Seitenhieb auf den politischen Gegner: von Van Buren wurde behauptet, er trinke teuren ausländischen Wein, womit dem Präsidenten ein dekadenter, irgendwie unamerikanischer Lebensstil unterstellt wurde. In einer Log Cabin geboren zu sein, war für die nächsten Jahrzehnte ein beinahe essentieller Bestandteil einer rechtschaffenen Politikerbiographie, signalisierte das bescheidene Bauwerk doch die Abkunft aus dem einfachen Volk, die ab der Mitte des 19. Jahrhunderts als absolut erstrebenswert galt. Während Abraham Lincoln, der zwanzig Jahre später für die Präsidentschaft kandidierte, tatsächlich in einer solchen Hütte das Licht der Welt erblickt hatte, war die Symbolkraft des Bauwerks dem Kandidaten Harrison und seiner Biographie hochgradig unangemessen. Denn Harrison war auf der (von Sklaven bewirtschafteten) Plantage Berkeley zwischen Williamsburg und Richmond zur Welt gekommen. Noch heute können sich Besucher dieses grandiosen und gut erhaltenen Herrensitzes davon überzeugen, dass dieses Anwesen denkbar wenig Ähnlichkeit mit einer Log Cabin aufweist.

Die Taktik jedoch, den Abkömmling einer der reichsten und ältesten Familien Virginias als Selfmademan aus der Blockhütte zu verkaufen, ging auf – und bei der Hervorkehrung seiner angeblichen Volkstümlichkeit ließ sich auf den Veranstaltungen das drängendste Problem des Landes, die Sklaverei, leicht in den Hintergrund drängen: »In der Überzeugung, dass sie eine Zauberformel zu Erringung des Sieges in der Hand hatten, vermieden die Manager der Whigs jedwede politische Streitfrage, veröffentlichten kein Wahlprogramm und bauten die ganze Kampagne um das Symbol der Log Cabin auf. Der Wahlkampf der Whigs begann offiziell an George Washingtons Geburtstag mit einer gigantischen Rally [= *Wahlversammlung*] in Columbus, Ohio, mit allem, was dazu gehörte: Blockhütten, Hard Cider und Kanonenschüssen. Weitere Großauftritte folgten am Tippecanoe, in Nashville, Boston und Cincinnati.«[2]

1840 war nicht nur wegen des höchst lebendigen Wahlkampfes eine Sternstunde der amerikanischen Demokratie. Die Wahlbeteiligung war mit 80,2 aus heutiger Sicht unglaublich hoch. Nur zwei andere Wahlgänge, denen die Zeitgenossen eine dramatische Bedeutung zusprachen, weisen eine vergleichbare Beteiligung auf: die Wahl von 1860, am Vorabend des Bürgerkrieges, und jene von 1876.[3] Harrison gelang ein Sieg, der – wie wiederholt in der US-Geschichte – im Wahlmännerkollegium eindrucks-

---

[2] Donald B. Cole: Martin Van Buren and the American Political System. Princeton, New Jersey 1984. S. 369.
[3] Bei der Präsidentschaftswahl von 2004 gaben 60,7% der Wahlberechtigten ihre Stimme ab.

voller war als bei den prozentualen Wählerzahlen. Der ehemalige General gewann 234 Elektorenstimmen, auf Amtsinhaber Van Buren entfielen nur 60. In Wählerstimmen allerdings betrug Harrisons Vorsprung nur rund 150.000 bei 2,4 Millionen abgegebener Stimmen.

William Henry Harrison war mit 68 Jahren der älteste in das Präsidentenamt gewählte Politiker. Erst mit der Wahl von 1980 wurde dieser »Rekord« überboten – der damals gewählte Ronald Reagan feierte knapp 3 Wochen nach seiner Vereidigung seinen 70.Geburtstag. Doch die beiden anderen Rekorde Harrisons innerhalb der Galerie amerikanischer Präsidenten dürften in alle Zukunft Bestand haben. Harrison sprach am Tage seiner Amtseinführung länger als jeder andere neue Präsident, seine Inaugural Address dauerte eine Stunde und vierzig Minuten. Die Rede wurde bei kühler Witterung gehalten, auf das Tragen eines Mantels verzichtete der alte General. Schon bald waren die Spuren dieser Unvorsichtigkeit zu erkennen. Harrison entwickelte eine fiebrige Erkältung. Zu des Präsidenten Pech standen ihm die besten Ärzte der Epoche zur Verfügung, die ihn nach dem fortschrittlichsten Stand der Heilkunde, wie sie ihn auffassten, behandelten. Ihre Brechkuren, das Schröpfen und andere Brachialtherapien schwächten den Patienten zusehend, so dass auf die Heilkunde der Ureinwohner, der Indianer zurückgegriffen wurde. Auch diese Mittel, zu denen wahrscheinlich auch das Auflegen lebender Schlangen auf den immer stärker röchelnden Brustkorb gehörte, hatten keinen Erfolg, was man als eine Art späte Rache Tecumsehs betrachten mag. Am 4. April 1841 starb William Henry Harrison an einer Lungenentzündung. Er war nicht mehr als einen Monat lang der neunte Präsident der Vereinigten Staaten gewesen.

Mit dem Tod Harrisons wurde zum ersten Mal der Vizepräsident, wie von der Verfassung vorgesehen, zum neuen Präsidenten. Doch welcher Art war diese Präsidentschaft? War der »aufgerückte« bisherige Zweite Mann im Staat ein *acting president*, der über einige, aber nicht alle Machtbefugnisse und vor allem nicht die Autorität des direkt von den Wählern ins Amt berufenen Regierungschefs verfügte? Es ist das historische Verdienst von John Tyler, entschlossen einen Präzedenzfall geschaffen zu haben, der in ähnlichen zukünftigen Fällen keine Fragen nach der Legitimität der neuen, unvorhergesehenen Administration aufkommen ließ. Tyler zerstreute sofort energisch jedwede Zweifel, dass er als zehnter amerikanischer Präsident die gleiche Position einnahm wie seine Vorgänger von George Washington bis William Henry Harrison. Eilends nach Eintreffen der Nachricht von Harrisons Tod von seiner Plantage in Virgina – er war praktisch ein Nachbar Harrisons, sein Anwesen Sherwood Forest ist heute wie Berkeley zur Besichtigung des Lebensstils der virginischen

Aristokratie für Besucher offen – in die Hauptstadt Washington geeilt, ließ Tyler sich vereidigen, wie es einem »richtigen« Präsidenten gebührt. Spöttische Bemerkungen über *His Accidency*, Seine Zufälligkeit, blieben nicht aus. Doch die Aussage von John Adams aus dem Jahr 1793, wonach sein Land mit der Vizepräsidentschaft das unwichtigste Amt geschaffen hatte, das je im Bereich menschlicher Vorstellungskraft liegen konnte, war nun ad absurdum geführt. Die zweite Stimme auf dem *ballot*, dem Wahlzettel – auch sie kann Geschichte schreiben.

Acht Jahre nach der Wahl Harrisons, in jenem Jahr der Revolutionen, da in Europa die Throne wankten, stellten die Whigs abermals einen Ex-General auf, siegten erneut und bescherten dem Land auch diesmal das Schauspiel eines plötzlich in das höchste Staatsamt aufrückenden Vizepräsidenten, den bis dahin kaum jemand kannte. Die USA von 1848 hatten sich gegenüber dem Land, das sie 1840 noch waren, nachhaltig verändert. Sie waren beträchtlich größer geworden. Nach der Annexion von Texas, das nach seiner Loslösung von Mexiko acht Jahre als eigenständige Republik existiert hatte, war jenes riesige Territorium hinzugekommen, das neben Kalifornien die Bundesstaaten Arizona, New Mexico und Teile von Nevada, Colorado und Utah umfaßt. Es war die Siegesbeute eines Krieges, in den der vielleicht unmilitärischste aller Präsidenten das Land geführt hatte. James K. Polk aus Tennessee war der erste sogenannte *dark horse*-Kandidat, der zur Präsidentschaft gelangte. Unter diesem Begriff wird ein Außenseiter verstanden, auf den sich ein Parteikongress einigt, wenn sich keiner der Favoriten auf der *convention* eine Mehrheit sichern kann.

Als das Jahr 1844 begann, in dem ein neuer Präsident gewählt werden würde, hätte kein politischer Beobachter in Washington oder irgendwo sonst in den Vereinigten Staaten auch nur 5 Cent darauf gewettet, dass James Knox Polk der nächste Staatschef werden würde. Der in Mecklenburg County in North Carolina (unweit der heutigen Großstadt Charlotte) 1795 geborene Polk schien seine politische Karriere bereits hinter sich zu haben. Er war Kongressabgeordneter für den Staat Tennessee, in dem er als Anwalt gearbeitet hatte, gewesen und hatte es in Washington bis zum Sprecher des Repräsentantenhauses gebracht. 1839 wählten ihn seine Mitbürger in Tennessee mit der knappen Mehrheit von rund 2.600 Stimmen zum Gouverneur ihres Staates, zwei Jahre später wählten sie ihn wieder ab. Polk war weithin vergessen, die Favoriten in jenem Jahr 1844 hießen Martin Van Buren und Henry Clay. Van Buren träumte nach seiner Niederlage gegen Harrison vier Jahre zuvor von einem Comeback. Senator Henry Clay aus Kentucky war der Spitzenkandidat der Whigs. Beide waren routinierte Profis im politischen Geschäft – und beide begingen zeitgleich einen kapitalen Fehler. Sowohl Van Buren als auch Clay ließen am selben Tag, dem 26. April 1844, gegenüber Washingtoner Zeitungen verlauten, dass sie, sollten sie ins höchste Art gewählt werden, nicht an einer allzu schnellen Annexion von Texas interessiert seien.

Damit lagen die beiden alten Politprofis weit ab vom Stimmungsbild der meisten ihrer politisch interessierten Mitbürger. Die »texanische Frage« nämlich war emotional stark belastet. Nach einem kurzen Unabhängigkeitskrieg war die ehemalige mexikanische Provinz Texas 1836 eine souveräne Republik geworden. Der von englischsprachigen, überwiegend aus den USA zugewanderten Texanern geführte Aufstand gegen die mexikanische Militärregierung hatte mit dem Untergang – manche sagten: Opfergang – der texanischen Besatzung des Alamo, einer alten Missionskirche im heutigen San Antonio, einen unvergessenen Höhepunkt erlebt. Die rund 180 Verteidiger fielen im Kampf gegen eine mehrtausendköpfige Armee unter dem Befehl des mexikanischen Diktators General Antonio Lopez de Santa Anna bis zum letzten Mann – ein texanischer, nein, ein amerikanischer Mythos, dessen sich auch Hollywood immer wieder dankbar annahm. Die Vereinigung mit Texas war für viele Amerikaner ein wichtiges Anliegen – auch für James Polk. Als die Demokraten in Baltimore Ende Mai 1844 zu ihrem Wahlkongress zusammen kamen, fiel im ersten Wahlgang keine einzige Delegiertenstimme auf den ehemaligen Gouverneur von Tennessee. Doch Polk konnte sich als der ideale Kompromißkandidat präsentieren. Im neunten Wahlgang ernannten ihn die Delegierten einstimmig zu ihrem Präsidentschaftskandidaten. Gegen Henry Clay gewann er die Wahl im November und wurde im März 1845 als elfter Präsident der USA in Washington vereidigt. An ihm, so beschreibt es Polks Biograph John Seigenthaler, war eine moralische Gewißheit, eine Selbstgerechtigkeit, die er ins Weiße Haus brachte und die ihm erhalten blieb, bis er es verließ.

Kurz nach seiner Amtsübernahme legte Polk gegenüber seinem Marineminister, dem großen Historiker George Bancroft, die Karten auf den Tisch. In einem für Polk, ein persönlich eher verschlossener Mann mit einem ausgeprägten Mangel an Charme und Liebenswürdigkeit, ungewöhnlich offenen Gespräch nannte der Präsident die vier Ziele seiner Amtszeit, die seine einzige bleiben würde, da er von vornherein eine erneute Kandidatur nach den vier Jahren ausgeschlossen hatte: Senkung der Zölle, Schaffung eines unabhängigen Finanzministeriums, den Erwerb von Oregon, den Erwerb von Kalifornien. Gut ein Jahrhundert später resümierte einer seiner Amtsnachfolger, Harry Truman, voller Respekt: »Ein großer Präsident. Er kündigte an, was er tun würde, und er tat es.«

Während der Erwerb von Oregon auf diplomatischen Wege, in Verhandlungen mit dem ebenfalls das Gebiet im Nordwesten beanspruchenden Großbritannien erfolgte, kam es um Kalifornien und das riesige Areal, das zwischen diesem und Texas lag (darunter mit Santa Fé eine der ältesten europäischen Siedlungen auf dem Territorium der späteren USA), zum Krieg mit Mexiko, der am 2. Februar 1848 mit dem Abkommen von Guadalupe Hidalgo endete. Als Kompensation für den riesigen Gebietsverlust zahlten die USA den Mexikanern die Summe von 15 Millionen Dollar. Präsident Polk hatte zunächst ein noch größeres Territorium im Blick gehabt und eine Grenze entlang des 26. Breitengrades angestrebt – dies hätte Teile des heutigen Mexiko nördlich von Monterrey in amerikanischen Besitz gebracht. Gegen die Vereinnahmung einer allzu großen Beute und damit allzu vieler spanisch sprechender Katholiken aber war ein Chor ablehnender Stimmen laut geworden. Der Schriftsteller Ralph Waldo Emerson meinte, die USA würden zwar Mexiko erobern können, befänden sich aber in der Situation einen Mannes, der Arsen tränke.

Populär war der Waffengang gegen den Nachbarn nicht. Dass die Demokraten bei den *midterm elections*, den Kongresswahlen zur Mitte von Polks Amtszeit, trotz eines militärisch erfolgreich geführten Krieges die Mehrheit im Repräsentantenhaus verloren, werten Historiker als einen Protest gegen den moralisch fraglichen Konflikt. Die oppositionellen Whigs warfen dem Präsidenten vor, die Öffentlichkeit mit dem Hinweis des auf »unserem Boden« (*our soil*) vergossenen Blutes – ein vermeintlicher Kriegsgrund – bewusst in die Irre geführt zu haben. Heftigster Kritiker war Ex-Präsident John Quincy Adams, der seinem Heimatstaat Massachusetts im Kongress diente und im Capitol, buchstäblich bis zum letzten Atemzug den Polkschen Krieg geißelnd, einen tödlichen Schlaganfall erlitt. Im Januar 1848, während das Sternenbanner über Mexiko-Stadt wehte, verabschiedete das Repräsentantenhaus mit 82 zu 81 Stimmen eine Resolution, wonach »ein unnötiger und nicht verfassungsgemäßer Krieg von Präsident Polk begonnen wurde.« Dieser verließ im März 1849 das Weiße Haus und starb nur drei Monate später. Von allen »vergessenen Präsidenten« hat keiner die Landkarte der USA so verändert wie James Knox Polk (aber auch, bei weitem weniger positiv, das Verhältnis zu ihrem südlichen Nachbarn).

Im Krieg gegen Mexiko sammelten zahlreiche Offiziere erste Erfahrungen, die später im Bürgerkrieg an die Spitze konföderierter Truppen oder von Unionsstreitkräften rücken sollten. Einer von ihnen, Ulysses S. Grant aus Ohio, anno 1847/48 ein junger Leutnant, wurde später sogar Präsident. Nationalen Ruhm erwarb in der Frühphase des Konfliktes General Zachary Taylor, als er in der Schlacht von Buena Vista die zahlenmäßig überlegenen Mexikaner – den 6.000 Mann Taylors standen etwa 20.000 Soldaten des Diktators Santa Anna gegenüber – in die Flucht schlagen konnte.

Taylor, zum Zeitpunkt der Wahl 1848 fast 64 Jahre alt, war ein wohlhabender Plantagenbesitzer und Sklavenhalter aus Louisiana, der ursprünglich aus Kentucky stammte. Und ein hochgradig unpolitischer Mensch: er war noch nie zu einer Wahl gegangen, seine erste und, wie sich zeigen sollte, auch letzte Stimmabgabe seines Lebens war die eines Stimmzettels mit seinem eigenen Namen. Schon bald nach seinem Sieg bei Buena Vista hatten sich Fanclubs gebildet, die sich für seine Nominierung einsetzten. Die Taktik der Whigs war eine Wiederholung der Kampagne von 1840: ein populärer Spitzenkandidat schien von der Notwendigkeit zu entbinden, mit inhaltlichen Aussagen in den Wahlkampf zu ziehen. Als Vizepräsidentschaftskandidaten nominierten die Whigs Millard Fillmore, ein ehemaliger Kongressabgeordneter aus dem ländlichen Teil (»Upstate«) des Staates New York, der zu jener Zeit den Posten des »Comptrollers«, einer Art Finanzminister des Bundesstaates inne hatte. Mit der Wahl eines Mannes aus dem Norden wollte man, wie so oft in der amerikanischen Wahlgeschichte, ein *balanced ticket* aufstellen, Kandidaten aus unterschiedlichen Regionen ins Rennen schicken. In jener Epoche ging das Streben nach einer Balance über die rein geographische Anforderung hinaus: dem Sklavenhalter Taylor wurde ein Mann zur Seite gestellt, der nicht nur aus einem *free state* kam, sondern darüber hinaus mit seiner bescheidenen Biografie denkbar weit entfernt schien von der Welt der Plantagenbesitzer und *Southern Gentlemen*. Fillmore nämlich war tatsächlich in einer Log Cabin geboren und hatte sich aus bitterster Armut emporgearbeitet. Seinen Vizepräsidentschaftskandidaten lernte Taylor vor der Wahl gar nicht persönlich kennen – es schien nicht wichtig genug.

Die Demokraten stellten Senator Lewis Cass aus Michigan auf. Eine dritte Partei, die Free Soil Party, machte als einzige ihre strikte Ablehnung einer Ausdehnung der Sklaverei deutlich. Ihr Spitzenkandidat war Ex-Präsident Martin Van Buren.

Das Diktum des Historikers Daniel Walker Howe, wonach »1848 die erste moderne Wahl«[4] der amerikanischen Geschichte markiert, ist unter organisationstechnischen Aspekten zutreffend. Zum ersten Mal wurden alle Elektoren in allen Bundesstaaten am selben Tag gewählt, einem Datum, das von nun an für alle amerikanischen Präsidentschaftswahlen verbindlich sein sollte (s. *Lessons from History* am Ende dieses Kapitels). In allen Staaten mit Ausnahme von South Carolina wurden die Wahlmänner direkt von den Wahlberechtigten gewählt. Und zum ersten Mal gab es ein

---

4   Daniel Walker Howe: What Hath God Wrought. The Transformation of America, 1815 – 1848. Oxford History of the United States. New York 2007, S. 832.

Kommunikationsmittel, mit dem Ergebnisse beinahe in Echtzeit aus der Provinz in eine Großstadt und dort in eine Parteizentrale oder in die Redaktion einer Zeitung übermittelt werden konnten: den erst vier Jahre zuvor eingeführten Telegraphen des Samuel Morse. Mit dieser neuen Technologie wurde umgehend auch die Sorge laut, dass Ergebnisse aus dem wegen der Zeitverschiebung (siehe *Lessons from History*: Zeitzonen) früher wählenden Osten in die westlicheren Staaten übertragen werden und dort das Abstimmungsverhalten beeinflussen könnten.

Die wahlpolitische Landkarte der USA nach der Entscheidung der Wähler am 7. November 1848 war inhomogen wie selten. Taylor gewann sowohl im Nordosten, wo er sich vier Neuenglandstaaten sowie die bevölkerungsreichen New York und Pennsylvania sichern konnte, in der Mitte des Landes mit Tennessee, Kentucky und North Carolina sowie im tiefen Süden Georgia, Florida und Louisiana. Van Buren gewann zwar das Votum von knapp 300.000 Wählern, aber keinen Staat und damit keine einzige Wahlmännerstimme. Im Wahlmännerkollegium hatte Taylor mit 163 Stimmen gegenüber Cass mit 127 Stimmen die Mehrheit.

Taylor gelang es, eine Inaugural Address zu halten, ohne die Sklaverei zu erwähnen. Immerhin: seine Politik erregte den Unwillen der Pro-Sklaverei-Fraktion der eigenen Partei, unterstützte Taylor doch erkennbar das Bemühen Kaliforniens und New Mexicos, sich um *statehood*, um die Aufnahme als Bundesstaat in die Union zu bewerben (beide Gebiete waren wie andere, oft noch zu dünn für eine staatliche Konstituierung besiedelte Zonen zu diesem Zeitpunkt *territories*). Es war abzusehen, dass beide Neulinge frei von dieser menschenverachtenden Institution sein würden; damit war auch ein Ende des Gleichgewichts von 15 *free states* und 15 *slave states* in Sicht. Doch Taylor kam nicht mehr dazu, den Ereignissen sein Siegel aufzudrücken. Wie Harrison wurde auch diesem alten General ein Feiertag zum Verhängnis. Hatte sich Ersterer am Amtseinführungstag das letztlich tödliche Leiden der Atemwege geholt, so nahte für Taylor am Nationalfeiertag Fourth of July des Jahres 1850 das Verhängnis. Wie meist in Washington, war auch dieser Unabhängigkeitstag heiß, drückend und schwül. Talyor erfrischte sich an reichlich Kirschen, die er wahrscheinlich mit eisgekühlter Buttermilch, nach anderen Berichten mit möglicherweise nicht ganz sauberem Eiswasser hinunterspülte. Bald kam es zu ersten, aber heftigen Symptomen eines hochgradig irritierten menschlichen Darmes. Die Zeitgenossen sprachen von »Cholera morbus«, was wohl weniger die klassische Cholera meint (die grassierte damals nicht in der amerikanischen Hauptstadt), sondern auch eine andere Infektion wie Typhus oder Salmonellose zuläßt. Am Morgen des 9. Juli 1850 starb der zwölfte amerikanische Präsident. Millard Fillmore folgte ihm nach und sicherte sich in den folgenden drei Jahren die Einschätzung der Historiker als einer der unbedeutendsten *chief executives*.

Lessons from History:
Der Wahltag – warum am ersten Dienstag nach dem ersten Montag im November?

Im Jahr 1845 beschloss der Kongress ein Gesetz, das einen landesweit einheitlichen Wahltag vorsah. Bis zu diesem Zeitpunkt konnten die Wahlen binnen eines Zeitraums von 34 Tagen stattfinden. Ausschlaggebend für die Neuerung waren offenbar Wahlbetrügereien im Jahr 1844, als einige Wähler zunächst in ihrem Bezirk wählten und dann in eine andere Region oder einen anderen Staat reisten, sich dort registrieren ließen und erneut ihre Stimme abgaben.

Der Wochentag Dienstag lag für die Gesetzgeber nahe, da der eigentliche Wochenanfang, der Montag, aus religiösen Gründen nicht in Frage kam. In weitläufigeren ländlichen Regionen hätten die Wähler sich zu Pferd, zu Fuß oder in der Kutsche bereits am Sonntag (Sabbath) auf den Weg in die nächstgelegene Stadt mit einem Wahllokal aufmachen müssen, was als unzumutbar galt.

Doch warum »der erste Dienstag nach dem ersten Montag«, warum nicht einfach »der erste Dienstag« ? Damit konnte vermieden werden, dass am 1. November gewählt wird, wenn dieser auf einen Dienstag fällt. Denn dies ist *All Saints' Day* (Allerheiligen) und die Reise zum Wahllokal an diesem Feiertag wollte man der starken katholischen Minderheit ersparen.

DER BÜRGERKRIEG
Abraham Lincoln 1860 und 1864

In den 1850er Jahren driftete die amerikanische Nation erkennbar auseinander, wurde der Graben zwischen dem sklavenhaltenden Süden mit seinen Plantagen und dem industrialisierten Norden sowie dem von Farmen geprägten Westen immer tiefer. 1857 sprach der Supreme Court im Fall *Dred Scott vs Sanford* ein Urteil, das den Norden empörte. Die Verfassung stütze das Recht, Sklaven zu halten, so die Mehrheitsentscheidung der obersten Bundesrichter; in Territorien, die auf dem Wege waren, eigenständige Bundesstaaten zu werden, sei Sklaverei absolut zulässig. In einigen dieser Territorien blieb es nicht bei verbalen oder juristischen Auseinandersetzungen um die Zukunft als Bundesstaat; vor allem in Kansas – bald *bloody Kansas* genannt – begann eine Art Miniatur-Bürgerkrieg, Jahre vor dem großen Bruderkonflikt.

Die Regierung in Washington zeigte angesichts der sich zuspitzenden Krise eine Inaktivität, die den seit 1857 regierenden Präsidenten James Buchanan auf den *ratings* der Historiker, den Ranglisten der guten, mittelmäßigen oder schlechten Präsidenten, einen der hintersten Plätze einnehmen läßt. Auch sein Vorgänger Franklin Pierce, Präsident von 1853 bis 1857, rangiert in der Einschätzung der Geschichtswissenschaft wegen Versagens angesichts der Bedrohung der nationalen Einheit als ein Mann, der den Anforderungen des Amtes bei weitem nicht gerecht wurde.

In dieser Epoche des *ante bellum*, der Jahre vor dem Bürgerkrieg, wurde eine neue Partei gegründet: die Republikaner. Sie waren ein Sammelbecken von ehemaligen Whigs, von Sklavereigegnern, von Farmern und auch von zahlreichen Einwanderern aus Deutschland, der Schweiz und anderen europäischen Ländern, die nach den Freiheitserhebungen der Jahre 1848/49 in die Neue Welt gekommen waren. Die Republikanische Partei hatte ihre Basis in den Staaten des Nordens und Nordostens sowie im nördlichen Teil des Mittleren Westens. Bei der Wahl von 1856 waren die Republikaner zum ersten Mal angetreten. Ihr Kandidat, der Offizier und Entdecker John C. Fremont, erreichte ein durchaus achtbares Ergebnis und gewann 11 der 16 von Sklaverei freien Staaten, darunter alle Neuenglandstaaten sowie New York und Ohio. Im Wahlmännerkollegium hatte Fremont mit 114 Stimmen gegenüber dem Demokraten Buchanan mit 174 Stimmen das Nachsehen. Ex-Präsident Millard Fillmore brachte es mit einer kurzlebigen Partei mit dem schönen Namen »Know Nothings« auf 8 Elektoren.

Im Süden verfügten die Republikaner über keinerlei Basis. Die strikte Trennung entlang der Linie zwischen sklavenhaltenden und freien Staaten blieb allerdings auch den Demokraten nicht erspart. Die Partei trat im April 1860 zu ihrem Parteitag in Charleston zusammen. Es war ein denkbar ungünstiger Ort, um die auf *conventions* stets angestrebte sichtbare Einigkeit zu erreichen. South Carolina, dessen größte Stadt Charleston war und ist, war der radikalste der Sklavenhalterstaaten und von einem tiefsitzenden Mißtrauen gegen alles beseelt, was aus dem Norden, dem Territorium der »Yankees« kam, welches direkt hinter der Hauptstadt Washington (in der es ebenfalls Sklaverei gab) und dem Staat Maryland begann. Hauptstreitpunkt auf dem Parteitag wie auch bei politischen Diskussionen allüberall im Land war die geplante Aufnahme von Kansas in die Union – das seit langem von Unruhen erschütterte Territorium hatte sich eine Verfassung gegeben, welche die Beibehaltung der Sklaverei in diesem künftigen Staat in der geographischen Mitte der USA vorsah. Präsident Buchanan, der – obwohl aus Pennsylvania stammend – in seinen vier Jahren im Amt nur selten eine Position gegen den Süden eingenommen hatte, war für die Aufnahme von Kansas. Der Favorit für die Nominierung zum Präsidentschaftskandidaten, Senator Stephen A. Douglas aus Illinois, war dagegen. Nach mehreren Tagen mit ergebnislosen Debatten taten die Delegierten aus den Südstaaten einen Schritt, der symbolisch für die Haltung ihrer Heimat gegenüber der Einigkeit der Nation sein sollte: sie verließen den Parteitag. So konnte Douglas die für die Nominierung notwendige Zweidrittelmehrheit nicht bekommen.

Wenige Wochen später unternahmen die Demokraten einen zweiten Versuch und trafen sich erneut zu einer Convention, diesmal in Baltimore. Abermals verließen die Delegierten aus dem Süden den Parteitag. Die Vertreter der nördlichen Staaten fanden zu einer Notlösung und formierten sich zu den Northern Democrats. Senator Douglas wurde als Präsidentschaftskandidat nominiert. Ähnlich sektional verhielten sich die abtrünnigen Parteifreunde, die sich zu Southern Democrats organisierten und in Charleston den amtierenden Vizepräsidenten, John Breckinridge, zu ihrem Präsidentschaftskandidaten bestimmten. Die Delegierten bekannten sich eindeutig zu einem Schutz der Institution Sklaverei durch die Verfassung. Die zersplitterte Parteienlandschaft, ein Spiegelbild der politischen Instabilität der USA in diesem Schicksalsjahr 1860, wurde durch eine weitere Neugründung bereichert. Die Constitutional Union Party verschrieb sich einer Überwindung der Gegensätze zwischen Nord und Süd und schickte den ehemaligen Sprecher des Repräsentantenhauses, John Bell aus Tennessee, ins Rennen.

Angesichts dieser Fragmentierung des politischen Gegners waren die Aussichten für die noch junge Republikanische Partei außerordentlich günstig. Mehrere ihrer führenden Vertreter hatten ein Interesse an einer

Kandidatur bekundet, der Favorit war jedoch Senator William Seward aus New York. Anhänger des Senators hatten vor seinem Haus in Auburn eine Kanone aufgestellt, aus der ein Schuß abgefeuert werden sollte, wenn die Nachricht von Sewards Nominierung eintreffen würde. Im Gegensatz zu den vielen in den nächsten vier Jahren feuerspeienden Kanonen blieb dieses Stück Artillerie beschäftigungslos.

Die amerikanische Geschichte hätte möglicherweise einen anderen Verlauf genommen, wenn auch die Republikaner ihre *convention* irgendwo an der Ostküste, vielleicht gar noch in Sewards New York abgehalten hätten. Der Tagungsort erwies sich jedoch als denkbar ungünstig für ihn. Denn die Versammlung fand weit im Westen statt, in der damals noch recht überschaubaren Stadt Chicago in Illinois. Und die Republikaner dieses Staates, dem Wahlstrategen eine entscheidende Bedeutung für die Wahl im November zusprachen (der Verlierer Fremont hatte ihn 1856 nicht gewinnen können), hatten schon lange vorher einen der ihren zum Kandidaten gekürt, einen *favorite son*, einen Politiker mit Heimvorteil auf dem Parteitag, was sich verschiedentlich als mitentscheidend für die Nominierung heraus gestellt hatte. Der Mann hatte eine höchst bescheidene legislative Erfahrung, vor einigen Jahren (1847-1849) hatte er eine Amtszeit im Repräsentantenhaus verbracht, die wenig erinnerungswürdig war. Bekanntheit über die Grenzen von Illinois hinaus hatte er zwei Jahre zuvor erlangt – allerdings als Verlierer. Er war bei der Senatswahl von 1858 der Herausforderer von Stephen Douglas gewesen, jetzt der Präsidentschaftskandidat der Nord-Demokraten. Mit dem nur gut einen Meter fünfzig großen Douglas (Spitzname: *The little giant*) hatte sich der Ein-Meter-Zweiundneunzig-Mann sieben öffentliche Rededuelle geliefert, die Zuhörer in großer Zahl anlockten. Die Zeitungen des ganzen Landes hatten wegen der hohen Qualität des fast an die großen Rhetoriker der Antike erinnernden Austausches intensiv über diese Debatten berichtet. Noch heute gelten sie als Sternstunden der amerikanischen Demokratie. Douglas hatte die Wahl gewonnen. Doch der Name seines Herausforderers hatte sich fortan politischen Beobachtern als der eines Hoffnungsträgers eingeprägt, als die scheinbar ideale Verkörperung des sich selbst aus einfachen Verhältnissen hocharbeitenden Selfmade-Mannes, als Prototyp eines frischen Schlages von Volksvertretern aus dem egalitären Westen der sich ausbreitenden Nation. Sein Name war Abraham Lincoln.

Die Bücher, die über Abraham Lincoln geschrieben wurden, reihen sich zu einer unabsehbaren Zahl von Regalmetern, mehr als 150 Filme oder Fersehdokumentation sind ihm gewidmet. Doch der Mensch hinter der melancholischen Physiognomie – von Lincoln existieren mehr Fotos (»Daguerrotypien«) als von jedem anderen Zeitgenossen, doch auf keinem einzigen ist auch nur der Anflug eines Lächelns zu sehen – bleibt merkwürdig verborgen. Er war ein Meister der Abschottung seines Innersten von seinen Mitmenschen, er konnte warm und jovial und mitfühlend sein und doch gleichzeitig so unerreichbar fern. Vieles an seinem Weg ist rätselhaft, anderes hat er selbst bewußt als Mythos inszeniert wie das Image des Tölpels aus der Provinz, auf das alle politischen Gegner herein fallen, bis er ihnen die Tür des Weißen Hauses vor der Nase zuschlägt.

Abraham Lincoln wurde am 12. Februar 1809 in einer ärmlichen Blockhütte – ein wahrer *Log Cabin Candidate!* – nahe dem ähnlich ärmlichen Kaff Hodgenville in Kentucky geboren. Er war ein Autodidakt, der Bücher geradezu verschlang. Auf seine Mitmenschen wirkte er wegen seiner warmen Menschlichkeit einerseits anziehend, andererseits machten ihn sein Eigenbrötlertum und seine Attacken von Melancholie schwer fassbar und nicht immer verständlich. Nach diversen Verlegenheitsjobs, zu denen unter anderem Binnenschiffer und Postbediensteter gehörten, schlug er die Laufbahn des Anwalts ein. In Springfield, der Hauptstadt von Illinois, praktizierte er über viele Jahre und brachte es dabei zu beträchtlichem Wohlstand – das sorgsam während des Wahlkampfes von 1860 gepflegte Bild des *rail splitters*, des Holzfällers aus dem Westen, bodenständig aber zutiefst simpel, dabei grundehrlich (»Honest Abe«), war zumindest teilweise eine Schimäre. Lincoln war ein wohlhabender Mann und einer der angesehensten Bürger Springfields.

Lincolns Freunde hatten dafür gesorgt, dass die Zuschauertribünen auf dem Parteitag in Chicago dicht mit Anhängern des Mannes aus Illinois besetzt waren und dass den Delegierten eine äußerst lincolnfreundliche Atmosphäre entgegenschlug. Auch dass in einer örtlichen Zeitung, der *Chicago Press and Tribune,* eine überdimensionale Titelgeschichte unter der Schlagzeile *The Winning Man, Abraham Lincoln* erschien, verfehlte ihren Eindruck nicht. Lincoln verbrachte die Tage der Convention in der Kanzlei, die er mit seinem Partner William Herndon in Springfield betrieb[1], und wartete darauf, dass der Telegraph zu tickern anfing und Neuigkeiten aus Chicago (beinahe) in Echtzeit verbreitete. Die Nachrichten waren günstig. Im ersten Wahlgang lag Seward mit 173 und einer halben Stimme zwar deutlich vor Lincoln mit 102 Stimmen (die übrigen Stimmen verteilten sich auf drei andere Kandidaten), war aber auch deutlich von jenen 233 Stimmen entfernt, die für die Nominierung benötigt wurden. Im nächsten Wahlgang hatte Lincoln fast zum Favoriten aufgeschlossen und lag mit 181 zu 184,5 knapp hinter Seward. Im dritten Wahlgang wechselten

---

[1] Heute als Lincoln & Herndon Law Office eines der zahlreichen Lincoln-Museen in seiner Heimatstadt.

viele der den anderen Kandidaten zuneigenden Delegierten zu Lincoln und beschafften ihm eine Mehrheit von 364 Stimmen.

Gemessen an der Schicksalhaftigkeit der Wahlentscheidung, die nicht nur am Vorabend des Bürgerkrieges stattfand, sondern von den Sezessionisten im Süden geradezu als Grund für die Abspaltung angeführt wurde, war der Wahlkampf relativ lahm. Das lag auch daran, dass ein wirkliches Aufeinanderprallen der Meinungen von der realen Spaltung des Landes weitgehend verhindert wurde. Lincolns Name und der seines Vizepräsidentschaftskandidaten, Senator Hannibal Hamlin aus Maine, standen in zehn Staaten des Südens gar nicht auf dem Wahlzettel. Eine republikanische Parteiorganisation, mit der die Sklavenhalter und ihre Sprecher sich hätten auseinandersetzen können, existierte in Städten wie Charleston, New Orleans oder Savannah gar nicht. Auch Senator Douglas hatte im Süden weder eine Organisation noch Anhänger in nennenswerter Zahl. So zeichnete sich im Norden, der aufgrund seines demographischen Übergewichts gegenüber dem Süden die Mehrzahl der entscheidenden Wahlmännerstimmen lieferte, praktisch ein Zweikampf Lincoln gegen Douglas ab, in dem der Senator der eindeutige Außenseiter war. Lincoln verbrachte die Monate bis zur Wahl zuhause und verzichtete sowohl auf größere öffentliche Auftritte als auch auf Aussagen, die Öl in das Feuer einer von sektionaler Leidenschaft erhitzten Nation gegossen hätten.

Eigentlich war Lincoln der Kandidat mit der politisch am wenigsten beeindruckenden Biographie. Er war, wie erwähnt, nur für kurze Zeit Kongressabgeordneter gewesen, während ihm der angesehenste Senator, der amtierende Vizepräsident und ein ehemaliger Sprecher des Repräsentantenhauses gegenüber standen. Doch im Norden und auch im Westen des Landes (dort waren 1860 nur Kalifornien und Oregon Bundesstaaten, die an der Wahl teilnehmen konnten) wurde Lincoln zunehmend als jene Persönlichkeit eingeschätzt, die aufgrund ihrer moralischen Integrität und ihres gesunden Menschenverstandes vielleicht am ehesten in der Lage sein könnte, die gewaltigen Probleme zu schultern, vor denen das Land stand. Am Wahlabend wurde Lincoln bereits gegen 10 Uhr im führenden Saloon von Springfield von den anwesenden Damen mit *How do you do, Mr President?* begrüßt. Lincoln hatte alle 18 zum Norden gerechneten Staaten gewonnen[2]. Der bekannteste der Kandidaten, Douglas, lag in der absoluten Stimmenzahl hinter Lincoln (Lincoln bekam 1,86 Millionen Stimmen, Douglas 1,37 Millionen). Weil sich die Voten für ihn relativ gleichmäßig verteilten, gewann er aber lediglich einen einzigen Staat – Missouri. Bre-

---

[2] Eine Ausnahme war – ansatzweise – New Jersey, das seine sieben Elektorenstimmen splittete: vier für Lincoln, drei für Douglas.

ckinridge gewann fast erwartungsgemäß den tiefen Süden, Bell die drei »auf der Kippe stehenden«, zwischen Treue zur Union und möglicher Sezession schwankenden Staaten Virginia, Kentucky, Tennessee. Im Wahlmännerkollegium sah Lincolns Sieg in Anbetracht der Umstände fast glanzvoll aus, mit 180 Elektoren hatte er weit mehr als seine drei Rivalen mit 123 Elektoren zusammen genommen. Doch sein Anteil an den insgesamt abgegebenen Wählerstimmen war mit 39,9% recht niedrig, nur John Quincy Adams war 1824 mit einem noch geringeren Stimmenanteil (30,5%) zum Präsidenten gewählt worden. Angesichts der Größe der Herausforderung war es ein schwaches Mandat, mit dem Abraham Lincoln sich auf den Weg nach Washington begab. Auf dem Bahnhof von Springfield hielt er am kalten und regnerischen Morgen des 11. Februar 1861 eine sehr emotionale Rede an seine Mitbürger, bevor er sich auf die zwölftägige Bahnreise begab, die ihn über mehr als 2.500 Kilometer in die Hauptstadt führte. »Meine Freunde,« so der neugewählte Präsident, »niemand, der nicht in meiner Situation ist, kann das Gefühl der Trauer nachempfinden, das ich bei diesem Abschied habe. Diesem Ort und der Güte seiner Menschen verdanke ich alles. Hier habe ich ein Vierteljahrhundert gelebt und bin von einem jungen zu einem alten Mann[3] geworden. Hier sind meine Kinder geboren und eines ist hier begraben. Ich verlasse Euch und weiß nicht, wann oder ob ich zurückkehren werde. Vor mir liegt eine Aufgabe, die größer als jene ist, die auf Washington lastete. Doch lasst uns hoffen, dass alles gut geht. Ich empfehle Euch der Güte des Herrn, so wie ich hoffe, dass Ihr in Euren Gebeten für mich betet, und so sage ich Euch ein zuneigungsvolles Farewell.«[4]

Zu diesem Zeitpunkt wusste Lincoln, dass er bei der Ablegung des Amtseides nur für einen Teil des Landes sprechen würde. Am 20. Dezember 1860 erklärte South Carolina, in vielerlei Hinsicht der radikalste Staat des Südens, seinen Austritt aus der Union. Die Begeisterung in Charleston und anderswo kannte keine Grenzen, ein britischer Journalist notierte: »Sezession ist die Mode hier. Junge Damen singen für sie, alte Damen beten für sie, junge Männer brennen darauf, für sie zu kämpfen, alte Männer für sie zu demonstrieren.«[5] Binnen kurzem folgten Mississippi, Florida, Alabama, Georgia, Louisiana und Texas. In Montgomery, Alabama, traf sich die politische Führungsspitze der Sezession, rief die Konföderierten Staaten von Amerika (CSA) aus und ernannte Jefferson Davis, einen ehemaligen Kriegsminister der USA, zu ihrem Präsidenten. Später

---

[3] Es war der Tag vor seinem 52. Geburtstag!
[4] David Herbert Donald: Lincoln. New York 1995. S. 273.
[5] T. Harry Williams. The Coming of the War. In: Photographic History of the Civil War. Hrsg. von William C. Davis und Bell I. Wiley. New York 1994. S. 26.

machten North Carolina, Arkansas, Tennessee und Virginia die Konföderation komplett.

Die Vorzeichen standen auf Sturm, als Lincoln am 4. März 1861 seinen Amtseid als 16. Präsident der USA ablegte. In seiner *Inaugural Address* appellierte er noch einmal an den Süden und an die Vernunft, die dem Land offensichtlich schon längst abhanden gekommen war: »In Euren Händen, meine unzufriedenen Landsleute, nicht in meinen, liegt die epochale Frage eines Bürgerkrieges. Die Regierung wird Euch nicht angreifen. Ihr werdet keinen Konflikt bekommen, wenn Ihr nicht selbst die Aggressoren seid. Ihr habt dem Himmel gegenüber keinen Eid abgelegt, die Regierung zu zerstören, während ich den heiligsten geschworen habe, sie ›zu erhalten, zu schützen und zu verteidigen‹.

Wir sind keine Feinde, sondern Freunde. Wir dürfen keine Feinde sein. Auch wenn die Leidenschaften ihren Zoll gefordert haben, dürfen sie nicht die Bande der Zuneigung zerreißen. Die mystischen Saiten der Erinnerung, die von jedem Schlachtfeld und jedem Grab eines Patrioten zu einem jeden lebenden Herzen, jedem häuslichen Herd ziehen, in diesem ganzen großen Land, werden den Chor der Einheit erklingen lassen, wenn sie – und dies werden sie sicherlich – von den besseren Engeln in unserem Wesen abermals berührt werden.«[6]

Doch von allzu vielen Seelen hatten die finstereren Engel Besitz ergriffen. Überall im Süden, vor allem aber in South Carolina, formierten sich Milizen und paramilitärische Einheiten und suchten sich aller verfügbaren Waffen zu bemächtigen. Am 12. April eröffneten die Staatstruppen von South Carolina auf das von Bundeseinheiten besetzte Fort Sumter im Hafen von Charleston das Feuer. Der Bürgerkrieg hatte begonnen.

Der Krieg wurde nicht, wie es die Auguren – beider Seiten – zunächst prophezeiten, ein Spaziergang. Es kam zur Mobilisierung aller demographischen, technologischen und ökonomischen Kräfte. Der Norden war in allem überlegen, nur nicht im Wagemut und Genie seiner Generale. An der Spitze der Hauptarmee der Südstaaten stand mit Robert E. Lee ein Mann, dem Lincoln zwei Jahre lang nichts Gleichwertiges entgegen setzen konnte. Lincoln musste bis zum ersten halbwegs größeren Erfolg, der Schlacht von Antietam im September 1862, warten, bis er die Emanzipations-Proklamation als sein vielleicht größtes Vermächtnis verfassen konnte: die Befreiung der Sklaven.

Die Tatsache, dass Abraham Lincoln heute als der vielleicht größte Präsident der USA eingeschätzt wird, läßt leicht vergessen, dass viele Zeitgenossen eine abschätzige Meinung über den Staatsmann entwickelten,

---

[6] Philip B. Kunhardt: Lincoln. New York 1992. S. 28

je länger der Krieg dauerte und je mehr Opfer er forderte. Im Sommer 1864 prophezeite Lincoln: »Ich werde geschlagen werden, wenn es nicht zu irgendwelchen großen Veränderungen kommt, verheerend geschlagen werden.«[7] Die Veränderungen kamen bald darauf: mit der Einnahme des Eisenbahnknotenpunktes Atlanta in Georgia durch Unionsgeneral William Tecumseh Sherman und dem Sieg Phil Sheridans im Kampf um das Shenandoah Valley zeichnete sich endlich ein Ende des Konflikts, eine Niederlage des Südens und damit der Abschluss eines schändlichen Kapitels der amerikanischen Geschichte, jenes der Sklaverei, ab.

Die Demokraten trafen sich Ende August in Chicago – in Lincolns Heimatstaat Illinois – zu ihrem Wahlparteitag. Während der Präsident und seine Partei, die Republikaner, für die Fortführung des Krieges bis zu einem siegreichen Frieden und damit für die Wiederherstellung der Union und die Abschaffung der Sklaverei eintraten, schrieben die Demokraten die Forderung nach einem baldigen, möglichst gar sofortigen Friedensschluss auf ihre Fahnen. Gleichzeitig durften sie für die Wähler im Norden – der abtrünnige Süden nahm an dieser Wahl nicht teil – keineswegs unpatriotisch oder defätistisch wirken, hatten doch zahlreiche Familien unermeßliche Opfer in diesem Ringen erbracht, auch weil sie die Kriegsziele der Union unterstützten. Lincoln erkannte sehr genau, dass die Demokraten die Quadratur des Kreises versuchen mussten: »Sie müssen einen Friedensdemokraten auf einer Kriegsplattform nominieren oder einen Kriegsdemokraten auf einer Friedensplattform. Ich persönlich kann nicht sagen, dass ich mir darüber den Kopf zerbreche, welchen Weg sie einschlagen.« Denn angesichts der allmählich eintreffenden positiven Nachrichten von den Kriegsschauplätzen war der Präsident verhalten optimistisch, wie er einem Besucher beim Abschied mit auf den Weg gab: »Seien Sie nicht entmutigt; ich glaube, dass Gott uns noch nicht verlassen hat.«[8]

Die zahlreichen Vorwürfe gegen die Demokraten in den auf Seiten der Regierung stehenden Zeitungen, es handle sich um eine Partei von Verrätern – die *Chicago Tribune* sprach von »zischenden Schlangen«, die in die Stadt eingefallen seien – schienen im Umfeld des Parteitages ihre Bestätigung zu finden. Nicht nur dass konföderierte, über die Grenze zu Kanada eingesickerte Soldaten in einer Parade mitmarschierten, empörte zahlreiche Beobachter. Auch das Musikprogramm in der Wigwam genannten, bis zu 15.000 Personen Platz bietenden Tagungshalle zeugte wenn nicht von einem Mangel an Geschmack, so doch an Feingefühl:

---

[7] Mieczkowski, S. 57.
[8] John C. Waugh: Reelecting Lincoln. New York 1997. S. 276.

nach der Nationalhymne *The Star-Spangled Banner* spielte die Kapelle *Dixie's Land*, die inoffizielle Hymne des Südens, zu deren Klängen grauuniformierte Soldaten in die Schlacht zogen und auf blauuniformierte Männer schossen, Söhne und Ehegatten von Familien in Chicago und anderen Städten des Nordens – und die Demokraten erwarteten, dass die Männer dieser Familien im November den Kandidaten dieser Partei wählen würden. Es sollte mehr als einhundert Jahre dauern, bis diese Partei wieder eine *convention* – mit der Nominierung George McGoverns 1972 und Parteitagsauftritten aller denkbaren Partikular- und Randgruppen – abhielt, auf der sie sich als ähnlich weit von der Welt des Durchschnittsamerikaners abgedriftet präsentieren würde.

Immerhin: im Vergleich zu zahlreichen anderen Conventions in der Geschichte der Demokratischen Partei bedurfte es in Chicago 1864 nicht zahlloser Wahlgänge, um einen Kandidaten zu nominieren.

Gewählt wurde George B. McClellan, der ehemalige, von Lincoln 1862 entlassene Oberkommandierende der Unionsarmee, ein Mann, der nach des Präsidenten Einschätzung *the slows* hatte, der viel zu langsam, viel zu mutlos agierte und der möglicherweise das Blutvergießen hätte abkürzen können, hätte er nach Antietam die Armee der Konföderierten verfolgt statt stehen zu bleiben. McClellan erhielt bereits im ersten Wahlgang mehr als die notwendigen zwei Drittel der Delegiertenstimmen. Die Opposition gegen diesen Kandidaten war indes lautstark. Zahlreiche Delegierte hatten nicht vergessen, dass McClellan, als er noch seine Armee befehligte, einige Befehle Lincolns viel zügiger befolgt hatte als jenen, die Rebellen endlich anzugreifen und dem Bruderkrieg ein Ende zu bereiten. McClellan hatte die Abgeordneten des Staatsparlamentes von Maryland kurzerhand in Haft nehmen lassen, da dieses mit dem Süden sympathisierte und ein Abfall auch dieses strategisch so wichtig gelegenen Bundesstaates befürchtet wurde – hätte Maryland sich der Konföderation angeschlossen, wäre die Hauptstadt Washington von feinlichem Territorium umgeben gewesen, die Regierung hätte zweifellos in einer anderen Stadt, weiter im Norden, ihren Sitz nehmen müssen. »Was sind die schwersten Beschuldigungen, die wir gegen Mr. Lincoln und seine Administration haben ?«, fragte einer der Delegierten, um dann fortzufahren: »Er hat die Redefreiheit eingeschränkt, hat willkürlich Bürger verhaften und sie in Bastillen[9] einsperren lassen und er hat die Freiheit von Wahlen beschnitten. Und dann stellen Sie George B. McClellan auf die Wahlplattform, der bei all diesen Maßnahmen weiter gegangen ist als Lincoln selbst. George B. Mc-

---

9   Eine Anspielung auf das Gefängnis in Paris, dessen Erstürmung am 14. Juli 1789 den Auftakt zur Französischen Revolution bildete.

Clellan war nicht damit zufrieden, hier und dort einen Bürger zu verhaften und in einer Bastille schmachten zu lassen, er hat gleich eine ganze Gesetzgebende Versammlung verhaftet.«[10]

McClellan versuchte sich, so gut es ging, von den *Peace Democrats* zu distanzieren, jenem Teil der Partei, die einen Friedensschluss mit den Konföderierten unter fast allen denkbaren Umständen anstrebten. Der General hatte zu viel vom Opfergang beider Seiten aus nächster Nähe miterleben müssen, als dass ihm weniger als die Wiederherstellung der nationalen Einheit akzeptabel erschien. Allerdings: Lincolns Emanzipationserklärung war für ihn kein Kriegsziel, die darin festgelegte Befreiung der Sklaven war für McClellan nachrangig, wenn nicht gar ganz verzichtbar. Seine Parteifreunde spielten wesentlich deutlicher auf der rassistischen Klaviatur. Der Präsident wurde in der demokratischen Propaganda als »Abraham Africanus the First« bezeichnet, die Emanzipationsproklamation als Aufforderung zur geschlechtlichen Vereinigung des schwarzen Mannes mit der weißen Frau verhöhnt. Auch McClellan schien nichts dagegen zu haben, den Südstaaten im Austausch für die Rückkehr in die Union die Beibehaltung der Sklaverei zu gestatten.

Ein Beobachter in Washington, der ehemalige Zeitungsverleger und nunmehrige Marineminister Gideon Welles, analysierte die Convention der Demokraten mit messerscharfer Logik. Die Resolution der Partei sei »selbstmörderisch«, das Wahlprogramm »unpatriotisch, beinahe verräterisch gegenüber der Union. Die in Chicago zusammengekommen sind, stehen Lincoln feindlicher gegenüber als Davis.[11] Das ist der Dämon dieser Partei, das sind Tage in der schlechtesten Form – eine furchtbare Geisteshaltung, die Männer dazu bringt, sich über die Rückschläge ihres Landes zu freuen und dessen Triumphe zu betrauern. Fremd und verwirrt und unvorhersehbar sind die Menschen.« Des weißbärtigen, von Lincoln freundschaftlich »Father Neptune« genannten Ministers Vorhersage sollte sich als zutreffend erweisen: »Ich glaube, dass der Präsident wiedergewählt werden wird und ich wäre überrascht, wenn dies nicht mit einer großen Mehrheit geschieht.«[12]

Die Nominierung in Chicago wurde vor allem im Süden mit großer Spannung beobachtet. Die militärischen Rückschläge waren in jüngster Zeit gewaltig: der Mississippi stand seit 1863 vollständig unter der Kontrolle der Union, was die Staaten westlich des Stromes vom Rest des Südens abgetrennt hatte, Sherman marschierte auf Atlanta zu und die von Welles befohlene Blockade aller konföderierten Häfen schnitt das diplomatisch

---
[10] Waugh, S. 290/291.
[11] Jefferson Davis, Präsident der Konföderierten Staaten.
[12] Waugh, S. 293.

nicht anerkannte Land von der Außenwelt und vom Handel ab. Für Realisten in der Führung der Konföderierten Staaten war es klar, dass nur ein Regierungswechsel in Washington, der Einzug eines friedensbereiten Kandidaten ihrem Staatsgebilde noch eine Überlebenschance bieten könnte. Doch die Ergebnisse des Chicagoer Parteitages lösten auch im feindlichen Lager mehr Verwirrung als Klarheit aus. Ist dieser McClellan, so fragte eine Tageszeitung in Augusta (Georgia), eher ein Friedenskandidat oder ein Kriegsdemokrat, der für *reconstruction*, für die mit militärischen Mitteln erfolgende Wiedereingliederung der abtrünnigen Südstaaten in die Union sorgen werde? Und der *Richmond Dispatch* aus der Hauptstadt der Konföderation, um die sich die Schlinge der Belagerung durch Grants Armee immer enger zog, resümierte angesichts der Biographie des Kandidaten, der immerhin eine Armee gegen die Stadt und den Staat ins Feld geführt hatte, leicht resignativ: »Wie man ihn aus irgendwelchen Gründen für besser halten sollte als Lincoln, das vermögen wir nicht zu erkennen.«[13]

Etwas nie Dagewesenes an der Wahl von 1864 war die Stimmabgabe durch die Soldaten, die im Feld standen. Der Historiker James McPherson spricht von einem kühnen Experiment in der Genese der Demokratie: den kämpfenden Soldaten wurde Gelegenheit gegeben, über die Regierung, die sie in den Krieg geschickt hatte, abzustimmen – es war quasi ein Referendum über den Fortgang des Kampfes. Der Oberbefehlshaber der Unionsarmeen, Ulysses S. Grant, der wesentlich aggressiver und letztlich – wenn auch unter schweren Verlusten – erfolgreicher agierte als der zögerliche McClellan zwei Jahre zuvor, unterstützte die Haltung der Regierung, die Soldaten wählen zu lassen: »Sie sind amerikanische Bürger und sie haben genauso viel Recht zu wählen, wie jene Bürger, die zuhause bleiben. Nein, sie haben mehr Recht dazu, denn sie haben für ihr Land Opfer gebracht.«[14] Zu diesem Zeitpunkt hatten 19 Staaten durch Gesetz ihren im Feld stehenden Soldaten die Möglichkeit gegeben, per Briefwahl abzustimmen. In den Staaten Indiana, Illinois und New Jersey, die für den Wahlausgang als wichtig, vielleicht entscheidend betrachtet wurden, hatten demokratische Mehrheiten in den Gesetzgebenden Versammlungen eine solche Regelung verhindert. Besonders in Indiana wurde ein knapper Wahlausgang erwartet. Zuversichtlich, dass die überwiegende Mehrheit der Soldaten den Kurs seiner Regierung stützen würde, zögerte der Präsident nicht, seine Machtbefugnisse als *Commander in chief*, als Vorgesetzter selbst von Ulysses S. Grant und dem Eroberer von Atlanta, General William Tecumseh

---

[13] Waugh, S. 294.
[14] James M. McPherson: The Battle Cry of Freedom. New York 1988. S. 804.

Sherman, einzusetzen. An Sherman schrieb Lincoln: »Der Verlust [von Indiana] für die Freunde der Regierung käme einem Verlust der Sache der Union gleich.«[15] Sherman griff Lincolns Anregung auf, den aus Indiana stammenden Soldaten Heimaturlaub zu gewähren, so dass diese in ihrem Staat von ihrem Wahlrecht Gebrauch machen konnten. Die zahlreichen Lazarette hinter den Linien wurden von, wie Lincoln es genannt hatte, Freunden der Regierung regelrecht auf Verwundete aus Indiana durchkämmt; wer als halbwegs transportfähig eingeschätzt wurde, befand sich auf Krücken oder mit Kopfverband bald auf der Heimreise in den Mittleren Westen. Lincoln wußte, was er tat. Die Soldaten drückten mit ihrem Wahlzettel auf überzeugende Art ihre Zustimmung zum Kurs seiner Regierung aus, sie wollten – nach all den Opfern, die sie und ihre auf zahlreichen Friedhöfen begrabenen Kameraden erbracht hatten – den Sieg des Norden. Diese Opfer sollten nicht vergebens gewesen sein. Rund 78 Prozent der eine Stimme abgebenden Soldaten der Union entschieden sich für Lincoln, nur jeder Fünfte stimmte für den Mann, dem viele von ihnen einst unterstellt waren, George B. McClellan.

Im November gewann Lincoln in jenen Staaten, die an der Präsidentschaftswahl teilnahmen[16], eine deutliche Mehrheit von 55% der Stimmen und von 212 Elektoren. 55 Wahlmännerstimmen gingen an seinen demokratischen Herausforderer. McClellan konnte lediglich die Staaten Kentucky, Delaware und New Jersey (des Kandidaten Heimatstaat) gewinnen. Auch bei den Kongresswahlen siegten Lincolns Parteifreunde. »Der nächste Kongress,« so schreibt der Historiker McPherson, »würde eine republikanische Drei-Viertel-Mehrheit haben. Die Ähnlichkeiten zwischen dem Ergebnis ›für die Union‹ von 1864 und der republikanischen Stimmabgabe von 1860 in den Nordstaaten sind bemerkenswert. Lincoln erhielt praktisch die gleichen 55 Prozent der Stimmen von den gleichen Regionen und Wählergruppen in diesen Staaten wie vier Jahre zuvor. Die Republikaner erhielten abermals die stärkste Unterstützung von im Lande Geborenen und Farmern britisch-protestantischer Abstammung, von Facharbeitern und Angestellten vor allem in Neuengland. Die Demokraten schnitten bei ungelernten Arbeitern und bei katholischen Einwanderern besser ab. Als Partei der Union erweiterten die Republikaner ihre Basis in den Staaten an der Grenze (inklusive West Virginia[17]) weit über

---

[15] Ebd.
[16] 11 Südstaaten, die sich als eine souveräne, von den USA unabhängige Nation betrachteten, teilweise aber im November 1864 bereits von Unionstruppe besetzt waren, stimmten nicht ab.
[17] Das sich vom konföderierten Virgina bald nach Ausbruch des Bürgerkrieges abgespalten und für die Union erklärt hatte. Es ist seit 1863 ein eigenständiger Bundesstaat.

jene von 1860 hinaus; dort gewannen sie einen Stimmenanteil von 54 Prozent verglichen mit rund neun Prozent im Jahr 1860. Den stärksten Rückhalt hatten sie dort bei der städtischen Mittelklasse und bei nichtsklavenhaltenden Farmern. Den Demokraten verblieben die Sklavenhalter[18], die Einwanderer und die armen Farmer.«[19]

Das Wahlergebnis wurde auch international als Ausdruck der Entschlossenheit beurteilt, den Bürgerkrieg zu Ende zu führen. Der Amerikakorrespondent der *London Daily News* schrieb: »Ich bin erstaunt vom Ausmaß und der Tiefe dieser Entschlossenheit, bis zum Ende zu kämpfen. Die Menschen im Norden gehen mit einem Ernst zu Werke, wie ihn die Welt noch nicht gesehen hat, ruhig, schweigsam, aber unerschütterlich in ihrer Bestimmung.«[20] Für die Regierung der Konföderation war deutlich geworden, dass sie auf keine diplomatische Rettung ihrer dem Untergang entgegengehenden Sache hoffen konnte. Jefferson Davis griff zu Durchhalteparolen, als er erklärte: »Wir kämpfen um unsere Existenz und nur durch Kampf kann die Unabhängigkeit gewonnen werden. Nichts hat sich an der Absicht dieser Regierung geändert, an der unüberwindbaren Tapferkeit seiner Truppen, am unbesiegbaren Geist seines Volkes.«[21] Wie andere gescheiterte Regime vor ihm und nach ihm zögerte auch die Regierung des Jefferson Davis nicht im mindesten, ihr Land und dessen Menschen der äußersten Verheerung auszusetzen. Nach der Eroberung Atlantas trat Sherman fast gleichzeitig zur Wahl seinen Zug durch den Süden mit dem erklärten Ziel an, South Carolina, den Auslöser der Sezession vom Dezember 1860, zu zerstören. Und verbrannte Erde, totaler Krieg zogen auch in Virginia ein, wo der konföderierte Kongress nach wie vor tagte. Grant gab seinem durch das Shenandoah Valley ziehenden General Sheridan die Anweisung, die Region in eine kahle Wüstenei zu verwandeln, so dass »die Krähen, die sie überfliegen, sich ihre eigenen Nahrungsmittel mitbringen« müßten.

Der Amerikanische Bürgerkrieg war die große Tragödie in der Geschichte des Landes, in dem Konflikt starben über 600.000 Angehörige einer für vier Jahre geteilten Nation. Der erste moderne Krieg erlebte unter anderem die Premiere des Panzerschiffs und des U-Boots, er forderte mehr Opfer als alle anderen amerikanischen Waffengänge, vom Unabhängigkeitskampf gegen die Briten ab 1775 bis zum Irak 2008 zu-

---

[18] Die es wohlgemerkt in den der Union treu gebliebenen Grenzstaaten wie Kentucky und Maryland zu diesem Zeitpunkt noch gab, erstreckte sich die *Emancipation Declaration* Lincolns doch zunächst auf die Sklaverei in den Konföderierten Staaten. Die Befreiung der Sklaven dort erfolgte mit dem Vorrücken der Unionsarmeen.
[19] McPherson, S. 805.
[20] McPherson, S. 806.
[21] Ebd.

sammen genommen. Abraham Lincoln, der Präsident, der die Einheit der Nation mit Waffengewalt wieder herstellte und die Sklaverei abschaffte – die Prioritäten kamen für ihn in dieser Reihenfolge – ist ungeachtet aller Verheerungen für die Amerikaner eine Art Nationalheiliger, den kaum jemand für das Leid des Krieges verantwortlich macht. Statt dessen wird ihm die »rebirth«, die Wiedergeburt der Nation in Freiheit gedankt. Sein Mythos nährt sich auch aus dem tragischen Schlußpunkt der eigenen Biografie, die ihn zum letzten Opfer des Bürgerkrieges werden ließ. Und wohl auch aus der Unerträglichkeit der denkbaren Alternative: der Existenz eines Landes namens Konföderierte Staaten von Amerika, dessen Wirtschaftskraft auf der menschenverachtenden Institution der Sklaverei basiert hätte.

Die Worte von Präsident Lincoln, der am 4. März 1865 in seine zweite Amtszeit eingeführt wurde, kündeten weniger von dem Leiden der vergangenen vier Jahre als von Zuversicht. »Ohne Bösartigkeit gegenüber irgendjemandem, mit Großmut gegen alle,« so verkündete Abraham Lincoln auf den Stufen des Capitols, gelte es »die Arbeit, in der wir uns gerade befinden, zu beenden und... die Wunden der Nation zu verbinden.«[22] Der Gedanke an eine Versöhnung nach dem Bruderkampf, der Lincoln beseelte, wurde nach Jahren des Hasses allerdings von vielen im Norden wie im Süden nicht geteilt. Am allerwenigsten von dem jungen Mann mit dem Oberlippenbart, der sich bei der Vereidigung nur wenige Schritte von Lincoln entfernt auf der Terrasse des Capitols aufhielt und auf den Fotos, die während der Zeremonie aufgenommen wurden, später identifiziert werden konnte. Es war der landesweit bekannte Schauspieler John Wilkes Booth. Fünf Wochen später, am 11. April 1865, befand sich Booth inmitten einer Menschenmenge vor dem Weißen Haus, von dessen Balkon Lincoln eine Rede – seine letzte – hielt. Darin erklärte er, dass es keine Verhandlungspartner für seine Regierung im Süden gäbe. Zwei Tage zuvor hatte General Robert E. Lee bei Appomattox Courthouse sich mit seinen Truppen der Unionsarmee unter General Grant ergeben. Die Regierung Jefferson Davis' befand sich auf der Flucht, nachdem Richmond, vier Jahre lang Hauptstadt der nun endgültig der Geschichte angehörenden CSA (Confederate States of America) kurz zuvor von den Truppen des Nordens eingenommen worden war. Man stehe im Umgang mit den wieder einzugliedernden Staaten an einem Neubeginn, so erklärte Lincoln, und bei dem Willensbildungsprozess in diesen Staaten müssten auch schwarze Veteranen und des Lesens kundige »Neger« teilhaben. Booth schwor sich, als er diese Worte vernahm: *That means nigger*

---
[22] Donald S. 567/568.

citizenship. Now, by God, I'll put him through. That is the last speech he will ever make.[23]

Vier Jahre der Präsidentschaft an der Spitze einer sich gegenseitig zerfleischenden Nation waren an dem Präsidenten, von seinen nach dem Sieg nun wahrhaft zahlreichen Verehrern *Father Abe* genannt, nicht spurlos vorüber gegangen. Das Portrait des Präsidenten, das Alexander Gardner am 10. April anfertigte – das letzte des Abraham Lincoln – zeigen die tiefen Linien des Grams und der Trauer, die sich in seine Züge gegraben hatten. Und doch strahlt dieses Portrait eine gewisse Würde aus. Es ist das Antlitz eines Mannes, der seine historische Mission erfüllt hat. *The house divided*, das in sich zerstrittene Heim, von dem er schon Jahre zuvor gesprochen hatte, war wieder vereint. Sein Diktum von der Nation, die zur Hälfte frei und zur anderen Hälfte unfrei war, gehörte nunmehr der Geschichte an, da die Sklaverei, jenes Unrecht, das schon zwei Menschenalter zuvor Thomas Jefferson hatte erzittern lassen, vom Boden der USA getilgt war. Doch Lincoln, ein Melancholiker durch und durch, wurde von merkwürdigen Träumen heim gesucht. Er habe, so berichtete er seiner Familie und seinem Kabinett, geträumt, sich in einem offenen Boot und auf der Fahrt einer unbekannten Küste entgegen zu befinden. Dergleichen, so der Präsident, habe er schon des öfteren geträumt und zwar immer, wenn große Ereignisse bevor gestanden hatten. Das könne, so interpretierte Lincoln seinen Traum, nur bedeuten, dass bald die Kunde von der Kapitulation General Johnstons und seiner Armee[24] eintreffen würde. Eine dergleichen optimistische Deutung bot sich bei dem anderen Traum, den Lincoln kurz vor Ostern hatte, kaum an. Des Nachts wurde der Präsident in dieser Vision durch Weinen und Wehklagen geweckt. Er machte sich auf, ging durch das nur dürftig von Kerzenschein erleuchtete Weiße Haus und suchte die Quelle des Geräuschs. Schließlich kam er zu einem der Salons, vor dem ein bewaffneter Soldat Wache stand. Auf seine Frage, warum diese Klagelaute aus dem Raum kämen, antwortete der Soldat, ein Toter sei darin aufgebahrt. Es sei der Präsident.

John Wilkes Booth, am 10. Mai 1838 als Sohn eines berühmten Schauspielers geboren, hatte es seinem Vater gleich auf die Bühne gezogen. Als Siebzehnjähriger hatte er im Charles Street Theatre in Baltimore seinen ersten Auftritt (als Richmond in Shakespeares *Richard III.*). Binnen weniger Jahre war er ein – um einen damals in Gebrauch kommenden Ausdruck zu gebrauchen – »Star«, den seine Tourneen über fast das gesamte Land führten und dem das Publikum in Orten mit einem ausgeprägten

---
[23] McPherson, S. 852
[24] Südstaatengeneral Joseph E. Johnston kapitulierte mit den Resten seiner Armee in North Carolina am 18. April 1865, neun Tage nach Lee und drei Tage nach Lincolns Tod.

Kulturleben wie in Boston und New Orleans ebenso zujubelte wie im ungehobelten Fort Leavenworth, Kansas. Sein Jahreseinkommen von 20.000 Dollar war für einen Künstler geradezu astronomisch.

Seine politische Einstellung war stramm pro-Dixie. Das Recht des Südens auf Sklavenhaltung sah er als ein konstitutionelles Grundrecht an, die Gegner der Sklaverei im Norden, die Abolitionisten, verfolgte er mit dem ganzen Haß, zu dem seine impulsive Seele fähig war. Die Inkarnation des Feindes war Abraham Lincoln, den er schon bei seiner Wahl 1860 als eine Schlange bezeichnete, die man direkt nach ihrer Geburt zertreten sollte. Der Gedanke ließ ihn nie wieder los. Im Mai 1864 stand er in Boston ein letztes Mal auf der Bühne. Von nun an widmete er sich – neben seinen diversen amourösen Abenteuern und einem fehlgeschlagenen Investment in der gerade aufblühenden Ölindustrie – primär der Ausarbeitung eines Planes, bei dem er in der Anfangsphase mindestens einmal in Kontakt zu Agenten der Konföderierten in Kanada gestanden hatte. Für eine direkte Verstrickung der Regierung von Jefferson Davis in die Ermordung Lincolns hat es nie einen Beweis gegeben, doch glaubten zumindest untergeordnete Instanzen im Geheimdienst des Südens eine Zeitlang an die Chance, Lincoln zu entführen und nach Richmond zu schaffen, um damit angesichts der sich verfinsternden militärischen Lage ein Faustpfand für Verhandlungen mit dem Norden zu haben. Mit der Kapitulation Lees am 9. April war dieses Vorhaben illusorisch geworden und es war längst nicht mehr das Kidnappen des Präsidenten, das John Wilkes Booth im Sinn hatte, als er wutschnaubend Lincolns (tatsächlich) letzte Rede am Abend des Elften hörte.

Karfreitag, der 14. April 1865, war ungeachtet des ernsten Charakters dieses christlichen Feiertages für Washington und insbesondere für den Präsidenten ein Tag der Erleichterung, beinahe des Frohsinns. Mary Lincoln, die psychisch alles andere als stabile First Lady, erinnerte sich später, dass ihr Mann seit Jahren nicht mehr so gut aufgelegt und von fast jungenhaftem Elan war wie an jenem Tag. Am Morgen konferierte Lincoln mit seinem Kabinett und mit General Grant, wie Lincoln ein Mann aus einfachen Verhältnissen. Lincoln schätzte Grant sehr und wollte den General überreden, zusammen mit seiner Frau Julia den Abend gemeinsam mit den Lincolns bei einem Theaterbesuch in Washington zu verbringen. Grant dankte höflich und erklärte, er wolle so bald wie möglich mit Julia in Richtung New Jersey aufbrechen, um Ostern mit ihren Kindern zusammen sein zu können, die dort ein Internat besuchten. Die Grants waren die ersten, die dem Vorschlag des Präsidenten eine Absage erteilten, auch mehrere andere Paare aus Lincolns Bekanntenkreis verzichteten im Laufe des Tages auf den ihnen vorgeschlagenen Theaterbesuch.

Nach einem Dinner im Familienkreis fuhren Abraham und Mary Lincoln zum Ford's Theatre in der Tenth Street. Das Theater, untergebracht in einer ehemaligen Baptistenkirche, existierte seit 1861 und war für Lincoln einer der bevorzugtesten Orte, an dem er etwas Entspannung fand. Bis zu diesem Karfreitag war er mindestens dreizehn Mal Gast in der Ehrenloge des Theaters gewesen, bei einer Vorstellung hatte er die Schauspielkünste von John Wilkes Booth bewundern können. Auch Booth würde an diesem 14. im Ford's Theatre sein, doch diesmal interessierte sich der Mime mehr für den Hinterausgang und die Fluchtroute. Möglicherweise – dieser Punkt ist umstritten – bohrte Booth an diesem Nachmittag ein Loch in die Tür zur Präsidentenloge, durch das man bequem die Lage in derselben und die Sitzverteilung beobachten konnte. In den Nachmittagsstunden wurde er im Theater gesehen, in einem Pferdestall im Hinterhof stellte er ein gemietetes Pferd unter. Um sieben Uhr abends, während der Präsident im Weißen Haus sein letztes Dinner einnahm, traf sich Booth noch einmal mit seinen Gefährten, die in den Planungen des Abends eine wichtige Rolle spielten und, ihm selbst nicht unähnlich, fanatische Sympathisanten des gerade geschlagenen Südens mit einer mehr oder weniger ausgeprägten Komponente persönlichen Scheiterns waren: der körperlich riesige, vor keiner Brutalität zurück schreckende Ex-Soldat Lewis Powell (alias Lewis Paine), der in der Apotheke der Navy Yard als Hilfskraft angestellte David Herold und der massiv zum Trunke neigende und persönlich feige deutsche Einwanderer George Atzerodt.

Das Ford's Theatre war an diesem Abend gut besucht, viele Menschen waren gekommen, um den Präsidenten zu sehen. Doch auch das Stück, das an diesem Abend gegeben wurde, war äußerst attraktiv. Die Komödie *Our American Cousin* porträtierte den amerikanischen Volkscharakter, der als etwas derb dargestellt wurde, im starken Kontrast zur britischen Wesensart, die als distinguiert bis snobistisch gezeichnet wurde. In der weiblichen Hauptrolle bewunderte das Publikum an diesem Abend Laura Keene, eine der bekanntesten und beliebtesten Schauspielerinnen der USA.

Booth kannte das Stück genau und wußte, an welchen Textstellen das Haus vom ohrenbetäubenden Gelächter des Publikums erschüttert werden würde. Es war wenige Minuten nach zehn, als der Moment gekommen war. Lincoln saß auf der linken Seite der Loge in einem samtbeschichteten Schaukelstuhl, neben ihm befanden sich Mary Lincoln und die Gäste der beiden, Major Henry Rathbone und seine Verlobte, Clara Harris. Booth trat unbemerkt ein, da die Aufmerksamkeit der vier Personen auf die Bühne gerichtet war. Die kleine Pistole der Marke Derringer nur wenige Zentimeter von des Präsidenten Hinterkopf entfernt haltend, drückte

Booth ab. Der scharfe Knall wurde auch unten im Zuschauerraum gehört. Unzählige Blicke richteten sich auf die Loge, aus der Mary Lincolns Schrei erklang. Major Rathbone wollte sich auf Booth stürzen, erhielt jedoch von diesem einen Dolchstoß in den Arm. Dann schwang Booth sich über die Balustrade, blieb jedoch mit den Sporen seines linken Stiefels in der Fahne hängen, mit der *The President's Box* dekoriert war. Er stürzte auf die Bühne, dem verdutzten Schauspieler Harry Hawke vor die Füße, der gerade noch die Lacher auf seiner Seite gehabt hatte. Obwohl sein linkes Bein bei dem Sturz gebrochen war, richtete sich Booth schnell auf und hatte einen letzten, wahrhaft unvergessenen Auftritt auf einer Theaterbühne. Mit theatralischer Geste grüßte er das Publikum und rief emphatisch aus: *Sic semper tyrannis*!

Vermutlich verstanden nicht allzu viele Theaterbesucher genügend Latein, um zu erkennen, dass Booth »dieses« gerade allen Tyrannen gewünscht hatte. Doch inzwischen hatten alle im Parkett bemerkt, dass etwas Außergewöhnliches vorgefallen war. Bläulicher Pulverrauch drang aus der Präsidentenloge, begleitet von den Schreien der Mary Lincoln. Mehrere Armeeärzte eilten in die Loge und fanden den Präsidenten in seinem Schaukelstuhl vor, der Kopf war ihm auf die Brust gesunken. Die Ärzte erkannten, dass der Präsident tödlich verwundet war. Inzwischen war auch Laura Keene in der Loge eingetroffen. Sie konnte zwar nichts für den Präsidenten tun, angesichts ihrer Berühmtheit traute sich jedoch niemand, die Schauspielerin fort zu schicken. Sie kniete nieder und legte den Kopf Lincolns in ihren Schoß, eine Geste von Zärtlichkeit und Hilflosigkeit zugleich.

Man kam überein, das man den Präsidenten schlecht auf dem Fußboden liegen lassen konnte. Mehrere kräftige Männer hoben sanft den langen, hageren Körper Lincolns hoch und trugen ihn aus dem Theater hinaus. Als sie auf den Tenth Street standen, kam den Männern zu Bewußtsein, dass man eigentlich keine Vorstellung davon hatte, wohin man den Präsidenten bringen sollte. Schräg gegenüber, auf der anderen Straßenseite, stand ein junger Mann und winkte sie zu sich herüber, auf das Haus zeigend, in dem er zur Untermiete wohnte. Das Haus gehörte Wilhelm Petersen, einem aus Hannover stammenden Schneider. Man trug Lincoln in ein kleines Zimmer im ersten Stock und legte ihn auf ein dort stehendes Bett. In den nächsten neun Stunden wurde das Petersen House zum Treffpunkt der Familie Lincolns sowie der politischen und militärischen Führung des Landes. Kriegsminister Edwin Stanton nahm die Fäden in die Hand, erteilte Befehle, sandte Telegramme aus, um den Fortgang der Regierungsgeschäfte zu gewährleisten und die Jagd nach dem Attentäter zu eröffnen. Zu diesem Zeitpunkt ahnte noch niemand, dass das Attentat auf den Präsidenten nur ein Teil einer größeren Verschwörung war. Dann traf plötzlich die Nachricht ein, Außenminister William H. Seward sei ermordet worden. Ganz so schlimm war es nicht, doch fast zeitgleich mit Booth' Anschlag war auch im Heim des Ministers Tragisches passiert. Lewis Paine hatte den Minister und vier seiner Familienangehörigen schwer verletzt. Der geplante Anschlag auf Vizepräsident Andrew Johnson war nicht zur Ausführung gekommen, da des potentiellen Attentäters Atzeroth Nerven versagt hatten.

Als über einem regnerischen und grauen Washington der neue Tag, der 15. April 1865, dämmerte, ging die lange, qualvolle Nachtwache am Lager des Präsidenten ihrem Ende entgegen. Um sieben Uhr zweiundzwanzig hörte Lincoln auf zu atmen. Die Kugel des Mörders hatte die zweite Amtszeit, die Lincoln mit der Wahl von 1864 gewonnen hatte, verhindert. Stanton sprach jene Worte, die in den amerikanischen Legendenschatz eingingen und gleichzeitig den tragischen Schlußpunkt unter das Epos des Bürgerkrieges setzten: *Now he belongs to the ages.*

Lessons from History:
Die Frau an seiner Seite – First Ladies einst und jetzt

Der Präsident zieht nicht allein ins Weiße Haus ein – seine Frau (so er nicht verwitwet ist wie Thomas Jefferson oder Junggeselle wie James Buchanan) und manchmal eine mehr oder weniger große Kinderschar sind für die nächsten vier Jahre ebenfalls Bewohner von 1600 Pennsylvania Avenue. Im 19. Jahrhundert konnte die Frau an seiner Seite oft ein Leben abseits des Medieninteresses genießen. (Eine Ausnahme hiervon war Frances Cleveland, die blutjunge Braut von Präsident Grover Cleveland. Beide heirateten 1885 im Weißen Haus und hatten von diesem Zeitpunkt an die Reporter der Gesellschaftsseiten auf den Fersen, auch bei der Hochzeitsreise). Doch mit Zunahme der medialen Beobachtung, mit Rund-um-die-Uhr-Berichterstattung im Fernsehen konzentriert sich das Interesse der Öffentlichkeit auch auf die Frau, die im Falle eines Wahlerfolges die *First Lady of the land* sein würde.

Spätestens seit Beginn der zweiten Hälfte des 20. Jahrhunderts spekulierten die Medien schon in einer frühen Phase der Kandidatur über die mögliche Rollenverteilung nach dem Einzug des siegreichen Kandidaten in das Weiße Haus, über die Frage, welcher Aufgabe sich die künftige First Lady stellen würde und ob sie einen politischen Einfluß auf den Gemahl ausüben könne. Für die Frau eines Präsidentschaftskandidaten ist es oft eine Gratwanderung: sie muss einerseits Interesse an öffentlichen Anliegen bekunden und erkennen lassen, dass sie sich einer *cause*, einer guten Sache verschreiben wird, wenn der Gatte gewählt würde. »Lady Bird« Johnson beispielsweise setzte sich für den Umweltschutz ein, lange bevor dies ein der Mehrheit der Bevölkerung auf der Seele liegendes Problem wurde. Betty Ford propagierte die Brustkrebsfrüherkennung, Nancy Reagan wurde Amerikas Gesicht im Kampf gegen Drogen. Und beide Bush-Damen, Barbara ebenso wie ihre Schwiegertochter Laura, verschrieben sich der Förderung des Lesens als alternative Freizeitbeschäftigung zu endlosem Fernsehkonsum. Andererseits muss das politische Engagement der Kandidatenfrau seine Grenzen haben, ein zu aktives Vorpreschen und ein allzu deutlich erkennbarer Ehrgeiz können den Umfragewerten des Gatten schaden. Als Hillary Clinton im Wahlkampf 1992 verlauten ließ, sie werde im Weißen Haus keine Plätzchen backen und auch keine kleine Tammy Wynette sein, die der Countrysängerin berühmtestes Lied allzu wörtlich nimmt – *Stand by your man* –, hatte sie bei Teilen der Presse und der Öffentlichkeit einen Ruf als machtgierige Feministin weg, der bis in ihren eigenen Wahlkampf 2008 nachwirkte.

Die Art und Weise, in der eine Kandidaten- oder Präsidentenfrau mit ihrer Rolle oder, in letzterem Fall, mit dem sogenannten »berühmtesten unbezahlten Amt der Welt« umgeht, kann ein politisches Pfund sein, mit dem der Gatte wuchern kann – oder eine Belastung. So waren beispielsweise Nancy Reagans Umfragewerte im ersten Jahr von Ronald Reagans Präsidentschaft so tief im Keller, dass die Berater des Präsidenten den dringenden Rat erteilten, sie solle sich einem Anliegen widmen, mit dem man Sympathien gewinnen könne. Mit ihrem Engagement für die Kampagne *Say no to drugs!* erreichte die First Lady genau dies und ritt, wie auch ihr Mann über weite Strecken seiner Amtszeiten, auf einer Welle der Zustimmung. Jacqueline Kennedy war die ideale Ergänzung ihres Mannes, wurde zum Sinnbild für Stil und Geschmack eines ganzen, wenngleich kurzen Zeitalters.

Gerade der vielleicht angesehenste aller Präsidenten, Abraham Lincoln, musste sich neben den alltäglichen Bedrückungen des Bürgerkrieges und der zunächst keineswegs sicheren Wiederwahl von 1864 um das Image seiner Frau sorgen. Nicht genug damit, dass Mary Lincolns Familie Bindungen zum rebellierenden Süden hatte und einige ihrer Cousins die graue Uniform der Konföderierten trugen. Die psychisch instabile, durch den Tod zweier Kinder traumatisierte Frau kompensierte ihre Probleme durch ausgedehnte Einkaufstouren nach New York. Der Kaufrausch der First Lady und die Tatsache, dass sie offenbar für Günstlingswirtschaft anfällig war, wurden zeitweise zu einer politischen Belastung für Abraham Lincoln. Der gewaltsame Tod ihres Mannes, den sie aus nächster Nähe miterleben musste, versetzte ihrer Psyche einen weiteren schweren Schlag. Diese unglücklichste aller First Ladies wurde später auf Anweisung ihres Sohnes Robert in eine Irrenanstalt eingewiesen – genau das, was ihr Abraham Lincoln bei Lebzeiten schon prophezeit hatte.

DIE GESTOHLENE JAHRHUNDERTWAHL
Rutherford B. Hayes 1876

1876 – für die Zeitgenossen hatte diese Zahlenfolge magischen Glanz. Denn *Eighteenhundred and seventy-six* war kein Jahr wie jedes andere. Es sollte ein Jahr des Jubels, der nationalen Beglückung sein, ein Jahr, in dem Amerika Rückblick halten wollte auf eine stürmische Geschichte, die nichts anderes war als eine *success story*, wie sie die Welt kaum jemals gesehen hatte. Hundert Jahre zuvor, am 4. Juli 1776, hatten sich in Philadelphia 13 Kolonien für unabhängig vom Mutterland England erklärt und einer ungewissen Zukunft entgegen gesehen. Wäre es nach machtpolitischer Logik gegangen, die Unterzeichner des Dokumentes hätten alle wegen Hochverrats gegen König Georg III. am Galgen enden müssen. Doch die 13 oft sehr uneinigen Kolonien setzten sich gegen alle Erwartungen und mit tatkräftiger französischer Unterstützung gegen die stärkste Militärmacht der Welt durch und begannen mit ihrer Verfassung von 1787 ein einzigartiges Experiment: das einer großen Republik, keines Stadtstaates wie die wenigen damaligen Republiken in Europa, einer Republik, die auf Volkssouveränität und der Wahrung individueller Freiheitsrechte basierte, auch wenn letztere für Frauen nur eingeschränkt und gar nicht für Schwarze und Indianer galten. Diese Republik, *conceived in Liberty*, wie es Lincoln in seiner Gettysburg Address formuliert hatte, war sogar gestärkt aus dem grausamen Bruderkrieg der Jahre 1861 – 1865 hervorgegangen. Die Symbole des Fortschrittes, der Telegraphendraht und die transkontinentale Eisenbahn, 1869 in Utah mit dem Einschlagen eines goldenen letzten Nagels vollendet, zogen sich quer durch den Kontinent und versprachen eine noch grandiosere Zukunft. Die Bevölkerungszahl stieg, unterstützt durch Wellen von Einwanderern, kräftig an, die *frontier*, die letzte Grenze zur Wildnis, schien erreicht oder gar überwunden. Allerdings sollten sich die Einwohner jener Region der Prärien und der schneebedeckten Gebirgszüge der Rocky Mountains gerade in diesem Jahr 1876 ein letztes Mal mit einem Paukenschlag vernehmen lassen.

Hauptschauplatz der Einhundertjahrfeier der Vereinigten Staaten war jene Stadt, in der die Unabhängigkeitserklärung und später die Verfassung, die Constitution, unterschrieben worden waren: Philadelphia. Eine Centennial Exhibition, eine Ausstellung zur Vollendung des ersten Jahrhunderts, wurde die große, sich über sechs Monate erstreckende Geburtstagsparty. Sie war ein Publikumsmagnet ohne historische Parallele und wurde zum Motor der ersten Welle von Massentourismus in der amerikanischen Geschichte. Bis sich ihre Tore im November 1876 schlossen, dem

Monat einer unvergessenen Präsidentschaftswahl, war die Ausstellung von 8.804.631 Menschen besucht worden – etwa ein Fünftel der amerikanischen Bevölkerung hatte sich auf den Weg nach Philadelphia gemacht. Zu bestaunen waren dort historische Artefakte wie die künstlichen, ihm indes nie Erleichterung verschaffenden Zähne George Washingtons und jene Presse, mit der Benjamin Franklin seine Karriere als Drucker und Publizist begonnen hatte. Vor allem aber gab es Exponate, die den Weg in die Zukunft aufzeigten: Lokomotiven von ungeahnter Kraft, künstliche Beleuchtung (mit Gas) in seltener Pracht und Maschinen von imposantem Ausmaß, von denen die beeindruckendste die gigantische Corliss Engine war, die eine ganze Fabrikhalle einnahm. Um das Austellungsgelände herum war ein ganzer Stadtteil voller Annehmlichkeiten für die aus allen Teilen des Landes anreisenden Besucher entstanden, mit Gasthäusern und Popcorn-Ständen, mit Ice Cream Parlors und Biergärten, in denen Zigarrenmädchen mit einem Bauchladen ihre Produkte aus Kuba und Virginia dem vom endlosen Wandeln über das Gelände erschöpften Gentleman anboten.

Eröffnet wurde das Jahrhundertereignis am 10. Mai 1876, einem ungewöhnlich heißen Tag, vor einer Rekord-Besuchermenge von fast 187.000 Menschen vom Präsidenten der Vereinigten Staaten, Ulysses S. Grant. Der Präsident sah verdrießlich aus und seine rhetorische Performance spiegelte seine eher unterdurchschnittliche Stimmung wieder. »Es gab mehr Gähnen und Pfeifen als Hurra-Rufe,« schrieb der Korrespondent der heute noch existierenden Zeitschrift *Atlantic Monthly*. »Vor zehn Jahren hätten Himmel und Erde von der Kraft des Willkommens, das ihm entgegengeschallt wäre, gezittert. Was für eine eigenartige Gabe, das Vertrauen und die Dankbarkeit einer Nation derart weggeworfen zu haben!«[1]

Der Reporter spielte auf das extrem niedrige Ansehen an, dessen sich der Präsident im Jubiläumsjahr erfreute – eine Einschätzung, die sich bis in die Gegenwart hinüber gerettet hat, belegt U.S. Grant, der Mann mit den passenden Initialen, doch auf den heutzutage von amerikanischen Historikern so gern erstellten Ranglisten der *Presidential Greatness* in unschöner Regelmäßigkeit einen der letzten Plätze. Die acht Jahre seiner Administration waren skandalgebeutelt wie nur wenige andere Perioden der amerikanischen Geschichte. Eine Verwicklung des Präsidenten in die zahlreichen Geschichten von Korruption, Käuflichkeit und Habgier auch höchster Regierungsmitglieder, in das Amalgam von unpassenden Geschäftsbeziehungen und kriminellen Spekulationen ist nicht nachweisbar. Doch Grant zeigte bei der Auswahl enger Mitarbeiter oft recht wenig

---

[1] William P. Randel: Centennial: American Life in 1876. Philadelphia 1969. S. 291.

Menschenkenntnis, die an sich oft löbliche Eigenschaft, loyal gegenüber Untergebenen zu sein, perfektionierte der Präsident in für ihn ungünstiger Weise. Erst wenige Monate vor der Eröffnung der Ausstellung war sein engstes Kabinett vom neuesten Skandal heimgesucht worden. Kriegsminister William Belknap und seine junge Frau Carrie hatten regelmäßige Zahlungen von einem Großhändler erhalten, der durch der beiden Bemühungen einen lukrativen Posten im Indianergebiet erlangt hatte, wo er mit großen Gewinnmargen seine Waren an Komanchen, Kiowas und Cheyennes verkaufte. Mit den Bestechungsgeldern führten die Belknaps einen aufwendigen Lebensstil, die Soireen und Empfänge in ihrem Haus an der G Street in Washington waren begehrte Events für die High Society der Hauptstadt, die sich teilweise mit der Halbwelt mischte. Als des Ministers dubiose Geschäfte an die Öffentlichkeit kamen, trat er zurück, was seinen Chef überraschte – Grant erfuhr anscheinend als letzter von den Methoden, mit denen Belknap sein bescheidenes Regierungssalär aufzubessern pflegte.

Mit diesem Skandal zerstoben die letzten Hoffnungen auf eine bislang nicht dagewesene dritte Amtszeit, denen Grant sich zeitweise hingegeben hatte. Sein Einstieg in die Welt der Politik war zunächst durchaus ermutigend gewesen. Als Oberkommandierender der siegreichen Unionsarmee, als der General, der am 9. April 1865 die Kapitulation von Südstaaten-General Robert E. Lee bei Appomattox entgegen genommen hatte, war Grant der Held der Nation – oder zumindest deren nördlichen, nach vier mörderischen Jahren Bruderkriegs triumphierenden Teils. Nach Lincolns Ermordung hatte dessen Vizepräsident Andrew Johnson die verbliebene Amtszeit nur mit größter Mühe überstanden, an nur einer Stimme im Senat war das *impeachment*, das Amtsenthebungsverfahren gegen Johnson gescheitert – eines von bislang zwei derartigen Verfahren, die beide erfolglos blieben.[2]

Ulysses S. Grant, der aus einfachen Verhältnissen stammte, tatsächlich in einer Log Cabin an den Ufern des Ohio River geboren war und der im Zivilleben vor dem Bürgerkrieg in fast jedem Beruf gescheitert war, wurde als geradezu schicksalhafter Nachfolger des Märtyrerpräsidenten Lincoln im Norden und vor allem innerhalb der Republikanischen Partei gesehen. Grant war ein unpolitischer Mensch, der nur einmal in seinem Leben an einer Präsidentschaftswahl teilgenommen hatte: 1856 hatte er seine Stimme James Buchanan gegeben, der zusammen mit Grant auf den genannten Präsidenten-Ranglisten meist das Schlußlicht bildet. Grant siegte 1868

---

[2] Auch für eine Absetzung von Präsident Bill Clinton wegen seiner nicht ganz aufrichtigen Haltung im Zuge der Ermittlungen der Lewinsky-Affäre fand sich nicht die erforderliche Zwei-Drittel-Mehrheit.

deutlich mit 214 zu 80 Stimmen gegen den Demokraten Horatio Seymour im Wahlmännerkollegium, bei den absoluten Wählerstimmen war sein Vorsprung von 300.000 bei insgesamt 5,7 Millionen abgegebener Stimmen nicht ganz so beeindruckend. Die Nachricht vom Wahlsieg, die Grant in seinem Haus in Galena, Illinois, erreichte, löste bei dem mimisch wenig beweglichen Mann keine größeren Emotionsausbrüche aus.

Das Pech (oder das Unvermögen), das Grants Leben vor dem Bürgerkrieg so nachhaltig geprägt hatte, verließ ihn auch im höchsten Staatsamt nicht. Doch obwohl die Skandale und Enthüllungen kein Ende nehmen wollten, nominierten die Republikaner Grant 1872 für eine zweite Amtszeit. Dies brachte die liberaleren Elemente der Partei zur offenen Rebellion. Angeführt von dem deutschen 1848er-Revolutionär Carl Schurz schloss sich eine Gruppe aus einflußreichen Parteimitgliedern zu einer neuen, ausschließlich für diese Wahl konstituierten Vereinigung zusammen, den Liberal Republicans. Die Demokraten unterstützen diese Bewegung und verzichteten auf die Aufstellung eines eigenen Kandidaten. Eine zweite korrupte Grant-Administration zu verhindern, lag durchaus im Bereich des Möglichen. Doch den liberalen Republikanern gelang es, einen wahrhaft humoresken Kandidaten zu finden, den viele Wähler nicht ernst nehmen konnten. Der New Yorker Zeitungsverleger Horace Greeley war zwar einer der angesehensten Journalisten der Epoche, doch seine Glanzzeit lag lange zurück – und auf politischen Felde hatte es sie nie gegeben: »Greeley war eine der merkwürdigsten Nominierungen, die je eine große Partei unternommen hatte. Der verschrobene Mann, dessen wehendes weißes Haar und Bart ihn zu einem Genuß für Karikaturisten machten, hatte sich einem eklektischen Spektrum von Fragen angenommen, darunter Spiritismus, Sozialismus, Prohibition und Vegetariertum. Er wollte sogar Amerikas Namen in ›Columbia‹ umändern. Greeleys politische Erfahrung bestand aus drei Monaten als Abgeordneter im Repräsentantenhaus; eine kurze Amtszeit, in der seine Absonderlichkeiten und seine Taktlosigkeit ihm so viele Feinde machten, dass seine Kollegen eine Abmahnung oder gar den Ausschluß aus dem Repräsentantenhaus erwogen. Mit Greeley trafen die liberalen Republikaner eine bizarre, unglückliche Wahl. Der New Yorker Tagebuchautor George Templeton Strong bemerkte: ›Dies ist die anmaßendste und lächerlichste Nominierung für die Präsidentschaft, die es je auf diesem Kontinent gegeben hat.‹«[3]

Grant siegte viel deutlicher als vier Jahre zuvor. Zu einer regulären Abstimmung im Wahlmännerkollegium kam es nicht, da zum Zeitpunkt des Zusammentretens der Elektoren einer der beiden Spitzenkandidaten

---

[3] Mieczkowski, S.61.

nicht mehr wählbar war. Greeley hatte der Wahlkampf erkennbar zugesetzt: »Ich bin so bitter angegriffen worden, dass ich kaum weiß, ob ich für die Präsidentschaft oder für das Gefängnis kandidiert habe.«[4] Mit dem Hinweis auf letztere Lokalität lag er so falsch nicht. Nervlich zerrüttet, wurde Horace Greeley kurz nach der Wahl in eine New Yorker Irrenanstalt eingewiesen. Dort starb er einen Monat nach dem Urnengang der Nation. Die ihm zugeteilten 66 Elektoren verteilten ihre Stimmen etwas hilflos auf vier demokratische Politiker oder gaben gar keine Stimme ab. Es standen vier weitere Grant-Jahre zuvor, die noch schlimmer wurden als die erste Amtsperiode des Ex-Generals und Freund eines starken Tropfens: zu den Skandalen gesellte sich jetzt eine tiefgreifende Wirtschaftskrise. Der Präsident hatte sich 1875, als ihn die republikanische Parteiversammlung des Staates Pennsylvania für eine historisch bis dahin einmalige dritte Amtszeit vorschlug, noch eine Hintertür offen gelassen: »Ich bin nicht – und war es nie – ein Kandidat für eine Nominierung. Ich würde eine solche Nominierung, würde sie mir angetragen, nicht annehmen – es sei denn, dies geschähe unter Umständen, die es zu einer dringlichen Pflicht machen könnten. Das Eintreten solcher Umstände ist allerdings sehr unwahrscheinlich.«[5] An eine Wiederwahl 1876 dachte, als sich in Philadelphia die Tore öffneten, zwar U.S. Grant noch zaghaft, seine republikanischen Parteifreunde indes schon lange nicht mehr.

Ein Umstand, ein Ereignis, das die Nation schockierte, gleichwohl nicht so sehr, um sie an eine dritte Grant-Administration denken zu lassen, ereignete sich fast zeitgleich mit der demokratischen Convention dieses Wahljahres und stand gerüchteweise mit diesem Parteitag vielleicht gar in Zusammenhang. Am 25. Juni, einem Sonntag, führte der seit seinen Erfolgen im Bürgerkrieg als jüngster Unionsgeneral zu einem Medienliebling avancierte George Armstrong Custer (in Friedenszeiten auf den Rang eines Lieutenant Colonel zurückgestuft) die 7. US-Kavallerie im fernen Montana im Tal eines Flusses, der seither Bestandteil amerikanischer Western-Folklore ist – der Little Bighorn River – in den Kampf gegen eine Ansammlung von Indianern, die sich den Übergriffen durch weiße Goldgräber auf ihr Stammland, die Black Hills in South Dakota, seit langem widersetzt hatten. So etwas rief unweigerlich die Armee als Zwangsvollstrecker der inoffiziellen Politik der Vertreibung und Kasernierung der Ureinwohner in sogenannten Reservaten – typischerweise das unfruchtbarste und wertloseste Land, das sich finden ließ – auf den Plan. An diesem Sonntagmorgen ging die Taktik der Streitkräfte einmal nicht auf, das

---
[4] Roy Morris: Fraud of the Century. Rutherford B. Hayes, Samuel Tilden and the stolen election of 1876. New York 2003, S.36.
[5] Jean Edward Smith: Grant. New York 2001.S. 586.

Geschehen im welligen Tal wurde zu einem Mythos, dessen sich Hollywood wiederholt angenommen hat. Custer hatte des Gegners Stärke – die *plains indians*, die Völker der Prairie hatten sich endlich einmal zusammengeschlossen anstatt sich, wie meist, in ihren Rivalitäten von den Weißen instrumentalisieren zu lassen – bei weitem unterschätzt. Der ehrgeizige Offizier führte seine 263 Soldaten in den Untergang, keiner von ihnen kam zurück. Die Tatsache, dass Custer vorgeprescht war und nicht auf andere in der Region operierende Armeeeinheiten gewartet hatte, löste fast umgehend Vermutungen aus, dass der für seine Ruhmsucht bekannte Offizier Großes plante. Konnte es sein, dass Custer, der mit der Grant-Administration heftig aneinander geraten war, einen schnellen und grandiosen militärischen Sieg anstrebte, um von einer jubelnden Partei, vielleicht den Demokraten, dankbar auf den Schild gehoben und zum Präsidentschaftskandidaten gekürt zu werden? Der egozentrische Custer nahm dieses Geheimnis mit in den Tod. Den Anführern seiner Feinde, Crazy Horse und Sitting Bull vom Volk der Sioux, dürften Custers politische Ambitionen beim Kampf um das Überleben ihrer Völker auch dann gleichgültig gewesen sein, wenn sie sie gekannt hätten.

Sowohl die Demokraten als auch die Republikaner nominierten Männer, die in ihrem Mangel an Charisma und Begeisterungsfähigkeit das ultimative Gegenteil des George Armstrong Custer waren. Doch zwischen zwei blassen Persönlichkeiten die Wahl zu haben, war nicht die Crux der Wahl von 1876, die als einer der beiden umstrittensten Urnengänge in der amerikanischen Geschichte nur eine Parallele hat, das Debakel von 2000. »Ironischerweise brach in dem Jahr, da die Vereinigten Staaten ihren hundertsten Geburtstag feierten, das amerikanische politische System fast zusammen. Auch der Wettstreit des Jahres 1876…beruhte ganz besonders auf dem Staat Florida und auch er wurde von dem Votum eines einzigen republikanischen Mitgliedes des Supreme Court entschieden.«[6]

In den letzten drei Wahlen war die Erinnerung an den Bürgerkrieg ebenso allgegenwärtig wie es die Verkrüppelten im amerikanischen Straßenbild waren und noch auf viele Jahre sein würden. Die republikanische Wahltaktik wurde auf den griffigen Nenner gebracht *waving the bloody shirt*. Die Opfer des Kampfes wurden als Argument für die Wahlentscheidung gebraucht oder, besser gesagt, mißbraucht. Es war rein demographisch eine Kampagne, die Sinn machte, denn es gab kaum eine Familie auf beiden Seiten, die nicht Angehörige verloren hatte, zu der nicht Söhne, Brüder, Ehemänner an Leib und Seele traumatisiert zurückgekehrt wa-

---

[6] Morris, S. 1.

ren. Republikanisches Kalkül war es, im Norden mit dem Wahlkampf des blutigen Hemdes satte Mehrheiten einzufahren und im Süden die befreiten ehemaligen Sklaven daran zu erinnern, wem sie ihre Befreiung verdankten: den Republikanern unter Märtyrerpräsident Abraham Lincoln. Solange Unionstruppen im besetzten Süden für das sorgten, was Republikaner für Recht und Ordnung hielten, bestand Aussicht, auf diese Weise auch den einen oder anderen Südstaat zu gewinnen, der eine besonders große schwarze Bevölkerung hatte wie South Carolina. In der simplen, aber effektiven Suggestion eines Feindbildes durch republikanische Strategen wurden die Grenzen zwischen Sezessionisten und den Soldaten in Grau einerseits und der Demokratischen Partei andererseits bewußt verschwommen gezeichnet. Die Demokraten im Norden sollten als – bei günstigster Betrachtung – unsichere Kantonisten, als Menschen von zweifelhaftem Patriotismus skizziert werden. Das war nicht ganz unberechtigt, hatten doch die Demokraten noch 1864, kurz vor dem Sieg der Union, einen sofortigen Waffenstillstand und damit die de facto-Anerkennung der Konföderation in ihre Wahlplattform aufgenommen. Die Demokraten des Südens wurden schlicht als Feinde von gestern (und heute) porträtiert. Der Slogan der Republikaner, *Vote as you shot*, setzte den politischen Gegner von 1876 endgültig mit dem militärischen Kontrahenten von Gettysburg 1863 gleich.

Die Demokraten des Südens wurden fast zwangsläufig zum politischen Sammelbecken derjenigen, die dem System *Confederate States of America* gedient und die es getragen hatten, ein System, das nur vier Jahre Bestand hatte, dessen Wirtschaft zu großen Teilen auf der menschenverachtenden Institution der Sklaverei basierte und dem eine internationale Anerkennung versagt geblieben war. Mit Nachlassen der militärischen Präsenz des Nordens im besiegten und besetzten Süden versuchten diese Kräfte das Rad der Geschichte zumindest wahltechnisch zurückzudrehen. Unter einer unheiligen Allianz von südlichen Demokraten, ehemaligen konföderierten Soldaten und der neuen rassistischen Terrororganisation Ku-Klux-Klan begann eine Kampagne, deren Ziel es war, den Schwarzen das Wahlrecht nicht de iure, wohl aber de facto zu entziehen. Es war eine Kampagne, die in manchen Regionen mit äußerster Brutalität, mit Lynchmorden, Brandstiftungen und anderen Formen der Einschüchterung geführt wurde und deren »Erfolg« bis in die zweite Hälfte des 20. Jahrhunderts Bestand hatte – erst mit dem Erstarken der Bürgerrechtsbewegung konnten allmählich immer mehr schwarze Amerikaner von ihrem Wahlrecht Gebrauch machen.

Doch 1876 begann sich zumindest in einigen Teilen der USA eine Trendwende in den Prioritäten bei der Wahlentscheidung abzuzeichnen.

Elf Jahre nach Ende des Bürgerkrieges hörte dieses epochale Ereignis allmählich auf, politische Gräben und Allianzen zu definieren – ein Umstand, zu dem die erste wirtschaftliche Krise dieses *Gilded Age*, dieser Epoche der Wohlsituiertheit, entscheidend beigetragen hatte: »Die Panik von 1873 hat wie nichts anderes deutlich gemacht, dass *Reconstruction* [*der Prozess der Wiedereingliederung der ehemaligen Südstaaten in die Union*] ihr Primat als Kennmarke der Parteipolitik verloren hatte. Das politische Leben Amerikas hatte eine Neuausrichtung erfahren. Die politischen Trennlinien stellten nicht länger den Norden gegen den Süden, sondern den Osten gegen den Westen, Städte gegen ländliche Regionen und *hard money* – Gold – gegen *soft money* – Dollarnoten.«[7]

Im Frühjahr 1876, als sich Präsident Grant nach Philadelphia aufmachte, um die Centennial Exhibition zu eröffnen, gab es auf Seiten der Republikaner einen klaren Favoriten für seine Nachfolge. Der Kongressabgeordnete James G. Blaine war in einer Epoche grauer, scheinbar austauschbarer Politikerfiguren eine leuchtende Erscheinung, als Liebhaber der Oper erkennbar kultiviert, von hohem persönlichem Charme, beeindruckendem rhetorischem Geschick und einem geradezu phänomenalen Gedächtnis. Die Presse nannte ihn *the magnetic man* und ein Zeuge einer der typisch einschmeichelnden Blaineschen Reden schrieb beeindruckt: »Wenn er eine Frau wäre, würden ihm die Leute massenweise die teuersten Blumen schicken.«[8] Doch, oh weh, auch ein solch begnadeter Politiker schien in jenen Jahren nicht von blütenweißem Charakter sein zu können. Die Presse berichtete, er sei in eigenartige Spekulationen mit Eisenbahnaktien verwickelt gewesen und hätte von Tom Scott, dem Präsidenten der Union Pacific Railroad, ein »Darlehen« von 64.000 Dollar angenommen. Blaine setzten diese Anschuldigungen erkennbar zu und nur drei Tage vor Beginn der republikanischen Convention, die nach allen Erwartungen eine Stätte seines Triumphes sein würde, brach Blaine bei einem Spaziergang durch Washington zusammen und konnte vom Rekonvaleszentenbett gegenüber Besuchern nur etwas von einem »politischen Mordanschlag« murmeln. Ein Parteifreund, der sich über Blaines gesundheitlichen Rückschlag besonders besorgt zeigte, war der Gouverneur von Ohio, Rutherford Birchard Hayes. In Parteikreisen hielt sich hartnäckig das Gerücht, dass Blaine für den *Number two spot on the ticket*, für seinen Vizepräsidentschaftskandidaten, eben jenen Rutherford Hayes im Blickfeld habe. »Mit dem tiefsten Gefühl der Trauer,« so schrieb Hayes dem darniederliegenden Blaine, »habe ich die Berichte von Ihrer Krank-

---

[7] Geoffrey Perret: Ulysses S. Grant. New York 1997. S. 421.
[8] Morris, S. 51.

heit gelesen. Meine Augen sind fast blind vor Tränen, während ich schreibe. Alle anständigen Männer unter ihren Landsleuten werden für Ihre schnellstmögliche und vollständige Heilung beten. Dies bedrückt mich, wie mich der Tod Lincolns bedrückt hat. Gott schütze Sie und stelle Sie wieder vollständig her.«

Es wird Hayes ungemein beruhigt haben, dass Blaine nicht die Absicht hatte, dem Beispiel Lincolns zu folgen, und nicht gen Himmel, wohl aber nach Ohio zu fahren gedachte. Denn in Cincinnati würde die Convention der Republikaner stattfinden, auf der Blaine hoffte, sich schnell und deutlich gegen die drei anderen Bewerber, Benjamin Bristow, Roscoe Conkling und Oliver Morton durchzusetzen. Cincinnati liegt in Ohio und damit kam dem Gouverneur als Gastgeber eine besondere Rolle und auch ein besonderer Einfluss zu. Und vielleicht würde auch das schon sprichwörtliche *Hayes luck* im Nominierungsprozess eine Rolle spielen – denn Rutherford Hayes hatte eine ungewöhnliche, auf ein Übermaß von Glück zurückgeführte Angewohnheit: er gewann Wahlen fast immer denkbar knapp. Damit sollte er 1876 der geradezu ideale Kandidat sein.

In Cincinnati hatte der 1822 auf einer Farm in Ohio geborene Hayes sein erstes politisches Amt angetreten und war auch dabei schon vom Glück begünstigt gewesen. Er wurde 1858 zum *City solicitor*, einer Art oberstem Steuerbeamten, gewählt – seinen Vorgänger hatte eine Lokomotive überfahren, wodurch der Posten vakant geworden war. Die Entscheidung des Stadtrates fiel mit einer Stimme Mehrheit und im dreizehnten Wahlgang, eine erste Manifestation des *Hayes luck*. Hayes war ein erfolgreicher Anwalt und zu seinen Klienten zählten jene Unternehmen, die in dieser Epoche geradezu traumhafte Raten wirtschaftlichen Wachstums verzeichneten und die zu einem Symbol der Moderne wurden: Eisenbahngesellschaften. Politisch stand er auf Seiten der neugegründeten Republikanischen Partei. Ein moderner Biograph sieht sein »Glück« weniger als etwas Zufälliges, Schicksalhaftes als vielmehr ein Ergebnis der wenig kontroversen Persönlichkeit des Mannes, der im Laufe seines Lebens fast alle wichtigen Ämter erreichte, ob im Kongress, in der *Govenor's Mansion* von Ohio oder im Weißen Haus: »Im Laufe der Zeit wurde ›Hayes luck‹ ein Grundbegriff für politische Kommentatoren in Ohio, doch dieses Glück war nicht blind oder beliebig. Hayes schien nie nach einem Amt zu streben, aber er erhöhte instinktiv und auch gezielt seine Verfügbarkeit, er schuf Bedingungen für das Eintreten dieses Glücks. Durch die Ablehnung extremer Positionen war er für ein breites Spektrum von Wählern akzeptabel. Auf ehrliche Art anständig und freundlich, gab er sich Mühe, seine Freundschaften zu pflegen und seine Rivalen nicht zu verletzen. Sein Ruf für Fairness und Integrität machte Hayes für viele akzeptabel, die nicht mit ihm übereinstimmten.«[9]

Im republikanischen Parteiestablishment war Hayes soweit aufgerückt, dass er zum Begrüßungskomitee des neugewählten Präsidenten Abraham Lincoln gehörte, als dieser in Cincinnati einzog. Ein Stück weit begleitete Hayes Lincoln in seinem Sonderzug, der den künftigen Präsidenten von Springfield, Illinois, nach Washington brachte. Mit Ausbruch des Bürgerkrieges meldete sich Hayes zu einem Freiwilligenregiment aus Ohio und bekam den Rang eines Majors. Drei Tage vor der Schlacht von Antietam in Maryland im September 1862 zerschmetterte eine konföderierte Kugel seinen linken Oberarm. Jetzt hatte er besonders viel Glück: die sonst weithin übliche Komplikation des Wundbrandes und damit die Amputation, das Allheilmittel der Feldchirurgen, blieben ihm erspart. Er zog bald wieder ins Feld und erlebte eine kaum glaubliche Steigerung von *Hayes luck*: Bei Cedar Creek 1864 traf ihn eine Kugel am Kopf, das Geschoß hatte indes seine Gefährlichkeit verloren und »seine Kraft (vermute ich) gelassen, als es durch jemanden anders hindurchzog.«[10]

Hayes verliess die Unionsarmee als hochgeehrter Kriegsheld im Rang eines Brigadegenerals, den Krieg bezeichnete er gegenüber seiner Frau Lucy ungeachtet der vielen Greuel, die er mit erlebt hatte, als »die besten Jahre unseres Lebens.«[11] Noch während seiner Zeit in Uniform war er zum ersten Mal ins Repräsentantenhaus gewählt worden. 1867 wurde er zum Gouverneur von Ohio gewählt, sein Vorsprung betrug nur 2.983 Stimmen bei fast einer halben Million abgegebener Voten. Zwei Jahre später wurde er wiedergewählt – diesmal betrug sein Vorsprung 7.501 Stimmen, was angesichts der Größe Ohios abermals recht knapp war. Nach zwei Amtsperioden zog er sich vorübergehend ins Privatleben zurück, dann überredeten ihn Freunde, 1875 abermals für das Amt des Gouverneurs zu kandidieren. Zum dritten Mal gewann Hayes mit hauchdünnem Vorsprung, der Abstand zu seinem demokratischen Kontrahenten betrug 5.544 Stimmen oder rund ein Prozent. Seine Parteifreunde in Ohio sprachen nun ganz offen davon, dass Hayes für die Präsidentschaft kandidieren solle. Und der Gouverneur widersprach – ungeachtet des tränenerfüllten Briefes an *frontrunner* Blaine – kaum noch.

Die republikanische Convention, die am 14. Juni 1876 in Cincinnati zusammentrat, war ein Geschäft für die Buchmacher – sie war spannend, wie der langjährige Oberste Bundesrichter William H. Rehnquist in seiner Geschichte der Wahl von 1876 schreibt: »Grants Ablehnung einer dritten

---

[9] Ari Hoogenbom: Rutherford B. Hayes. Lawrence, Kansas 1995, S. 106.
[10] Morris, S. 61.
[11] Morris, S. 62.

Amtszeit hatte eine Ausstiegsklausel für den Notfall, doch jedwede Zweifel wurden vom Repräsentantenhaus, das von den Demokraten beherrscht wurde, beseitigt, als dieses eine Resolution verabschiedete, wonach ein Bruch der von George Washington begründeten *no third term*-Regel ›mit Gefahr für unsere freiheitlichen Traditionen‹ beladen sei. Der republikanische Parteitag würde der erste seit 1860 mit völlig offenem Ausgang sein, ohne einen eindeutigen Favoriten. Als erfahrener Gouverneur eines potentiell wahlentscheidenden Staates würde Hayes ein Faktor in der Entscheidung sein.«[12]

Ein aus heutiger Sicht früher Höhepunkt des Parteitages war ein Beitrag, der von den meisten Teilnehmern und den Medien indes herablassend belächelt wurde. Die Frauenrechtlerin Sarah J. Spencer war die Rednerin. Sie richtete ihre Worte an eine Versammlung von Delegierten, unter denen sich nicht eine einzige Frau befand: »1872 hat die Republikanische Partei erklärt, dass sie vier Millionen Menschen [= *Farbige*] emanzipiert habe und das universelle Wahlrecht eingeführt sei. Wo sind die zehnfachen Millionen weiblicher Bürger dieser Republik? Wann werden Sie diese so nobel klingende Deklaration wirklich wahr werden lassen? Wir fordern eine Initiative, die das mächtige Symbol, den Wahlzettel, in die Hand von Millionen von Bürgern gibt – den Frauen und Töchtern dieser schönen Republik.«[13]

Die Entscheidungen trafen auf dem Parteitag wie immer die Männer. Einer der gefeiertsten Redner der Epoche, Robert Ingersoll, schlug Blaine mit einer Rede als Kandidat vor, die in ihrem rhetorischen Schwulst den Geschmack der Zeit auf das Perfekteste traf und das Publikum abwechselnd zu Tränen und zu tosendem Beifall hinriß. Blaines Gegner indes nahmen der bombastischen Vorstellung die Wirkungskraft, indem es ihnen per Geschäftsordnungsantrag gelang, den Parteitag auf den nächsten Morgen zu vertagen. Die Delegierten, die am Eröffnungstag schon viele Reden über sich hatten ergehen lassen müssen, stimmten dankbar zu. Am nächsten Morgen hatten Ingersolls Worte doch schon beträchtlich an Wirkung verloren. Als zur ersten Abstimmung geschritten wurde, lag Blaine mit 285 Stimmen zwar weit vorn, aber auch substantiell von jenen 379 Stimmen entfernt, die für eine Nominierung benötigt wurden. Hayes lag mit 61 Stimmen auf dem fünften Platz. In den nächsten fünf Wahlgängen konnte Blaine auf 308 Stimmen zulegen – näher sollte der »blumengeschmückte Ritter mit der glänzenden Lanze«, wie Ingersoll ihn genannt hatte, der Präsidentschaft nicht kommen. Hayes hatte sich derweil auf 104

---

12 William H. Rehnquist: The Disputed Election of 1876. New York 2004. S.50.
13 Morris, S. 73.

Stimmen steigern können. Im siebten Wahlgang schwenkten zunächst Indiana und Kentucky um, dann schließlich liefen 61 der 70 Delegierten aus New York (dessen eigener Kandidat, Roscoe Conkling, Blaine in tiefstem Haß verbunden war und der nun seine eigene Kandidatur zurückzog) zu Hayes über. Wieder einmal war das Glück mit ihm: er bekam 5 Stimmen mehr als nötig. Im fernen Boston kam der Journalist Henry Adams, Enkel eines Präsidenten und Urenkel eines anderen Präsidenten, über den Kandidaten zu einem vernichtenden Urteil: »Eine drittklassige Null, der nur die eine Empfehlung hat, dass er niemandem völlig unerträglich ist. Ich hoffe es genießen zu können, wenn ich ihn nicht wähle.«[14]

Zu Begeisterungsstürmen riß indes auch der demokratische Kandidat die treuesten Anhänger dieser Partei kaum hin. Auch Samuel Jones Tilden kam aus dem ländlichen Amerika, aus der Gemeinde New Lebanon im Staat New York. Der 1814 geborene Sohn eines wohlhabenden Farmers und Besitzers des örtlichen General Store war ein kränkliches Kind, das kaum mit Gleichaltrigen spielte – in der nicht stattgefundenen Kindheit mit Spontaneität, Abenteuer und dem Schließen von Freundschaften sehen Biographen eine Ursache für des späteren Kandidaten Distanz und seine gelegentliche Energielosigkeit, die ihn nicht mit äußerster Entschlossenheit um seinen Wahlsieg kämpfen ließ. Der junge Bursche wurde ein Bücherwurm, erwarb sich einen weit überdurchschnittlichen Bildungsstand und entwickelte eine Leidenschaft für die Politik. Schon als Achtzehnjähriger schrieb Tilden Wahlkampfschriften für den demokratischen Kandidaten für das Amt des Gouverneurs von New York und entwickelte eine Freundschaft mit einem der führenden Parteistrategen der Region, Martin Van Buren aus der von niederländischen Einwanderern geprägten Region um Old Kinderhoek[15] in *upstate* New York. Tilden ließ sich ab 1840 in New York als Anwalt nieder, wo er es im Laufe der nächsten drei Jahrzehnte zu einer beträchtlichen Prosperität bringen sollte. Zu seinen wichtigsten Kunden gehörten die Eisenbahngesellschaften. In der Demokratischen Partei New Yorks blieb der leicht verschrobene Mann stets aktiv, der als 36jähriger in einem Brief einen seltenen Einblick in sein Gefühlsleben – so dieses existierte – und seine Vorstellung von Vergnüglichkeit gab: »Mein Leben vibriert zwischen der

---

[14] Morris, S. 83.
[15] Eine der Erklärungen für die Herkunft des in fast allen Sprachen der Welt heimischen Begriffs »O.K.« als Formulierung der Zustimmung geht auf die Abkürzung seines Heimatdorfes zurück, die Van Buren im Wahlkampf benutzte. Alternativ, aber aus der gleichen Zeit stammend, wird die Angewohnheit einer Bostoner Zeitung angeführt, bei der anno 1839 zum Druck freigegebene Artikel mit »O.K.« als Kürzel für *Oll Korrekt* gekennzeichnet waren, wobei des Druckers oder Redakteurs Orthographiekenntnisse recht fehlerhaft gewesen sein müssen.

Freizeit, in der ich mich mit Büchern amüsiere, und der größten Aktivität in öffentlichen und privaten Angelegenheiten. Ich bin nie in eine Lage gekommen, in der ich mein Innerstes offenbaren musste.« Tilden hat nie geheiratet, was Ambitionen auf die Präsidentschaft nicht unbedingt förderlich war und ist, aber auch keinen entscheidenden Makel darstellte. Die amerikanische Öffentlichkeit ist es gewohnt, mit einem Präsidenten auch eine First Lady und möglichst auch eine First Family zu bekommen, die oft hohes mediales Interesse auslöst. Doch unverheiratete Präsidenten hatte es zur Zeit von Tildens Kandidatur durchaus gegeben: Gründervater Thomas Jefferson war während seiner acht Jahre als Präsident Witwer (gleichwohl nicht allein, sein Verhältnis zu seiner Sklavin Sally Hemmings konnte er weitgehend geheim halten) gewesen und James Buchanan hatte von 1857 bis 1861 als Junggeselle im Weißen Haus residiert.

Doch politisch nachteiliger war ein anderes Detail in Tildens Biographie: er hatte nicht im Bürgerkrieg gedient. Tilden war sowohl zu alt gewesen als auch von schwächlicher Gesundheit, dafür konnte Hayes mit seinen Verwundungen und seiner erwiesenen Tapferkeit vor dem Feind auf deutlich mehr Sympathien bei den Unionsveteranen bauen. Auch hatte Hayes eine bei weitem bemerkenswertere Karriere als Volksvertreter hinter sich. Erst 1874, im Alter von bereits 60 Jahren, kandidierte Tilden zum ersten Mal für ein wichtiges Amt und wurde zum Gouverneur von New York gewählt. Aus seinem Heimatstaat ging auch die *Tilden for President*-Bewegung hervor, die auf relativ wenig Widerstand stieß. Als sich die Demokraten in St. Louis gegen Ende Juni 1876 zu ihrer Convention trafen, kam Tilden schon im ersten Wahlgang der bei dieser Partei erforderlichen Zwei-Drittel-Mehrheit nahe. Im zweiten Wahlgang konnte er sie überspringen und war somit zum Kandidaten für die Präsidentschaft nominiert. Den einzigen ernstzunehmenden Rivalen, Gouverneur Thomas A. Hendricks aus Indiana, ernannten Tilden und der Parteitag zum Kandidaten für die Vizepräsidentschaft.

Keiner der beiden Spitzenkandidaten begab sich persönlich auf eine Reise durch das Land, um Wahlkampf zu führen. Diese neue Sitte, die im wesentlichen durch den demokratischen Kandidaten William Jennings Bryan 1896 eingeführt wurde, nachdem Harrisons Wahlkampf fast vergessen war, galt damals als wenig gentleman-like und damit verpönt. Wahlkampf führten die Parteiorganisation, die Spitzenkandidaten steuerten allenfalls Briefe dazu bei, in denen sie ihre politische Philosophie darlegten und die von Zeitungen veröffentlicht wurden. Nicht uncharakteristisch für den wenig mitteilsamen Tilden ließ er sich mit dem ersten dieser Schreiben, das formell der Annahme der Nominierung diente, mehrere Wochen Zeit. Beide Kandidaten versuchten tunlichst, kontroverse Themen zu umgehen und sich nicht eindeutig festzulegen. So wurde beispielsweise das Dauerthema *Reconstruction* nur in unverbindlichen Allgemeinplätzen angesprochen, präzise Angaben zum Ende der Besatzung in den wenigen noch unter militärischer Kontrolle stehenden Südstaaten fehlten ebenso wie zu der Frage, wie das Recht der farbigen Bevölkerung auf Beteiligung am demokratischen Prozess gewährleistet sein könnte, wenn vielerorts im Süden die ehemaligen Herren/Sklavenbesitzer erneut den Zugang zur Wahlurne kontrollierten. Die Zeitung *New York Herald* diagnostizierte am 19. August »einen flachen und zahmen Wahlkampf«.[16] Etwas mehr Stimmung kam im September auf, als Vorwürfe gegen Tilden in der *New York Times* laut wurden, er habe es 1863 bei der Abgabe der Steuererklärung nicht so genau genommen und als sein zu versteuerndes Einkommen die Summe von 7.118 Dollar angegeben, wo er sich doch tatsächlich an Einnahmen in Höhe von 108.000 Dollar hätte erfreuen können. Tilden verwahrte sich gegen die Anwürfe, die nicht nur aus der Tatsache der vermeintlichen Steuerhinterziehung Sprengkraft bezogen, sondern auch aus dem unausgesprochenen Hinweis darauf, dass Tilden auf dem Höhepunkt des Bürgerkrieges ein nach damaligem Verständnis beträchtliches Vermögen verdiente, während Hunderttausende für einen Sold von wenigen Dollar ihr Leben auf den Schlachtfeldern ließen. Allein, Rutherford Hayes mochte diese Vorwürfe nicht aufgreifen. Kleinlaut schrieb der Republikaner in Columbus, Ohio, in sein Tagebuch: »Als ein Ausgleich gegen das, was man über Gouverneur Tildens Einkommensteuererklärung gesagt hat, sind meine nun untersucht worden. Es sieht so aus, dass ich 1868 & 1869 gar keine abgegeben habe.«[17]

Angesichts einer solchen Pflicht zur Zurückhaltung durch den Spitzenkandidaten, der in der Steuerfrage im sprichwörtlichen Glashaus saß, aus dem man besser keine Steine werfen soll, griffen die Republikaner im Wahlkampf auf Festredner Ingersoll zurück, der durch die Lande zog und zu rhetorischen Schlägen unter die Gürtellinie ausholte, die man heute zu Recht als einen Anschlag auf die politisch-demokratische Kultur bezeichnen würde: »Jeder Mann, der versucht hat, diese Nation zu zerstören, war ein Demokrat. Jeder Feind, den diese große Republik in den letzten zwanzig Jahren hatte, war ein Demokrat. Jeder Mann, der auf Unionssoldaten geschossen hat, war ein Demokrat. Jeder Mann, der einem Kriegsgefangenen aus der Union selbst die würmerinfizierte Brotkruste verweigert hat, war ein Demokrat. Der Mann, der Abraham Lincoln erschossen hat, war ein Demokrat. Soldaten, jede Narbe auf Euren Heldenkörpern ist Euch von Demokraten zugefügt worden.«[18]

---

[16] Morris, S. 136.
[17] Morris, S. 139.
[18] David A. Anderson: Robert Ingersoll. New York 1972, S. 66 – 67.

Der Besuch der Jahrhundertausstellung in Philadelphia war für beide Kandidaten die seltene Gelegenheit eines öffentlichen Auftritts. Tilden kam am 21. September, Hayes fünf Wochen später. Bei einem Empfang zu seinen Ehren wurde dem Republikaner, der nach Einschätzung eines Zeugen wie ein altmodischer Landarzt aussah, der Eintritt in den Pavillon verweigert – Hayes war so unbekannt, dass die Sicherheitskräfte in ihm nicht den Ehrengast des Abends erkannten. Wie bei dem grundsätzlich freundlichen Mann beinahe zu erwarten, nahm er es mit Gelassenheit.

Eine erste Entscheidung fiel in Colorado, das am 1. August als neuer Staat der Union beitrat und seither den Beinamen *Centennial State* führt. Um nach der Wahl zum Staatsparlament kurz darauf nicht abermals eine kostenträchtige Wahl durchführen zu müssen, hatte der Kongress dem neuen Mitglied die Genehmigung gegeben, über die dortigen Gesetzgeber die drei Wahlmänner Colorados zu wählen. Die *state legislature* entschied sich für den Republikaner. Es waren die ersten drei Elektorenstimmen für Rutherford Hayes. Niemand konnte sich im Spätsommer vorstellen, dass »nur« drei Stimmen irgendeine Bedeutung haben könnten.

Am 7. November 1876, einem herbstlich-kühlen, in Hayes' Heimatstaat Ohio stürmischen Tag, gingen achteinhalb Millionen Amerikaner zu einer Wahl, die in der Tat eine Jahrhundertwahl werden würde. Hayes, der es für ein Gebot der Fairness hielt, sich nicht selbst zu wählen – angesichts seiner persönlichen Erfahrung mit knappen Wahlausgängen eine besonders noble Haltung – blieb bei seiner Familie daheim in Columbus. Tilden ging schon frühmorgens in New York zur Wahl und verbrachte dann einige Stunden im Demokratischen Hauptquartier. Abends gab er einen Empfang in seinem luxuriösen Haus am Gramercy Park, die meisten Besucher gratulierten ihm bereits, denn nach den günstigen Prognosen der letzten Wochen waren die ersten Resultate, die der Telegraph aus allen Teilen des Landes nach New York trug, sehr ermutigend. In Columbus hingegen machten pessimistische Vorhersagen die Runde, die das bestätigten, was Hayes wenige Tage zuvor seinem Tagebuch anvertraut hatte: »Der Ausgang wird eng und ist im Zweifel mit den Chancen, wie ich es sehe, gegen uns.« Carl Schurz hatte er vorsorglich anvertraut: »Es gibt zahlreiche Dinge, die mich nach der Niederlage trösten werden.«[19] Kurz nach Mitternacht zog sich Hayes mit seiner Frau Lucy zurück, »bald fielen wir in einen erfrischenden Schlaf und die ganze Angelegenheit schien vorüber.«[20]

Noch im Jahr zuvor, 1875, hatte es wieder einmal einen (gescheiterten) Versuch gegeben, die Verfassung zu ändern und den Präsidenten *by popu-*

---

[19] Morris, S. 8.
[20] Morris, S. 10.

lar vote, durch die absolute Zahl der abgegebenen Stimmen zu wählen. Dies hätte zu einer klaren Entscheidung geführt. Tilden kam auf 4.300.590 Stimmen, Hayes auf 4.036.298 – in Prozentzahlen: 51% für Tilden versus 47,9% für Hayes. TILDEN IS ELECTED lautete am anderen Morgen die Schlagzeile der *New York Sun*. Das sah auch die den Republikanern nahe stehende *Chicago Tribune* so, wenngleich mit anderer Betonung: »Verloren. Das Land wird demokratischer Habsucht und Plünderei anheim fallen.« Der *New York Herald* war vorsichtiger und traf damit die Lage besser: »Das Ergebnis – was ist es? Etwas, das kein Mensch verstehen kann. Unmöglich unseren nächsten Präsidenten zu benennen. Die Ergebnisse zu mager.«[21]

Bei den Wahlmännern lag Tilden ebenfalls vorn. Er konnte sicher auf 184 Elektoren vertrauen, Hayes auf 166. Allerdings: um Präsident zu werden, waren 185 Wahlmännerstimmen nötig. Unsicher waren wegen des knappen Wahlausgangs die Staaten South Carolina, Florida und Louisiana. Zufall oder nicht: in diesen drei Staaten regierten die letzten republikanischen Gouverneure des Südens. Und welch schicksalhafte Arithmetik: Louisiana verfügte über acht Wahlmännerstimmen, South Carolina über sieben, Florida über vier. Acht plus sieben plus vier ist gleich neunzehn. Und neunzehn addiert zu den 166 Hayes-Wahlmännerstimmen ergibt: 185 – exakt die Stimmenzahl die notwendig war, um Präsident zu werden.

Einer der ersten, dem diese mathematisch-politische Herausforderung auffiel, war eine der schillerndsten Gestalten der amerikanischen Polit-Szene, der ehemalige Unions-General Daniel E. Sickles. Einst der Demokratischen Partei angehörig und von Präsident Buchanan protegiert, hatte Sickles als 39jähriger Kongressabgeordneter Schlagzeilen gemacht, als er 1859 Philip Barton Key, Anwalt in Washington, Sohn des Dichters der Nationalhymne, Francis Scott Key, und Liebhaber von Sickles' junger Frau wenige Schritte vom Weißen Haus entfernt erschoß. Zum ersten Mal konnte sich ein Millionenpublikum lange vor der Erfindung von Direktübertragungen aus Gerichtssälen und von »Court TV«, aber dank der sich ausführlich dem Mordprozess gegen Sickles widmenden Gazetten davon überzeugen, welchen Nutzen es im amerikanischen Rechtswesen hat, wenn man reich ist und sich exzellente Anwälte kaufen kann. Sickles' Verteidiger war kein Geringerer als Edwin M. Stanton, der bald darauf Kriegsminister im Kabinett Abraham Lincolns werden sollte. Der Sensationsprozess, in öffentlicher Aufmerksamkeit und im Spruch der Geschworenen dem juristisch-medialen Zirkus um O.J. Simpson in den 1990er

---

[21] Morris, S. 164.

Jahren nicht unähnlich, sprach Sickles für den Augenblick der Tat einen Zustand vorübergehenden Wahnsinns zu und setzte ihn auf freien Fuß. Bald darauf war er ein richtiger Held. Sickles, im Bürgerkrieg zum Republikaner geworden, führte eine Attacke bei Gettysburg, die ihn ein Bein kostete[22] und ihm die Dankbarkeit seines Vorgesetzten U.S. Grant einbrachte. Als dieser ins Weiße Haus eingezogen war, ernannte er den einbeinigen Ex-General zum amerikanischen Botschafter in Spanien. Auch dort ging Sickles zur ungestümen Attacke vor und wurde Liebhaber der abgesetzten Königin Isabella II.

In die USA zurückgekehrt, trieben Sickles am Wahlabend die ersten und ungünstigen Resultate um. Er ging zur späten Stunde ins Hauptquartier der Republikaner, das nur wenige Schritte von seinem Domizil entfernt an der Fifth Avenue lag. Dort war die Stimmung auf dem Tiefpunkt, Parteichef Zachariah Chandler hatte sich bereits mit einer Flasche Whiskey als Trostspenderin zurückgezogen. Sickles begann zu rechnen: »Nach sorgfältiger Überlegung kam ich zu dem Ergebnis, dass die Wahl sehr eng und zweifelhaft war, aber keineswegs hoffnungslos. Nach meinen Zahlen gab es die Möglichkeit, dass Hayes mit mindestens einer Stimme Mehrheit im Electoral College gewählt war.«[23] Sickles sandte sofort Telegramme an die republikanischen Parteifreunde in den drei Staaten, auf keinen Fall die Wahl verloren zu geben, sondern vielmehr dafür zu sorgen, dass die Stimmen »korrekt« gezählt werden würden.

Hayes war zunächst nicht zu überzeugen, dass in den drei Südstaaten eine Änderung der Verhältnisse möglich war. Am Tag nach der Wahl erklärte er vor Journalisten: »Ich denke, dass wir verloren haben. Ich bin der Meinung, dass die Demokraten das Land gewonnen haben und Tilden gewählt ist, denn nun scheint es notwendig, dass die Republikaner alle zweifelhaften Staaten gewinnen müssen, um selbst eine Mehrheit von einer Stimme zu bekommen.«[24] Seine Parteifreunde brachten ihn in den nächsten Tagen dazu, zurückhaltender zu sein und vor allem eine *concession speech*, ein öffentliches Zugeständnis der Niederlage zu vermeiden.

Die drei umstrittenen Staaten sahen in den nächsten Wochen und Monaten einen ständigen Strom von Besuchern aus beiden Parteilagern, die vor Ort Druck auszuüben, das Ergebnis in die eine oder andere Richtung zu beeinflussen versuchten. Wiederholt kam es zu Wechseln in der Zusam-

---

[22] Das Beinskelett kann man heute inklusive der von einer Kanonenkugel zugefügten Wunde im Museum des Walter Reed Medical Center in Washington bewundern. Die Säge des Chirurgen, die das Bein abtrennte, wird wiederum in einem den Landärzten und ihrer Geschichte gewidmeten Museum in North Carolina ausgestellt.
[23] Morris, S. 12.
[24] Morris, S. 167.

mensetzung der einzelnen *Electoral Boards*, mit ausgelöst durch lokale Wahlen, die oft nicht weniger umstritten waren. In Florida, einem Staat mit rund 180.000 Einwohnern, die meist in seinem Norden wohnten (Miami existierte 1876 noch gar nicht als eigenständige Stadt), sprach eine von Demokraten beherrschte Wahlkommission Tilden zunächst eine Mehrheit von 45 Stimmen, dann eine Mehrheit von 90 Stimmen zu. Die Republikaner ließen in einigen Counties, wo es zu Unregelmäßigkeiten gekommen sein soll, nachzählen. Unter Bewachung von Unionssoldaten ließ der Gouverneur in Floridas Hauptstadt Tallahassee ein neues Ergebnis verkünden: Hayes habe im Staat eine Mehrheit von 924 Stimmen. Ähnliche Diskrepanzen in Abhängigkeit von dem mit der Zählung beauftragten lokalen Gremium gab es auch in den anderen beiden Staaten.

Am 6. Dezember, als das Wahlmännerkollegium in Washington zusammentreten sollte, gab es aus vier Staaten jeweils zwei unterschiedliche zertifizierte Wahlergebnisse (in Oregon war es zu Differenzen über die Wählbarkeit eines demokratischen Elektors gekommen, auch dieser hätte das Zünglein an der Waage zugunsten Tildens sein können). Inzwischen war es auch bei Hayes zu einem Meinungswandel gekommen: »Ich habe keine Zweifel, dass wir moralisch und legal die Präsidentschaft gewonnen haben.« Tilden hingegen sah das Land zu einer »degenerierten Kopie der schlechtesten Regierungsformen der schlechtesten Zeitalter« verkommen.[25] Die Demokraten forderten, dass das zu geschehen habe, was nach der Wahl von 1824 erfolgt war: wenn kein Kandidat eine (erkennbare) Mehrheit hat, muss das Repräsentantenhaus entscheiden. In diesem hatten die Demokraten die Mehrheit, so dass Tilden gewählt worden wäre. Dem Senat obliegt in einer solchen Situation die Wahl des Vizepräsidenten. Da im Senat die Republikaner in der Mehrheit waren, wäre es dort sicher zur Wahl von Hayes' *running mate* William A. Wheeler gekommen und damit zu der Kombination eines Präsidenten und eines Vizepräsidenten aus unterschiedlichen politische Lagern.

Doch man einigte sich schließlich auf eine andere Lösung. Eine Kommission wurde geschaffen, bestehend aus sieben Demokraten, sieben Republikanern und einem Unabhängigen. Je fünf der Teilnehmer gehörten dem Repräsentantenhaus bzw. dem Senat an. Vier kamen aus dem Supreme Court, zwei der Richter standen den Republikanern, die beiden anderen den Demokraten nahe. Den undankbaren Part des 15. Mannes sollte der Oberste Bundesrichter David Davis spielen, der einzige Richter des Supreme Court, der als wirklich Neutraler galt. Doch ob Zufall – und an Zufälle glaubten Anfang 1877 nur noch die wenigsten Amerikaner –

---

[25] Morris, S. 199.

1 | Als George Washington 1789, im Jahr der Französischen Revolution, zum ersten Präsidenten der USA gewählt wurde, nahm Europa nur am Rande Notiz davon. Der Held des Unabhängigkeitskrieges am 30. April 1789 in der Federal Hall von New York City bei seiner Antrittsrede.

2 | Militärische Verdienste erwiesen sich immer wieder als zugkräftiges Wahlargument. Dieses Plakat der Whigs wirbt 1840 für den »Washington des Westens«, William H. Harrison, den Sieger über die Shawnee-Indianer Tecumsehs 1811 und die Briten und Tecumseh 1813.

3 | 1848 warben die Whigs erneut mit einem Ex-General, mit den frischen Lorbeeren Zachary Taylors aus dem Krieg gegen Mexiko 1846/47. Daß er leger mit Strohhut und Zivilkleidung in die Schlacht gezogen war, vergrößerte das Ansehen von »Old Rough and Ready« noch.

4 | Als erster »moderner« Wahlkampf in den USA gilt der von 1840. Neu und typisch waren Massenkundgebungen (»rallies«) wie die für William H. Harrison in Cincinnati. Sie hatten volksfestartigen Charakter – und blieben nicht immer friedlich.

5 | Der Wahltag war im 19. Jahrhundert für viele Amerikaner patriotisches Muss und geselliger Anlaß, wie »The County Election« von George Caleb Bingham (1852) zeigt. Bei einer Präsidentschaftswahl floß oft noch mehr Whiskey, Rum oder »Hard Cider«.

6 | Die Lincoln-Douglas-Debatte (18. September 1858 in Charleston, Ill.), eine von sieben im Kampf um den Einzug in den US-Senat. Zehntausende Menschen nahmen tagelange Reisen in Kauf, um Lincoln (stehend) und Douglas (zu seiner Rechten) zu hören. Gemälde von Thomas Root.

7 | Abraham Lincoln 1860, kurz nach seiner Nominierung zum Präsidentschaftskandidaten.

8 | Lincoln 1865, wenige Tage vor seiner Ermordung.

9 | Der erste Wahlkampf während eines Krieges: Rally 1864 in New York für Lincolns Gegenkandidaten, Ex-General George B. McClellan.

10 | Nach der Skandalwahl von 1876: »Noch so ein Sieg und ich bin verloren«, stöhnt der republikanische Elefant am Grab des Tigers, der damals noch die Demokraten symbolisierte. Karikatur von Thomas Nast in *Harper's Weekly* 1877.

11 | Die Drei-Kandidaten-Wahl 1912: Der Elchbulle mit den Vorderzähnen und der Rundbrille Theodore Roosevelts erschreckt die etablierten Parteien, die GOP (Grand Old Party = Republikaner) und die Demokraten, für die nun (und bis heute) ein Esel steht.

12 | »Ex occidente lux«: Das Licht des Fortschritts, das Wahlrecht, kommt für die Frauen aus dem Westen. Den Anfang machte 1869 Wyoming. Doch erst 1920 waren alle Amerikanerinnen berechtigt zu wählen. Die Karikatur von H. Meyer zeigt den Stand der Dinge 1915.

13 | Zum Wahlkampf gehörte das ganze 20. Jahrhundert hindurch der Sonderzug, der »Campaign Train«. Franklin D. Roosevelt nutzte ihn intensiv.

14 | Roosevelt verstand das neue Medium Radio perfekt zu nutzen. In regelmäßigen Ansprachen »vom Kamin«, den »fireside chats«, kam er dem Durchschnittsamerikaner so nahe wie kein Präsident vor ihm.

15 | Alle Umfragen sagten 1948 einen klaren Sieg von Thomas Dewey über Harry Truman vorher. Der wahre Sieger in der Nacht nach der Wahl mit der zu früh gedruckten, ihm feindlich gesonnenen *Chicago Daily Tribune*.

16 | John F. Kennedy und seine Frau »Jackie« im Wahlkampf 1960. Sie schienen einer Hochglanzzeitschrift für life style entsprungen. Nie zuvor hatte sich um einen Politiker (und seine Ehefrau) ein solcher Fankult entwickelt.

17 | 1960 treffen erstmals beide Kandidaten in einer TV-Live-Debatte aufeinander. Eigentlich hätte Richard Nixon (rechts) das Lachen vergehen sollen: Die Runde ging an Kennedy, nicht zuletzt wegen seines Aussehens.

18 | Robert Kennedy im April 1968 im Vorwahlkampf. Ihm flogen die Herzen und Hoffnungen vieler zu. Am 4. Juni wurde er in Los Angeles ermordet.

19 | Ein politisch Totgesagter kehrt zurück: Richard Nixon im Präsidentschaftswahlkampf 1968. Rechts unten seine Frau Patricia.

20 | Heftige Demonstrationen gegen den Vietnam-Krieg (und gegen die Johnson-Administration) begleiten den Parteitag der Demokraten 1968 in Chicago. Sie werden niedergeknüppelt.

21 | 3. November 1980: Ronald Reagan (Mitte) einen Tag vor seinem Wahlsieg. Links Gerald R. Ford, Präsident 1974 bis 1977, rechts George H. W. Bush, 1989 der nächste Präsident nach Reagan.

22 | »Let's make America great again«: Mit dieser Botschaft siegte der Republikaner Reagan 1980 über den glücklosen Amtsinhaber Jimmy Carter. Die Mehrheit der Amerikaner hatte von Demütigungen und Inflation, von Niederlagen und Führungsschwäche genug.

23 | Das junge Dream Team der Demokraten siegt am 3. November 1992: Bill Clinton und die Nummer Zwei, Al Gore (rechts). Mit ihren Ehemännern freuen sich Hillary Clinton (links) und Tipper Gore.

24 | Abschluss des Vorwahlkampfes, Beginn der »Endrunde« und gut choreographierte Show: die Convention, ein Herzstück des Wahlkampfes. Nach vollzogener Kür feiern die Delegierten – hier die Demokraten 1996 nach der erneuten Nominierung Bill Clintons – sich selbst, ihren Kandidaten und stets auch ihr Land.

25 | George W. Bush bei der Stimmabgabe am 7. November 2000 in Austin. Zu seinem Glück mußte er keinen komplizierten »Butterfly ballot« ausfüllen oder Löcher in die Stimmkarte stanzen wie zur selben Zeit die Wähler in Florida.

26 | Die Ausgaben der *Chicago Sun-Times* vom 8. November spiegeln das unklare Wahlergebnis. Nur eines ist sicher: Hillary Clinton ist zur Senatorin von New York gewählt.

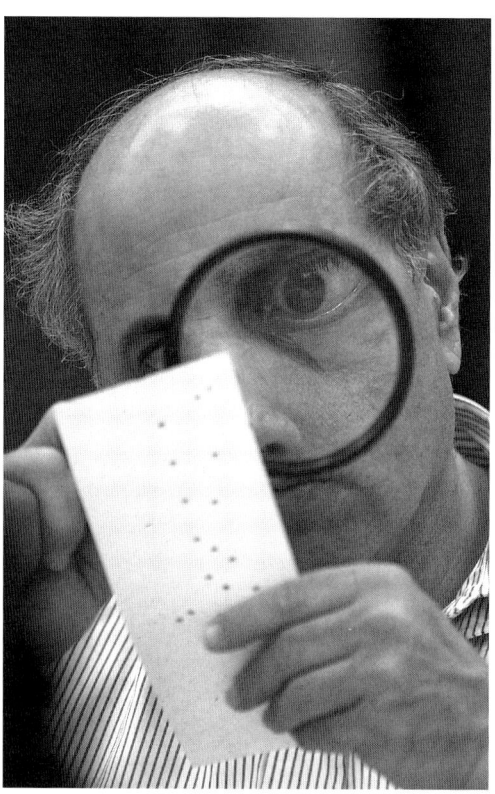

27 | Broward County, Florida, 24. November: Überprüfung einer gelochten Stimmkarte.

28 | Der Streit um Nachzählungen: Anhänger beider Seiten demonstrieren am 26. November vor dem State Capitol in Tallahassee.

29 | Zum ersten Mal werden 2008 einer Frau Chancen eingeräumt, Präsidentin zu werden: Hillary Clinton.

30 | Zum ersten Mal ist auch die Wahl eines schwarzen Mannes denkbar: Barack Obama verkörpert die Sehnsucht vieler Amerikaner nach einem Wandel, den aber auch Hillary Clinton verspricht.

31 | Die Favoriten für die Präsidentschaftskandidatur 2008: die Demokraten Hillary Clinton und Barack Obama sowie der Republikaner John McCain.

oder nicht: gerade in dieser Phase wählte ihn das Staatsparlament von Illinois zum Senator. Die jetzt noch zur Verfügung stehenden Obersten Bundesrichter waren allesamt von republikanischen Präsidenten ernannt.

Den Platz von Davis nahm nun der aus New Jersey stammende Richter Joseph B. Bradley ein, dem Gerüchte vorausgingen, er sei kein strammer Parteisoldat der Republikaner, er habe Sympathien für Tilden und dergleichen mehr. Es war Wunschdenken auf Seiten der Demokraten. Die *New York Sun* ahnte, was kommen würde: »Die fast absolute Entscheidungsgewalt über die Frage der Präsidentschaft liegt bei Richter Joseph B. Bradley aus Newark, ein Parteigänger, der seine Partei noch nie enttäuscht hat. HAYES wird eingesetzt, der Betrug, mit dem dieses Ergebnis zustande kam, wird mit dem Quasi-Mantel des Supreme Court bedeckt.«[26]

Es ist viel gemutmaßt worden, mit welcher Geisteshaltung dieser entscheidende 15. Mann in die Tagung der *Electoral Commission* ging, welchen Einflüssen er unterlag. Den Demokraten nahestehende Besucher in Bradleys Haus wollen am Vorabend der entscheidenden Sitzung eine für Tilden günstige Meinung des Richters aus der Konversation herausgehört haben; danach, in tiefer Nacht bis in die Morgenstunden, sollen Kutschen vor Bradleys Haus geparkt haben, die hochrangigen Industriekapitänen und Eisenbahnbaronen gehörten. Möglicherweise sind »Anreize« gemacht worden, in sechsstelliger oder noch größerer Dollarhöhe. Selbstverständlich stritt Bradley jedwede Einflußnahme von außen ab, die fragliche Nacht habe er friedlich geschlafen.

Die Entscheidung fiel mehr als zwei Monate nach der Wahl. Am 7. Februar trat die Wahlkommission zur Entscheidung zusammen. Um 14 Uhr 13 erhob sich Bradley von seinem Stuhl und sprach in die atemlose Stille in der Old Senate Chamber. Er referierte die unterschiedlichen juristischen Sichtweisen und für etwa 10 Minuten konnten sich die sieben Demokraten in diesem Gremium der Illusion hingeben, dass eine Entscheidung in ihrem Sinne fallen würde. Dann jedoch machte Bradley in der pointierten Sprache des sich selbst jeder Verantwortung entziehenden, Präzedenzen und Nebenklauseln zitierenden Rechtsexperten deutlich, wohin sein Argument ging. Es kam zur Abstimmung: Acht Stimmen für Hayes, sieben Stimmen für Tilden.

In den Zeitungen, die den Demokraten zuneigten, schlug die Empörung hohe Wellen. Es wurde gar von einer Neuauflage des Bürgerkrieges gesprochen. Doch daran war vor allem den Demokraten im Süden, die sich mühsam die Macht in den Gouverneurspalästen und Staatsparlamenten in Old Dixie zurückerkämpft hatten, nicht gelegen. Hinter den Kulissen wurde mit

---

[26] Rehnquist, S. 159/160.

Repräsentanten der künftigen Hayes-Administration verhandelt. Das Ende der Reconstruction wurde beschlossen, der Abzug der letzten Truppen und – nie zugegeben, aber dies war der Effekt der Absprachen – das Wahlrecht der schwarzen Bevölkerung wurde dem inneren Frieden geopfert.

Beide Häuser des Kongresses hätten das Ergebnis der Wahlkommission noch verwerfen können, doch dazu kam es nicht. Am 2. März verkündete der Präsident pro tempore des Senats, der Republikaner Thomas W. Ferry das Ergebnis: 185 Stimmen für Hayes, 184 Stimmen für Tilden. Und fügte ohne eine Miene zu verziehen hinzu, die Wahl sei des Respektes der ganzen Welt wert gewesen. Der Kongressabgeordnete Joseph C. Blackburn aus Kentucky fand ein anderes Fazit: »Heute ist Freitag. An einem solchen Tag ist ist unser Heiland zwischen zwei Dieben gekreuzigt worden. Am heutigen Freitag wurden die konstitutionelle Regierungsform, Ehrlichkeit, Recht, Fairness, Mannhaftigkeit und Würde zwischen einer ganzen Anzahl von Dieben gekreuzigt.«[27]

Rutherford B. Hayes, der neunzehnte Präsident der USA, dem von nun an Beinamen wie »Rutherfraud«, »His Fraudulency« und »Old 8 to 7« anhingen, wurde gleich zweimal vereidigt. Grants Amtszeit endete an einem Sonntag, die offizielle Vereidigung konnte aber nur an einem Wochentag stattfinden. Also legte Hayes am 4. März 1877 den ersten, geheimen und am darauffolgenden 5. März den öffentlichen Amtseid ab.«Letzteres war eine Heuchelei, denn er war ja bereits Präsident. Aber angesichts der Umstände war es vielleicht sogar passend.«[28]

Hayes bemühte sich, die Wunden zu schließen, die die erbitterten Auseinandersetzungen nach der Wahl geschlagen hatten. Er erklärte, sich nicht um eine zweite Amtszeit bewerben zu wollen, und stellte ein recht kompetentes Kabinett zusammen, in dem der deutschstämmige Liberale Carl Schurz Innenminister wurde. Als er nach vier relativ ruhigen Jahren aus dem Amt schied, erfreute er sich durchaus einer Beliebtheit, die vereinzelt auch über Parteigrenzen hinweg ging. Die Verbitterung blieb, aber sie war nicht stark genug, um es 1880 zu einer Revanche kommen zu lassen. Tilden war eine Zeitlang als möglicher Kandidat im Gespräch, doch seine nie besonders robuste Gesundheit hatte während des Dramas zusätzlich gelitten. Tilden bekam auf dem Parteitag der Demokraten 1880 im ersten Wahlgang einige wenige Stimmen, im zweiten fiel die Entscheidung für den ehemaligen General Winfield Scott Hancock. Bei den Republikanern dauerte es etwas länger. Einer der Aktivisten der »Aufbereitung« des Ergebnisses von 1876 in den Südstaaten, der wie Hayes aus Ohio

---

[27] Morris, S. 237.
[28] Morris, S. 240.

stammende James A. Garfield, wurde im 34. Wahlgang nominiert, nachdem er zu Beginn der Convention gar nicht zum Kandidatenfeld gehört hatte. Garfield gewann im November 1880 knapp, was den Republikanern 24 ununterbrochene Jahre im Weißen Haus bescherte – ein Rekord, den seither keine Partei mehr hat einstellen können. Garfield selbst sollte den Triumph allerdings nicht lange genießen können. Am 3. Juli 1881 schoß ihm ein enttäuschter Pöstchenjäger in einem Washingtoner Bahnhof eine Kugel in den Rücken. Der Präsident litt mehrere Wochen, wozu das Unvermögen der Ärzte wesentlich beitrug, und starb am 19. September. Mit sechseinhalb Monaten hat Garfield bis heute die zweitkürzeste Amtszeit.

Das letzte Wort zu der Jahrhundertwahl sei dem Sieger und Verlierer in einer Person vorbehalten: Samuel Tilden. »Wenn meine Stimme über das Land reichen und im hintersten Dorf gehört würde, dann würde ich sagen: Die Republik wird leben. Die Institutionen unserer Väter werden nicht in Schande zu existieren aufhören. Die Souveränität des Volkes wird aus dieser Gefahr gerettet und wieder hergestellt werden.«[29]

Lessons from History: Wahlkampf vom »front porch«

George Washington hätte niemals um Stimmen gebuhlt. Dem Beispiel des Gründervaters folgten praktisch alle Präsidentschaftskandidaten der nächsten einhundert Jahre (außer Harrison), bis der dreimalige Kandidat – und dreimalige Verlierer – William Jennings Bryan für sich selbst die Werbetrommel rührend durch die Lande zog und 600 Auftritte absolvierte. So sehr sich die Parteien und die ihnen nahestehenden Gazetten auch bekämpften – die Spitzenkandidaten hielten sich meist zurück, wie es von Gentlemen zu erwarten war. Selbst im heiß umkämpften Urnengang von 1876 waren die Auftritte von Hayes und Tilden Raritäten. Wenn ein Kandidat überhaupt zum Wahlvolk redete, dann kam dies zu ihm. Die Parteien organisierten verschiedentlich Ausflüge zu des Kandidaten Heimatstadt und seinem Domizil. Fand sich eine Besuchergruppe ein, so trat der Kandidat oder der an einer Wiederwahl interessierte Präsident auf seine vordere Veranda, *front porch*, sprach ein paar freundliche, aber selten aufputschende Worte – das war alles. Vor allem mit zurückhaltenden Präsidenten wie Garfield und McKinley ist der Begriff *front porch campaign* assoziiert – die Fotos von diesen Reden in heimischem Ambiente gewähren einen Blick auf eine für immer vergangene Form des Wahlkampfes.

---

[29] New York Sun, 14. Juni 1877.

»THE BULL MOOSE«: DIE DREI-KANDIDATEN-WAHL
Wilson – Taft – Roosevelt 1912

Von 1856 bis in die Gegenwart ist praktisch jede amerikanische Präsidentschaftswahl eine Entscheidung zwischen den Kandidaten der großen beiden Parteien, hier der Republikaner, da der Demokraten. Die Kandidaten kleinerer Parteien haben bestenfalls einige Bundesstaaten und damit Wahlmänner gewinnen können wie zum Beispiel George Wallace 1968, der in fünf Staaten des Südens gewann und damit immerhin 46 Elektorenstimmen bekam, ohne den Wahlsieg Richard Nixons (301 Wahlmänner) verhindern zu können. Einmal in der jüngeren Geschichte hat ein *Third party candidate* den Wahlausgang tatsächlich beeinflusst, ohne eine einzige Wahlmännerstimme zu erhalten. Der texanische Milliardär Ross Perot konnte 1992 fast zwanzig Millionen Stimmen auf sich vereinen, doch waren diese Stimmen nicht regional so gehäuft, dass er auch nur einen einzigen Staat gewonnen hätte. Insgesamt waren diese zwanzig Millionen Stimmen von, so kann vermutet, überwiegend konservativ eingestellten Wählern ein Aderlaß, der die Wahl mitentschied. Die meisten Perrot-Wähler wären – hätte der eigenwillige Geschäftsmann nicht kandidiert – ins Lager des amtierenden Präsidenten George H. W. Bush gewandert. Doch so fehlten dem Amtsinhaber diese Stimmen und er verlor gegen seinen Herausforderer, den Gouverneur von Arkansas, Bill Clinton.

Zumindest bei einer Wahl jedoch hatten die Zeitgenossen den Eindruck, dass der Kandidat einer dritten Partei durchaus siegreich sein könnte. Es war in jenem Jahr 1912 ein eigenartiger Wahlkampf, in dem drei politische Schwergewichte aufeinandertrafen: ein ehemaliger Präsident, ein amtierender Präsident und ein zukünftiger Präsident.

Theodore Roosevelt war eine höchst ungewöhnliche Persönlichkeit. Der 1858 in New York als Sproß einer reichen Familie geborene Politiker war ein kränkelndes Kind gewesen, das sich zu einem Bücher verschlingenden Jugendlichen entwickelt hatte. Zur Stärkung seiner Gesundheit verbrachte er einige Zeit im damals noch halbwegs Wilden Westen, danach begann er mit der für ihn eigenen Mischung aus Aktionismus und intellektueller Schärfe eine Doppelkarriere als Schriftsteller und Lokalpolitiker im Staat New York. Als 1896 William McKinley ins Präsidentenamt berufen wurde, ernannte dieser den dynamischen Hoffnungsträger der Republikanischen Partei zu seinem stellvertretenden Marineminister. Roosevelt selbst trug nicht unwesentlich dazu bei, dass den amerikanischen Seestreitkräften eine wichtige Rolle im Aufstieg des Landes von einer vom Weltgeschehen noch etwas isolierten Groß- zur Weltmacht zufiel. Er bereitete die Marine auf einen Konflikt vor, dessen Ausbruch er sich sicher war: einen Krieg mit der ersten Kolonialmacht in der Neuen Welt, Spanien. Der Streitpunkt war die Behandlung Kubas durch die spanischen Kolonialherren; die größte Karibikinsel löste in den USA sowohl echtes Mitgefühl für die von den Spaniern vermeintlich und manchmal auch tatsächlich brutal unterdrückten Bewohner und eine nicht ganz so offen zugegebene Habgier auf die Inbesitznahme der reichen und strategisch wichtigen Insel aus. Als im Februar 1898 das auf einem »Freundschaftsbesuch« im Hafen von Havanna liegende amerikanische Schlachtschiff »Maine« aus nie ganz geklärten Gründen in die Luft flog, war der Grund zu dem vor allem von der Massenpresse in den USA erwünschten Krieg da. Die von Roosevelt in einen Topzustand gebrachte amerikanische Flotte machte in zwei Seeschlachten, eine vor Kuba, die andere in der Bucht von Manila, kurzen Prozess – auch die Philippinen waren eine spanische Kolonie, auch sie wechselten nach dem Krieg wie Kuba und Puerto Rico den Besitzer und wurden vorübergehend amerikanische Überseeterritorien. Roosevelt übernahm in dem »War of 1898« darüber hinaus eine Heldenrolle. Er rüstete ein Freiwilligenregiment, die »Rough Riders« aus und zeichnete sich an der Spitze dieser Haudegen, die teilweise aus dem Westen und teilweise aus dem Umfeld von Roosevelts alma mater Harvard kamen, beim Sturm auf einen seither legendären Hügel auf Kuba, San Juan Hill, aus. Roosevelt, der um den Wert einer unauffälligen Kultivierung der Medien wußte, hatte mehrere Reporter in seinem Gefolge, die dem begeisterten Leserpublikum daheim über seine Heldentaten berichteten. Sein Ruhm überstrahlte den seiner heute weitgehend vergessenen Vorgesetzten und als Roosevelt noch vor dem endgültigen Friedensschluß mit Spanien nach Hause kam, bereiteten ihm die New Yorker einen begeisterten Empfang. Nur wenige Wochen später schickten sie ihn in die *Governor's Mansion* nach Albany. Doch Gouverneur von New York sollte nicht seine letzte Station auf dem steilen Weg nach oben bleiben. Zwei Jahre später ernannte McKinley den populären Roosevelt zum Vizepräsidentschaftskandidaten für seine angestrebte zweite Amtszeit – der bisherige Vizepräsident, Garret Hobart, war ein Jahr zuvor im Amt gestorben; für Roosevelt höchst *convenient*.

Das Ticket McKinley-Roosevelt gewann die Wahl von 1900 mit 292 Wahlmännerstimmen gegen die 155 Wahlmännerstimmen des Demokraten William Jennings Bryan, der einen eigentümlichen Rekord hält: er war dreimal Spitzenkandidat einer der großen Parteien (1896, 1900, 1908) und er verlor dreimal. Als Roosevelt im September 1901 Ferien in den Bergen des Staates New York machte, erreichte ihn auf einer abgelegenen Berghöhe ein Telegramm, das Außenminister John Hay (vierzig Jahre zuvor Sekretär von Präsident Lincoln) ihm vom hier so unendlich weit entfernt scheinenden Washington geschrieben hatte: »Der Präsident starb um 2 Uhr 15 heute morgen.« Damit stand Theodore Roosevelt in der Verantwortung – und an der Spitze einer Nation, die bereit war, ihre jugendliche Kraft voll zu entfalten. Während der mit 42 Jahren jüngste Präsident aller Zeiten[1] nach Buffalo fuhr, wo Vorgänger William McKinley den Kugeln eines Attentäters erlegen war, dämmerte eine Epoche herauf, die man vielleicht als die beste in der Entwicklung des Landes ansehen kann. Für die meisten Zeitgenossen bestand wenig Anlaß daran zu zweifeln, dass es Amerikas Goldene Jahre waren: der Kontinent war erschlossen, es herrschte weithin Prosperität, der innere und äußere Frieden war gesichert, technische Errungenschaften breiteten sich bis ins Alltagsleben hinein aus. Es waren die Jahre, in den Amerikas Lieblingskind, das Automobil, auf den Straßen sein Debüt gab, in denen das erste Motorflugzeug am Strand von Kitty Hawk zu einem kurzen Flug abhob und in denen das Telefon Einzug in Amts- und Wohnstuben hielt. Und über diese Goldene Jahre präsidierte ein Mann, der mit seiner legendären Dynamik, seiner zähnefletschenden Jovialität und seiner brillanten Intelligenz nicht nur das perfekte Sinnbild einer Epoche war, sondern auch ein Präsident wurde, der in der Galerie seiner Amtskollegen in vielerlei Hinsicht ein Exot war und bis heute blieb.

Roosevelt ging auf den unterschiedlichsten Feldern der Politik mit einer das Publikum immer wieder erstaunenden Entschlossenheit vor. Er begann die Macht der großen Industriekonglomerate, der »Trusts«, zu beschneiden, ein Prozess, der unter anderem zur Zerschlagung des Standard Oil-Imperiums von John D. Rockefeller führte. Mit der Begründung der ersten Nationalparks gilt Theodore Roosevelt heute als einer der Pioniere des Natur- und Umweltschutzes. In der Außenpolitik übernahm er eine aktive Rolle, für seine Vermittlung im Krieg zwischen Rußland und Japan, die zum Friedensschluß von Portsmouth (New Hampshire) führte, erhielt er 1905 den Friedensnobelpreis.

Der Schriftsteller Mark Twain sah in Roosevelt »den populärsten Menschen, den es je in den Vereinigten Staaten gegeben hat«.[2] Diese Einschätzung unterstrich die Wahl vom November 1904, bei der Roosevelt mit großer Mehrheit im Amt bestätigt wurde. Der Präsident, dem das

---

[1] John F. Kennedy, der oft als Inbegriff der Jugend in diesem Amt gewürdigt wird (und damit zusammen mit »T.R.« und Bill Clinton eine Ausnahme darstellt), war der jüngste *gewählte* Präsident. Er war 1960 43 Jahre alt, dem bei Amtsantritt ein Jahr jüngerem Roosevelt fiel die Präsidentschaft zunächst wegen des Todes McKinleys zu, 1904 wurde er, kurz nach seinem 46. Geburtstag, *in his own right* erneut gewählt.

[2] Mark Twain: Autobiography. New York 1924. Vol. 2, S. 291.

Herz allzu oft auf der Zunge lag, beging im Überschwang der Gefühle noch am Wahlabend die unglaubliche politische Dummheit anzukündigen, dass er in vier Jahren nicht wieder kandidieren würde. Jeder Präsident mit einer schwächeren Persönlichkeit wäre unweigerlich für vier Jahre zu einer *lame duck* geworden. Dies verstand Roosevelt in all seiner prallen Dynamik zu verhindern, doch das allmählich näher kommende Ende seiner Amtszeit bedrückte ihn nichtsdestotrotz. Niemand, so erzählte er später, habe die Präsidentschaft so genossen wie er. Typisch für ihn war eine der letzten Amtshandlungen, mit der er Amerika und auch sich selbst noch einmal feierte. Er schickte die gesamte Flotte, the *big white fleet*, zu einer Goodwill-Tour um den Globus. Es war eine Demonstration der Stärke, letztlich aber auch einer gewissen, fast unschuldig zu nennenden Friedfertigkeit, denn damit waren Amerikas Küsten über Monate jedweden Schutzes entblößt. Am 22. Februar 1909, zwei Wochen vor dem Ende von Roosevelts Amtszeit, kehrte die Flotte nach Hampton Roads, Virginia, zurück. Sie feuerte aus allen Rohren ihren Salut für einen sie erwartenden Präsidenten, der kaum seiner Tränen Herr werden konnte. Er hatte nicht seinesgleichen.

Der geradezu handverlesene Nachfolger Roosevelts wurde sein Kriegsminister William Howard Taft, der die Wahl von 1908 deutlich gewann. Roosevelt ging für fast ein Jahr außer Landes, besuchte in Europa Staatsoberhäupter und Regierungschefs, in Afrika frönte er über Wochen der Großwildjagd. Doch der Homo politicus hielt es nicht unbegrenzt fern der Macht aus. Nach Amerika zurückgekehrt, wurde er vom Mentor Tafts zunehmend zu des neuen Präsidenten Kritiker. Taft, ein Mann von rund 300 Pfund Körperumfang, für den eigens eine größere Badewanne im Weißen Haus installiert werden musste, agierte als Präsident eher schwerfällig, das gestalterische Potential des Amtes, das Roosevelt voll ausgenutzt hatte, ließ er weitgehend brach liegen. Das einst vertrauliche Verhältnis der beiden Politiker kühlte bis zum Gefrierpunkt ab. Schließlich kam es, wie es kommen musste. Roosevelt erklärte im Februar 1912, sein Hut sei im Ring – der Ex-Präsident strebte nach einer neuerlichen Amtszeit. Aus dem Weißen Haus ausgeschieden und später wiedergewählt worden zu sein – das war bis zu diesem Zeitpunkt (und bis heute) nur einem gelungen: Grover Cleveland, von 1885 bis 1889 Präsident, hatte nach der ersten Amtszeit gegen Benjamin Harrison, den Enkel des sehr kurzzeitigen Präsidenten William Henry Harrison, verloren. Doch vier Jahre später, anno 1892, trat Cleveland erneut an. Diesmal siegte er gegen Harrison, wurde der Nachfolger seines Nachfolgers und bringt seither die präsidentielle Zählweise durcheinander: als 22. und 24. Präsident in einer Person sorgt Cleveland seither dafür, dass der im Jahr 2008 gewählte Präsident der 44. ist – und dass doch gleichzeitig nur 43 Individuen das Amt innehatten.

Der Konflikt zwischen Roosevelt und Taft brachte die Republikanische Partei an den Rand der Spaltung. Von den damals noch wenigen Primaries gewann Roosevelt neun, Taft nur eine. Doch die Mehrzahl der Parteitagsdelegierten wurden von der Parteimaschinerie, den »Bossen« bestimmt und hier hatte Taft mehr Einfluss. Auf der Convention in Chicago bekam der amtierende Präsident schnell eine Mehrheit, Roosevelt und viele seiner Anhänger verließen empört den Saal und die Partei gleich mit. Noch am gleichen Ort gründeten sie eine neue politische Organisation, die *Progressive Party*. Das Wahlprogramm sah vor allem im sozialen Bereich ambitionierte Reformen vor, darunter den Acht-Stunden-Tag, die Sechs-Tage-Woche und die Ächtung von Kinderarbeit. Spitzenkandidat der Progressiven war natürlich Theodore Roosevelt, der dem Wahljahr die Devise gab, als er in gewohntem rhetorischen Überschwang verkündete, er fühle sich so stark wie ein *bull moose*, ein Elchbulle.

Angesichts der Tatsache, dass der Bull Moose-Kandidat und Amtsinhaber Taft sich das Wählerpotential der Republikaner teilen würden, hatten die Demokraten Grund zum Optimismus – der letzte Wahlsieg der Partei datierte immerhin auf das Jahr 1892, die erneute Wahl Clevelands. Dennoch wurde ihr Wahlparteitag in Baltimore zu einer zermürbenden Angelegenheit. Erst nach 46 Wahlgängen einigten sich die Delegierten auf einen Kandidaten. Es war ein Quereinsteiger in das politische Geschäft. Der ehemalige Rektor der Universität Princeton, Woodrow Wilson, hatte erst zwei Jahre zuvor in die Politik gefunden und war zum Gouverneur von New Jersey gewählt geworden. Der Intellektuelle mit der messerscharfen Rhetorik und dem von keinerlei Selbstzweifeln angenagten Sendungsbewusstsein ging mit dem Gouverneur von Indiana, Thomas Marshall, in das Rennen, der sein politisches Credo in der inhaltsschweren Aussage zusammenfaßte: »Alles was dieses Land braucht, ist eine gute Fünf-Cent-Zigarre.«[3]

Ein dramatischer Höhepunkt des Wahlkampfes war das Attentat auf Theodore Roosevelt am 14. Oktober 1912 in Milwaukee. Auf dem Weg zu einem Wahlkampfauftritt feuerte ein geistig verwirrter Mann aus nächster Nähe auf den ehemaligen Präsidenten. Der Lauf der Kugel wurde von dem Redemanuskript und dem Brillenetui in Roosevelts Brusttasche aufgehalten. Der Kandidat bestand darauf, trotz seiner Verletzung seine Rede zu halten – das blutverschmierte Hemd Roosevelts machte einen tiefen Eindruck auf das Publikum. Zum Wahlsieg reichten die Sympathien indes

---

[3] Miczkowski, S. 87.

nicht. Roosevelt erreichte das beste Ergebnis aller Kandidaten dritter Parteien und Taft das schlechteste aller sich um Wiederwahl bemühender amtierender Präsidenten. Taft bekam nur 8, Roosevelt hingegen 88 Wahlmännerstimmen. Da diese beiden Kandidaten sich die Stimmen gegenseitig wegnahmen, steuerte Woodrow Wilson auf einen Triumph zu, der sich gleichwohl nur in den Elektorenstimmen ausdrückte. Der Professor erhielt 435 Wahlmännerstimmen, mehr als 80% in diesem Gremium. An absoluten Wählerstimmen hatte er jedoch nur knapp 42% erhalten. Auch bei seiner Wiederwahl vier Jahre später gewann Wilson keine absolute Mehrheit der Wählerstimmen, doch bedeuteten die 49,3%, die er erhielt, eine Mehrheit von 277 zu 254 Elektoren gegenüber dem blassen republikanischen Herausforderer Charles Evan Hughes. Wilson wurde vor allem deshalb wiedergewählt, weil seine Partei mit dem Slogan *He kept us out of the war* suggerierte, dass eine Stimme für Wilson eine Stimme für die weitere Neutralität der USA gegenüber dem *Great War*, dem seit 1914 in Europa tobenden Krieg sei. Im März 1917 wurde Wilson für eine zweite Amtszeit vereidigt. Vier Wochen später traten die Vereinigten Staaten in den Ersten Weltkrieg ein.

Lessons from History: Wie alt muss und wie alt darf der Präsident sein?

Theodore Roosevelt war mit 42 Jahren bei seinem Amtsantritt nach dem Tod des unglücklichen William McKinley der jüngste Präsident aller Zeiten. John F. Kennedy war bei seiner Wahl gegen Richard Nixon nur unwesentlich älter. Ein Mindestalter gibt es: die Verfassung schreibt es mit 35 Jahren fest. Das Gleiche gilt auch für den Vizepräsidenten. Ein Senator muss mindestens 30 Jahre, ein Abgeordneter im Repräsentantenhaus mindestens 25 Jahre alt sein.

Nach oben gibt es keine Grenze. Wie geschildert waren Ronald Reagan mit (bei Amtsantritt) fast 70 vollendeten Jahren und William Henry Harrison mit 68 Jahren die ältesten Präsidenten. Im Kandidatenfeld für den Wahlkampf 2008 fanden sich auf Seiten der Republikaner mit John McCain und Ron Paul zwei Kandidaten, die zu Beginn der Nominierungskampagne bereits ihren 71. bzw 72. Geburtstag gefeiert hatten. Ermutigt haben mag die Senioren unter den Wahlkämpfern das Vorbild des republikanischen Senators Strom Thurmond. Der Mann aus South Carolina, der 1948 als Kandidat für die auf Rassentrennung bestehende States Rights Democratic Party für die Präsidentschaft kandidierte, schied als Hundertjähriger im Januar 2003 aus dem Senat aus.

ENDLICH: AMERIKAS FRAUEN DÜRFEN WÄHLEN
Warren G. Harding 1920

Mit der Präsidentschaftswahl von 1920 konnte endlich auch die Mehrheit der amerikanischen Bevölkerung die Segnungen der Demokratie genießen: zum ersten Mal durften Amerikas Frauen im ganzen Land ihren Staatschef mitbestimmen. Das war das Ende eines langes Kampfes, der mit der Women's Rights Convention vom Juli 1848 in Seneca Falls unter der Führerschaft der streitbaren Elizabeth Cady Stanton begonnen hatte, und eine Zwischenstation auf dem langen Weg zu gesellschaftlicher, ökonomischer und politischer Gleichberechtigung. Vermutlich hätten 1920 die führenden Suffragetten, die Streiterinnen für das Frauenwahlrecht, ungläubig gestaunt, wenn sie erfahren hätten, dass mehr als ein Menschenalter, nämlich weitere 88 Jahre ins Land gehen würden, bis anno 2008 erstmals einer Frau realistische Chancen auf den Sieg bei einer Präsidentschaftswahl eingeräumt wurden: Hillary Clinton.

Zwar hatten Frauen schon im späten 19. Jahrhundert vereinzelt das Wahlrecht bekommen, das Territorium Wyoming nahm hierbei 1869 eine Rolle als Pionier ein. 1912 kannten 12 Bundesstaaten das Frauenwahlrecht, doch für eine wirkliche und dauerhafte Etablierung dieses Grundrechtes war ein Verfassungszusatz notwendig. Der Staat Montana wählte 1916 mit der 37jährigen Jeannette Rankin die erste Frau in den Kongress. Die lebenslange Pazifistin erlebte zwei Amtszeiten im Repräsentantenhaus (1917 bis 1919 und 1941 bis 1943) und bemerkenswerterweise fiel in beide der Eintritt der USA in einen Weltkrieg. Unter großem persönlichem Mut – denn in der Presse wurde sie sofort als unpatriotisch verteufelt – versagte sie beiden Kriegserklärungen ihre Zustimmung, als eine von 50 Opponenten im Jahr 1917 und als einzige (mit einer Enthaltung) im Dezember 1941, kurz nach dem japanischen Angriff auf Pearl Harbor. Noch im Alter von 88 Jahren führte sie 1968 einen Protestmarsch gegen den Vietnamkrieg an. Der Staat Montana übrigens hat nach ihr nie wieder eine Frau in den Kongress gewählt.

Die Suffragettenbewegung wurde in den ersten beiden Jahrzehnten des 20. Jahrhunderts immer stärker, Demonstrationen für das Frauenwahlrecht bekamen größeren Zulauf und auch die regelmäßigen Verhaftungen der prominentesten Suffragetten konnten dem Engagement keinen Abbruch tun. Mit dem Eintritt der USA in den Ersten Weltkrieg übernahmen Frauen in vielen Bereichen der amerikanischen Gesellschaft und des Wirtschaftslebens Aufgaben, die bisher Männern vorbehalten waren (ein Vorgang, der im Zweiten Weltkrieg in noch dramatischerer Form stattfinden und die Forderung nach ökonomischer Gleichberechtigung anfeuern sollte): in Fabriken, als Strassenbahnfahrerinnen und nicht zuletzt an den Fronten, wo Frauen vor allem als Krankenschwestern dienten und den Horror des Krieges aus nächster Nähe erlebten. Präsident Wilson erklärte in einer Rede im September 1918, Frauen seien in diesem Krieg zum Partner geworden, solle diese Partnerschaft nur im Leiden, im Opfergang gelten und nicht auch eine Partnerschaft im Recht sein? Abgesehen davon, dass des Präsidenten Entdeckung der Partnerschaft erst in diesem Krieg etwas merkwürdig anmutet – waren Amerikas Frauen nicht an der Erschließung des großen Landes beteiligt gewesen, zum Beispiel als Farmerinnen oder Lehrerinnen? – war dieser Argumentation kaum zu widersprechen. Im Sommer 1919 wurde der Neunzehnte Verfassungszusatz (*Nineteenth Amendment*) vom Repräsentantenhaus (mit 304 zu 90 Stimmen) und vom Senat (mit 56 zu 25 Stimmen) beschlossen. Am 26. August 1920 trat der Zusatz in Kraft, so dass Frauen überall im Land (mit Ausnahme der Hauptstadt Washington DC und der noch nicht zu Bundesstaaten aufgestiegenen Alaska und Hawaii) im Oktober den neuen Präsidenten wählen konnten.

Zusammen mit den männlichen Wählern entsandten die Amerikanerinnen einen Mann ins Weiße Haus, der in seiner Durchschnittlichkeit die Sehnsucht nach ruhigeren Zeiten verkörperte. Das Land hatte nicht nur vom grausamen Aderlass auf den Schlachtfeldern in Frankreich und Belgien genug, sondern auch von Streiks und innerstädtischen Unruhen, von anarchistischer Agitation und Terroranschlägen (eine Bombe hatte am 16. September 1920 auf der Wall Street, der symbolträchtigen Hochburg des Kapitalismus, 38 Menschen getötet und 300 verletzt). Hoffnungsträger waren der republikanische Kandidat Warren Gamaliel Harding, ein bis dahin wenig bekannter Senator aus Ohio, und sein vom Parteitag bestimmter Vizepräsidentschaftskandidat Calvin Coolidge (Harding hatte einen Senatskollegen aus Wisconsin bevorzugt). Coolidge hatte sich als Gouverneur von Massachusetts durch entschlossene Beendigung eines Streiks der Bostoner Polizei einen guten Namen verschafft, als er des Bürgers Willen in seiner zu prägnanten Formulierungen fähigen Eloquenz ausdrückte: *There is no right to strike against the public safety by anybody, anywhere, anytime.*[1] Aus Ohio kam auch der Kandidat der Demokraten, Gouverneur James M. Cox, der mit dem jungen stellvertretenden Marineminister Franklin D. Roosevelt als *running mate* in den Wahlkampf zog.

Hardings Wahlprogramm bestand im wesentlichen aus drei Worten: *Back to normalcy.* Zurück zur Normalität – nichts entsprach mehr dem Wunsch der Amerikanerinnen und Amerikaner. Der Amtsinhaber Woo-

---
[1] Mieczkowski, S. 90.

drow Wilson, der sich selbst in seinem schier krankhaften Sendungsbewußtsein für die höchste moralische Instanz des Landes, wenn nicht gar der Welt hielt, hatte die USA in den Krieg geführt. 117.000 Amerikaner waren im fernen Frankreich getötet worden, angeblich um – so eine von Wilsons Lieblingsphrasen – die »Welt für die Demokratie sicher zu machen«. Nichts deutete darauf hin, dass dieses hehre Ziel erreicht worden war. Statt dessen sahen viele US-Bürger in Wilsons Plänen einer führenden Rolle der USA im neu gegründeten Völkerbund die Gefahr neuer Verwicklungen in die Konflikte der Alten Welt. Des weiteren hinterließ Wilson dem politischen System des Landes ein verhängnisvolles Erbe: nie vorher war die amerikanische Öffentlichkeit so lange und ausdauernd belogen worden wie in den letzten eineinhalb Jahren seiner Präsidentschaft. Wilson war nach einem Schlaganfall amtsunfähig geworden, ein Zustand, der den Bürgern von einer in seinem Namen das Land regierenden – oder vielmehr: eine effektive Regierung verhindernden – Troika aus First Lady Edith, dem Sekretär und dem Leibarzt verschwiegen wurde. Ein grundsätzliches, in einer Demokratie zweifellos gesundes Mißtrauen gegenüber der Exekutive ist seit diesen Tagen obrigkeitlicher Lüge und Vertuschung ein oft im Unbewußten schlummernder Bestandteil der Einstellung der Amerikaner zum Weißen Haus, durch die Machenschaften eines Richard Nixon noch um ein Vielfaches verstärkt.

So nimmt der alle Vorstellungen sprengende Wahlerfolg des Warren Gamaliel Harding, der mehr als 60 Prozent der Stimmen auf sich vereinigte, nicht wunder. Harding gewann den ganzen Norden, den Mittleren Westen und den Westen, außerdem konnte er als erster republikanischer Kandidat seit der Reconstruction mit Tennessee einen der Staaten der ehemaligen Konföderation gewinnen. Im Wahlmännerkollegium hieß es 404 zu 127 für Warren G. Harding. Die Wähler ersetzten einen Moralprediger durch einen liebenswürdigen Zeitgenossen mit ebenso liebenswerten Schwächen. Harding hatte kein Elite-College besucht, war kein Anwalt wie viele Politiker, sondern ein bodenständiger Zeitungsmann, der in seiner Heimatstadt Marion im Bundesstaat Ohio den *Star* heraus gegeben hatte. Er verkörperte die sprichwörtliche politische Mitte; kontroversen Themen ging er am liebsten aus dem Weg und widerstreitende Meinungen pflegte er mit seinem Charme zu überbrücken. Hardings Ehrgeiz, sein Streben nach dem höchsten Staatsamt erschien eher beiläufig oder wurde von ihm effektvoll kaschiert, bei seiner Frau Florence waren die Ambitionen auf den Einzug in 1600 Pennsylvania Avenue wesentlich offensichtlicher.

Vieles an Hardings politischen Ansätzen erscheint durchaus fortschrittlich. Aus einfachen Verhältnissen kommend, hatte er ein Herz für die amerikanische Arbeiterklasse und setzte sich für die Abschaffung des 12-Stunden-Tages ein. Gegen immense Widerstände unterzeichnete er ein Gesetz, das eine bessere staatliche Gesundheitsvorsorge für Frauen und Kinder vorsah. In einer Ära voller Vorurteile erschien er wie eine Stimme der Vernunft. In Birmingham, Alabama, im Herzen eines zutiefst rassistischen Südens, rief er zu einem »Ende der Vorurteile« auf und verurteilte den Ku-Klux-Klan. Der Privatmann Harding blieb auch in Washington das gleiche schlichte Gemüt, das er daheim in Ohio gewesen war. Er rauchte kräftig und zog sich nur allzu gern mit alten Freunden aus der Heimat – der berüchtigten »Ohio Gang« – zu einer Runde Poker und reichlich Bourbon in nikotingeschwängerte Hinterzimmer zurück. Draußen im Lande hingegen herrschte Prohibition, ein unseliges Relikt des vorherigen Kongresses, das zum Erblühen einer kriminellen Nebenwirtschaft führte. Eine weitere Schwäche Hardings, seine zahlreichen außerehelichen Affären, wurde von den in privaten Dingen damals noch höchst feinfühligen Medien der Öffentlichkeit vorenthalten. Warren Harding war der Prototyp eines einfachen Menschen, der vom Schicksal vor eine Aufgabe gestellt wurde, die einige Nummern zu groß für ihn war. Nach nur einem Jahr im Amt stöhnte er überlastet, er wäre nichts lieber als wieder Bürger von Marion, seiner kleinen Heimatstadt in Ohio.

Es war ein von Skandalen zutiefst erschütterter Präsident, der sich im Sommer 1923 auf eine große, mehr als 25.000 Kilometer umfassende »Goodwill-Tour« durch das Land begab, die ihn bis nach Alaska führen sollte. Gesundheitlich schwer angeschlagen traf er am 29. Juli 1923 in San Francisco ein. Im dortigen Palace Hotel starb Warren Gamaliel Harding am Abend des 2. August. Der Tod des freundlichen und beliebten Mannes wurde im ganzen Land zutiefst betrauert – ein Jahr später, nach vollständigem Bekanntwerden der Mißwirtschaft und Korruption unter seinen Günstlingen, war seine Reputation für immer vernichtet.

Lessons from History: Ein »geborener Amerikaner« muss es sein

Kann jeder Amerikaner oder jede Amerikanerin Präsident werden? Nein – denn die Verfassung sagt unzweideutig, dass der erste Mann oder die erste Frau im Staate *born American*, also bereits als Amerikaner geboren sein muss. Ein naturalisierter Amerikaner kann nicht kandidieren, also ein Politiker, der in einem anderen Land geboren und dann später die US-Staatsbürgerschaft angenommen hat. Das ist per se eine schlechte Nachricht für fähige und durchaus ambitionierte Politiker wie den Gouverneur von Kalifornien, Arnold Schwarzenegger, der in

Österreich, und die Gouverneurin von Michigan, Jennifer Granholm, die in Kanada geboren wurde. Der Republikaner mit dem unverkennbaren Akzent und die Demokratin aus dem hohen Norden könnten nur dann für die Präsidentschaft kandidieren, wenn die Verfassung in diesem Punkt geändert werden würde.

Es kann ein Trost für beide sein – vielleicht ein schwacher – dass eine Reihe von Präsidenten, darunter zwei der sogenannten »Großen«, diese Bedingung eigentlich auch nicht erfüllten. Denn George Washington und Thomas Jefferson wurden ebenso wie der streitbare John Adams, der Vater der Verfassung James Madison und der Englandhasser Andrew Jackson als britische Untertanen geboren. Der erste Präsident, der tatsächlich die (erst später in die Verfassung aufgenommene) Bedingung erfüllte, *born American* zu sein, war Martin Van Buren, der 1782 zur Welt kam, sechs Jahre nach der Gründung der USA.

»HAPPY DAYS ARE HERE AGAIN«
Franklin D. Roosevelt 1932

Von seinem Fenster im Weißen Haus konnte der Präsident den Feuerschein sehen, der den Nachthimmel erleuchtete. Nur wenige Kilometer von seinem Amtssitz 1600 Pennsylvania Avenue entfernt, loderten dort im Südosten jenseits des Anacostia River Flammen empor. Ob Herbert Hoover an jenem heißen, viel zu heißen Sommerabend begriff, daß seine letzten Hoffnungen auf eine Wiederwahl dort drüben gerade in Rauch aufgingen? Es war ein erbärmliches Lager aus notdürftigen Zelten und aus von Pappe errichteten Hütten, bewohnt von erbarmungswürdigen Menschen, das von den Flammen verzehrt wurde, während Soldaten mit Säbeln auf die Bewohner einhieben. Eine Militäraktion gegen Demonstranten mitten im Herzen der Hauptstadt, im Schoß der amerikanischen Demokratie – es war ein undenkbares Ereignis, ein historisches Novum, das die Menschen im ganzen Land schockierte. Ziel der Militäraktion, die durch den Präsidenten gedeckt wenngleich wohl nicht in all ihren brutalen Einzelheiten gewünscht wurde, waren Amerikaner, die einst selbst die Uniform ihres Landes getragen hatten. Veteranen des Weltkrieges, den als den Ersten zu bezeichnen man 1932 noch keinen Grund hatte, waren nach Washington gekommen, um auf der Höhe der Wirtschaftskrise die vorzeitige Auszahlung eines Bonus für ihren Einsatz zu verlangen. Fast alle waren arbeitslos, die meisten waren arm bis an die Grenze des Elends und damit geradezu ein Spiegelbild der von der Depression verheerten amerikanischen Gesellschaft. Ein paar Tage konnte diese »Bonus Army«, fast 15.000 Mann stark, mit ihrer Anwesenheit und dem Errichten ihrer provisorischen Lager für ihr Anliegen demonstrieren, dann befahl Präsident Hoover der Armee, die Veteranen zu zerstreuen. Der Kommandeur der örtlichen Armeeregimenter, General Douglas MacArthur, sah in dem Marsch der Bonus Army eine kommunistische Attacke auf Amerikas Demokratie und ließ seine Truppen mit einer Härte vorgehen, die Hoover kaum gewollt haben dürfte. Die Egozentrik MacArthurs, später Oberkommandierender der amerikanischen Streitkräfte im Pazifik, sollte noch andere Präsidenten erschüttern, erst im Koreakrieg entfernte der couragierte Harry Truman den »amerikanischen Cäsar« von seinem Kommando.

Ein Reporter von United Press, Tom Stokes, notierte an jenem Abend des 28. Juli 1932, als die Anacostia Flats, das Ufer des kleinen Flusses in Rauch gehüllt waren, es gebe »nichts als bittere Gefühle gegenüber Herbert Hoover in jener Nacht.«[1] In den Kinos Amerikas wurde es in den nächsten Wochen Usus, beim Anblick der Wochenschau vor dem Hauptfilm zu buhen und zu pfeifen, sobald bewegte Bilder des Präsidenten gezeigt wurden. Es war ein unglaublicher Abstieg für einen Mann, der einst wegen seines humanitären Engagements berühmt wurde und der jetzt zum Sinnbild sozialer und menschlicher Kälte auf der Höhe der schlimmsten Wirtschaftskrise der amerikanischen Geschichte geworden war.

Im voraufgegangenen Jahrzehnt, in den *Roaring Twenties*, hatte alles noch ganz anders ausgesehen. Hochhäuser wuchsen gen Himmel, die Industrieproduktion erreichte Rekordmarken und auf Amerikas Straßen begann es eng zu werden: große Unternehmen wie Ford produzierten Autos in einer Stückzahl von einer Million jährlich, das ganze Land schien permanent unterwegs zu sein. Vor allem Amerikas Frauen schienen Nutznießerinnen einer ungestümen Moderne zu sein. Nachdem Frauen erstmals 1920 landesweit an einer Präsidentschaftswahl hatten teilnehmen dürfen, begann das Zeitalter weiblicher Stars, von Hollywoodgrößen wie Mary Pickford über Tennisspielerinnen wie Helen Wills Moody bis zu Flugpionierinnen wie Amelia Earhart, die das Motto *The Sky is the limit!* vorlebten. Es war das *Jazz Age*, die Epoche teils lebensfroher, teils schwüllasziver Musik, mit Frauen, deren Bubikopf ebenso eine neue emanzipatorische Qualität symbolisierte wie das ungehemmte Rauchen und Trinken in »Speakeasies«, in geheimen Spelunken, hatte doch der achtzehnte Verfassungszusatz die Prohibition zum Gesetz werden lassen, das Verbot des Verkaufs von Bier, Wein und natürlich noch stärkeren Getränken. Die Welt, die im Halbdunkel der Gesetzlosigkeit erblühte, strahlte einen morbiden Charme aus und wurde Gegenstand einer intensiven medialen Berichterstattung. Verbrecher wie Al Capone erreichten einen ebenso hohen Berühmtheitsgrad wie die Größen aus der Traumfabrik Hollywood, welche oft von der Aura des Halbseidenen, Dämonischen umgeben waren wie der früh verstorbene Beau Rudolpho Valentino, der sich zu Männern und zu Frauen hingezogen fühlte, oder der Komiker Fatty Arbuckle, dessen Filmkarriere in einem Skandal endete, als bei einer der branchenüblichen Koks- und-Sex-Orgien plötzlich eine junge »Schauspielerin« tot war. Dem Publikum lief ein Schauer den Rücken herunter, wenn es von den Frivolitäten der Schönen und Reichen las. Die Hoffnung, selbst reich zu werden und das schnell und natürlich risikolos, hatte überall Anhänger und das Forum, auf dem man zu Reichtum kommen wollte, war die Börse. Es wurde spekuliert, oft mit geliehenem Geld, denn die Zukunft sah

---

[1] Donald A. Ritchie: Electing FDR. The New Deal Campaign of 1932. Lawrence, Kansas 2007. S. 119.

rosig aus und das Diktum von Präsident Coolidge *America's business is business* würde getrost auch für den Durchschnittsamerikaner gelten – schließlich hatten die allseits verehrten Superreichen wie Henry Ford und John D. Rockefeller allesamt auch einmal klein angefangen, mit einer bescheidenen Investition und mit etwas Glück.

Eben jener Präsident Coolidge, als Vizepräsident nach dem frühen Tod von Warren G. Harding ins Amt gekommen und 1924 mit einem überzeugenden Votum wiedergewählt, war die Verkörperung einer politischen Philosophie, die der Wirtschaft ihren freien Lauf ließ und staatliche Intervention auf das absolut Notwendige begrenzte. Coolidge, ein wortkarger, verschrobener Vermonter, hatte Charles Dawes zu seinem Vizepräsidenten erkoren, einen Bankier, was die eindeutige Ausrichtung der Administration an den Interessen der Geschäftswelt und der Hochfinanz dokumentiert. Die Demokraten gaben 1924 ein besonders schwaches Bild ab, da ihnen bei der Demonstration ihrer personellen wie ideologischen Uneinigkeit ein neuer Rekord gelang. Ihr Wahlparteitag in New York zog sich über nie dagewesene 17 Tage hin, die Delegierten waren zu nicht weniger als 103 Wahlgängen gezwungen, ehe sie sich auf einen blassen Kompromißkandidaten mit dem Allerweltsnamen John Davis einigten. Der an der Wall Street tätige Anwalt – sicher gleichfalls kein Gegner von Big Business – war gegen das republikanischen Ticket chancenlos. Coolidge konnte im November 1924 im Wahlmännerkollegium 382, Davis nur 136 Elektorenstimmen auf sich vereinigen.

Wenn es Bestandteil staatsmännischer Größe ist, zu wissen, wann man aufhören muss, dann war Coolidge einer der weisesten Politiker Amerikas. Coolidge verkündete im Sommerurlaub 1927 in South Dakota plötzlich, dass er für die Wahl im nächsten Jahr nicht zur Verfügung stehen werde. Die Nation war geschockt, denn Coolidge war beliebt und dem Land ging es gut. So konnte ein Mann ein scheinbar glänzendes Erbe antreten, das sich indes als die Ruhe vor dem Sturm, als der Tanz auf dem Vulkan entpuppen sollte. Dieser Mann hieß Herbert Hoover.

Hoover wurde der erste amerikanische Präsident, der westlich des Mississippi geboren worden war. Er hatte in West Branch in Iowa 1874 das Licht der Welt erblickt, mit neun Jahren war er Vollwaise. Von Verwandten wurde er in einer Quäkergemeinde groß gezogen. Er war ein Einzelgänger und ein Bücherwurm, der wenig Kontakt zu Gleichaltrigen suchte oder fand. In dem Eisenbahnbaron Leland Stanford hatte der junge Hoover einen Förderer, denn der Multimillionär ermöglichte ihm ein Studium an »seiner« Universität. Stanford hatte zu Ehren seines frühverstorbenen Sohnes im kalifornischen Palo Alto eine Universität gegründet, die heute zu den besten amerikanischen Hochschulen gehört. Hoover studierte

Geologie und Ingenieurswissenschaften. Während des Studiums wählten ihn seine Kommilitonen zum Schatzmeister des Jahrgangs – es war das einzige Amt, in das Herbert Hoover gewählt wurde, bevor er 1928 für die Präsidentschaft kandidierte. Hoover übernahm nach dem Examen wechselnde Positionen bei internationalen Bergwerksgesellschaften, unter anderem in China und in England. Sein langer Aufenthalt in London, sein Kontakt mit der dortigen Aristokratie wurden ihm später von politischen Gegnern vorgeworfen – die naturgegebene Unnahbarkeit und Kühle, die Hoover ausstrahlte, wurden ihm als britisch-aristokratischer Dünkel ausgelegt.

Mit 32 Jahren war Herbert Hoover Multimillionär und konnte sich vom operativen Geschäft der Minen, Gruben und Bergwerke zurückziehen. Als in Europa 1914 der Weltkrieg ausbrach, zeigte Hoover sein außergewöhnliches Organisationstalent. Er übernahm die humanitäre Versorgung der hungernden Menschen in Belgien, jenem Land, das zum Schlachtfeld der deutschen und französischen Armeen gworden war. Hoover erwarb sich in kurzer Zeit den Ruf eines unermüdlichen und genialen Wohltäters. Nach Eintritt der USA in den Krieg im April 1917 ernannte Präsident Woodrow Wilson den hoch angesehenen Hoover zum Leiter der für die Lebensmittelversorgung der amerikanischen Bevölkerung verantwortlichen Food Administration. Ein merkwürdiger Zufall: Für die PR-Strategie der Behörde verpflichtete Hoovers Team eine »typische« amerikanische Familie, die als Vorbild für vernünftige Lebensmittelrationierung auf Broschüren herausgestellt wurde – es war die Familie des stellvertretenden Marineministers Franklin Delano Roosevelt. Der spätere politische Kontrahent Hoovers, Sprößling einer der reichsten Familien von *upstate* New York, spottete über die Publizierung des Haushaltsplans seiner Frau Eleanor, die neben fünf Kindern auch – was sicher nicht bei jeder amerikanischen »Durchschnittsfamilie« der Fall war – zehn Bedienstete ernähren musste, es handle sich um »neue Haushaltsökonomie für Millionäre«.[2]

Für viele Amerikaner, die des Streits der Parteien und der Rolle von Berufspolitikern in ihren Regierungen überdrüssig waren, wurde Hoover zum Prototyp des parteiunabhängigen, nicht ideologisierten Experten, dem man vertrauen konnte. In seinem Büro in der Hauptstadt gingen Briefe ein, die an den »Wundermann, Washington D.C.« adressiert waren, für den liberalen Obersten Bundesrichter Louis Brandeis war Hoover »die größte Figur, die in das Leben in Washington während des Krieges injiziert wurde.«[3] Fast unvermeidlicherweise versuchten die Politiker, des Hoch-

---

[2] Ritchie, S. 20.
[3] Ritchie, S. 21.

verehrten Kompetenz und Namen für die eigene Sache einzuspannen. Der im Oktober 1920 ins Präsidentenamt gewählte Republikaner Warren G. Harding ernannte Hoover zu seinem Handelsminister – dass der Ingenieur kurz zuvor noch die Demokraten unterstützt hatte, störte kaum. Calvin Coolidge übernahm nach seinem Amtsantritt den Minister, nicht ohne heimliches Bedauern. Hoover habe ihm, so klagte der Präsident kurz vor seinem Ausscheiden, stets ungefragt seine Ratschläge gegeben und diese seien durch die Bank schlecht gewesen. Hoover war, wie sich angesichts eines Gesetzes zum Schutz von Flutopfern zeigte, der festen Überzeugung, dass Hilfe in Krisenzeiten von privaten Initiativen zu kommen habe und kaum eine Staatsangelegenheit sei – eine Einstellung, die sich in der Weltwirtschaftskrise ab 1929 als wenig hilfreich erwies.

Die Republikaner stellten Hoover 1928 als ihren Präsidentschaftskandidaten auf. In Washington war der besserwisserische Minister indes hochgradig unbeliebt und dies über die Parteigrenzen hinweg. Ihn zu nominieren war aus Sicht des republikanischen Partei-Establishments ein Tribut an die öffentliche Meinung. Die Demokraten schickten den Gouverneur des Staates New York, Al Smith, ins Rennen. Smiths großes Handicap war sein Glaube: er war der erste katholische Spitzenkandidat einer der großen Parteien. Während des gesamten Wahlkampfes wurde er mit antikatholischen Ressentiments konfrontiert; noch mehr als drei Jahrzehnte später, bei der Kandidatur John F. Kennedys, wurde Katholizismus als ein Stolperstein auf dem Weg ins Weiße Haus betrachtet. Wenig hilfreich war es für Smith auch, dass er zu dem die meisten Amerikaner besonders stark bewegenden Punkt einer möglichen Aufhebung der Prohibition (die den Alkoholkonsum mit der Abdrängung in die Illegalität keineswegs vermindert, sondern eine kriminelle Schattengesellschaft hatte erblühen lassen) keine eindeutige Haltung einnahm. Smith war als Gegner der Prohibition bekannt, schrieb jedoch deren Abschaffung nicht klar genug auf seine Fahnen.

Im Wahlkampf 1928 spielte erstmals ein neues Medium eine wichtige Rolle: das Radio. Vor allem der technikbegeisterte Hoover machte sich den Rundfunk zunutze. Sieben seiner Wahlkampfreden wurden im Radio übertragen – zum ersten Mal war die Stimme eines Kandidaten in amerikanischen Wohnzimmern zu hören. Die Zeiten, in denen man zu einer Wahlveranstaltung gehen musste, um einen Eindruck von einem Kandidaten zu bekommen, waren vorbei. Das Radio half Hoover mehr als Smith. Hoovers Stimme klang über den Äther besser als im Original, auch blieb den Zuhörern der meist sauertöpfische Gesichtsausdruck des Quäkers erspart. Hoover verkündete das, was die Menschen in einem Zeitalter scheinbar grenzenloser Möglichkeiten und allgegenwärtig spürbarer Prosperität hören wollten: »Wir haben das Ziel noch nicht erreicht. Doch wenn wir eine Chance bekommen, die Politik der vergangenen acht Jahre fortzusetzen, wird mit der Hilfe Gottes der Tag in Sicht kommen, an dem die Armut aus dieser Nation vertrieben ist.«[4] Die republikanische Wahlpropaganda versprach: *A chicken in every pot, a car in every garage.*

Am Wahltag triumphierte Herbert Hoover. Der Republikaner gewann 40 Staaten und 444 Wahlmänner, Al Smith brachte es nur auf 87 Elektoren. Der Gouverneur von New York konnte selbst seinen Heimatstaat nicht gewinnen. Entgegen dem Trend, der republikanische Erfolge auch bei den parallelen Kongresswahlen sah, wählten die New Yorker jedoch einen Demokraten zu Smiths Nachfolger in der Governors Mansion in Albany, der Hauptstadt des Staates New York. Es war der ehemalige stellvertretende Marineminister, Franklin D. Roosevelt.

Roosevelt war am 30. Januar 1882 auf dem Familienanwesen Hyde Park zur Welt gekommen. Er war ein Cousin fünften Grades des von 1901 bis 1909 regierenden Präsidenten Theodore Roosevelt. Im Leben Franklins sollte es einige Parallelen zur Biographie seines von ihm hochverehrten Anverwandten Theodore geben. Die erste Koinzidenz war eine tragische: auch Franklin verlor seinen Vater durch dessen frühen Tod während des ersten Studienjahres in Harvard. Die politische Karriere Franklins in den nächsten Jahren vollzog sich in fast identischen Schritten: zunächst kam die Wahl in die New Yorker Staatslegislative in Albany, allerdings als *state senator* und nicht wie seinerzeit Theodore ins Repräsentantenhaus. Dem folgte das Amt des stellvertretenden Marineministers, dann das des Gouverneurs von New York und schließlich das des Präsidenten. Lediglich das Vizepräsidentenamt hatte Franklin, anders als Teddy, nicht inne. Es gab indes zwei gravierende Unterschiede zwischen beiden: Franklins Aufstieg vollzog sich nicht ganz so kometenhaft, sondern mit Brüchen. Und die Parteizugehörigkeit war eine andere. Wie sein Vater James Roosevelt war Franklin ein Demokrat.

Im Jahre 1920 nominierte die Demokratische Partei den erst 38 Jahre alten Franklin Roosevelt zum Vizepräsidentschaftskandidaten an der Seite des Gouverneurs von Ohio, James Cox. Die Niederlage dieses Tickets kam einem Erdrutsch gleich. Doch Roosevelt zeigte an verschiedenen Abschnitten seiner Karriere eine Eigenschaft, die man später bei Präsident Reagan die Teflon-Qualität nennen würde: an ihm blieb nichts hängen, er galt als der kommende Star der Partei. Er konnte sich vorübergehend aus der Politik zurückziehen, ging zu einer New Yorker Investmentgesellschaft und stand für den Wahlkampf 1924 quasi in den Startlöchern.

---

[4] Ritchie, S. 35.

Ein herber Schlag schien jedwede Hoffnungen zunichte zu machen. Bei einem Urlaubsaufenthalt auf dem Feriensitz Campobello in Kanada erkrankte Franklin im August 1921 mit hohem Fieber. Einen Tag später konnte er seine Beine nicht mehr bewegen. Die Diagnose lautete: Kinderlähmung. Für die verbleibenden knapp 24 Jahre seines Lebens blieb er auf fremde Hilfe und einen Rollstuhl angewiesen. Mit enormer Willenskraft arrangierte sich Franklin mit der Behinderung. Er war entschlossen, sich nicht von seinem Weg abbringen zu lassen. Das Bewußtsein der eigenen Schwäche machte ihn empfänglicher für die Nöte jener Menschen, denen es nicht so gut ging wie ihm in seinen ersten 39 Lebensjahren: die Schwachen, die Alten, die Kranken, die Arbeitslosen. In den Heilquellen von Warm Springs im Bundesstaat Georgia, die er zu einem kleinen Kurort ausbauen ließ, kam er mit Poliokranken aus allen Schichten der Bevölkerung zusammen. Die Unterhaltungen, die Roosevelt mit diesen Menschen im Thermalwasser führte, trugen entscheidend zur Ausbildung jenes sozialen Bewußtseins bei, das ein Jahrzehnt später seine Reformgesetzgebung während des New Deal prägte.

Im Juni 1924 erlebte Amerika das Comeback des Franklin Delano Roosevelt. Auf den Arm seines Sohnes Jimmy gestützt, bewegte er sich im Madison Square Garden von New York während der Parteiversammlung der Demokraten mühsam vorwärts in Richtung des Podiums. Er war schweißgebadet, als er das Podest erreichte. Seine Stimme zeigte jedoch nichts von der körperlichen Anstrengung. Kraftvoll argumentierte er zugunsten von Al Smith als bestmöglichem Präsidentschaftskandidaten – es war der erste Versuch von Smith, Kandidat seiner Partei zu werden. Roosevelts Rede währte 34 Minuten – der donnernde Applaus, der ihn bei seinem mühevollen Abstieg vom Podium begleitete, hielt hingegen 40 Minuten an. Der alte, in allen Kniffen erfahrene Parteistratege Tom Pendergast aus Kansas City nannte ihn die magnetisierendste Persönlichkeit, die ihm je begegnet war. Dem hätten die meisten Delegierten zweifellos zugestimmt. Allerdings ging Roosevelts Magnetismus nicht so weit, dass sie Smith zum Kandidaten machten. Die Partei erkor statt dessen, wie geschildert, den blassen John W. Davis. Auch aus der Niederlage seiner Partei 1924 ging Roosevelt gestärkt hervor. Vier Jahre später war er ein Sieger. Der Einzug in die Governor's Mansion in Albany war in der Vergangenheit mehrfach eine Zwischenstufe auf dem Weg zum Weißen Haus gewesen: Martin Van Buren, Grover Cleveland und – natürlich – Theodore Roosevelt waren als Gouverneure von New York diesen Weg gegangen.

Im Oktober 1929 fanden der Wohlstand und der Glaube an eine stetig bessere Zukunft ein abruptes Ende. Der Börsenkrach mündete in die Weltwirtschaftskrise. Im Mittelwesten trugen Dürre und Unwetter zusätzlich zu einer ungeahnten Farmkrise bei. Die Farmer konnten ihre Hypotheken nicht mehr bezahlen, die Banken mussten ihren Betrieb einstellen. Die Industrieproduktion sank, Entlassungen waren an der Tagesordnung. Die Arbeitslosenquote, vor dem Börsenkrach bei bescheidenen 3,2 Prozent, stieg auf fast 24 Prozent. Die Zeichen der Verelendung waren allgegenwärtig – und sie bekamen einen Namen. Die Wellblechsiedlungen der Obdachlosen galten als *Hoovervilles*, Zeitungen, mit denen sie sich zudeckten, waren *Hooverdecken*. Nach außen gekehrte und ersichtlich leere Taschen waren *Hooverfahnen*, liegen gebliebene Autowracks am Straßenrand waren *Hoover cars*. Es gab sogar ein neues Verb: *to hooverize* – der Armut anheim fallen.

Der Präsident hatte die Folgen des Börsenkrachs völlig falsch eingeschätzt; als sie sich abzeichneten oder bereits eingetreten waren, reagierte er nicht, zu spät oder tat zu wenig. Seine Grundphilosophie, dass sich irgendwie schon alles richten werde und dass Hilfe von privaten Philanthropen und nicht von der Regierung zu kommen habe, war dem Ausmaß der wirtschaftlichen und sozialen Katastrophe völlig unangemessen. Am schlimmsten jedoch war vielleicht die Tatsache, dass Hoover kein Mitfühlen, kein Mitleiden erkennen ließ. Der Mann im Weißen Haus schien isoliert, abgehoben von der existentiellen Not von Millionen amerikanischer Familien. Und er tat nichts gegen den wohl schlimmsten Aspekt der Großen Depression: die weitverbreitete Hoffnungslosigkeit. Viele Amerikaner sahen kein Licht am Horizont, verloren den Glauben an die Zukunft ihres Landes. Diktaturen, die auf anderen Kontinenten etabliert waren wie Stalins Sowjetunion, Mussolinis Italien und bald auch – ab Januar 1933 – das Deutschland Adolf Hitlers erschienen vielen angesichts des scheinbaren Scheiterns der Demokratie im eigenen Land als keineswegs mehr so abstoßend. Auf eine Anzeige, mit der 6.000 Arbeitskräfte für den Einsatz auf Sowjetkolchosen gesucht wurden, meldeten sich mehr als 100.000 Amerikaner.

Nicht alle gewählten Politiker blickten der Katastrophe hilflos oder zu Taten unwillig ins Auge. Im Bundesstaat New York hatte Gouverneur Roosevelt eine Reihe von Maßnahmen eingeleitet, mit denen die gröbste Not gelindert werden sollte. Die von seinem Intimus Harry Hopkins, später eine Art Grauer Eminenz im Weißen Haus und persönlicher Sonderdiplomat des Präsidenten Roosevelt während des Zweiten Weltkrieges, geleitete Temporary Emergency Relief Administration (TERA) konnte immerhin einem Zehntel der Arbeitslosen New Yorks eine Stelle verschaffen – wenig zwar, doch immerhin ein deutliches Signal, dass staatliche Intervention in Grenzen effektiv sein konnte.

Hoover sah immer wieder Zeichen der Erholung und wurde immer wieder enttäuscht. Die wenigen von ihm auf den Weg gebrachten staatlichen Programme verpufften fast wirkungslos. Die Republikaner traten im neueröffneten Chicago Stadium Mitte Juni 1932 zu ihrem Wahlparteitag zusammen und nominierten lustlos und fatalistisch Herbert Hoover als ihren Kandidaten für eine zweite Amtszeit. Zwei Wochen später war diese für große Sportveranstaltungen errichtete Arena auch für die Demokraten der Schauplatz ihrer Convention, die spannender zu werden versprach. Wieder einmal erschwerte die Zwei Drittel-Regel die Kandidatenfindung und Erinnerungen an die endlosen Wahlgänge von 1924 wurden wach. Die beiden Hauptrivalen jenes Jahres, Smith und McAdoo, hatten sich zusammen gefunden, um Roosevelt zu verhindern. Allerdings waren sich die Anti-Roosevelt-Kräfte in der Partei keineswegs einig, wer die Alternative zu dem Gouverneur von New York sein könnte. Entschlossener zeigten sich die Delegierten bei dem nach der Depression wichtigsten politischen Thema der Epoche: *repeal*, die Widerrufung des Prohibitionsgesetzes. Mehr als drei Viertel der Delegierten sprachen sich für die Aufhebung dieses Verfassungszusatzes aus, den gottesfürchtige Moralisten durchgesetzt hatten und für den die amerikanische Unterwelt so unendlich dankbar war.

Als am Mittwoch, dem 29. Juni, in einer zehnstündigen Sitzung die Kandidaten nominiert wurden, bekam der Parteitag einen Vorgeschmack von der psychologischen Grundhaltung, auf die der Favorit baute. Als Roosevelts Name verkündet wurde und seine Anhänger eine Parade durch das Stadion starteten, spielte der Organist auf Weisung von Roosevelts Berater und Wahlstrategen Louis Howe ein Stück aus einem Musical: *Happy days are here again*. Mit Ausnahme der entschiedensten Roosevelt-Gegner swingte bald die ganze Halle zu der aufheiternden Melodie, die in den nächsten Wochen zu einer Art Erkennungszeichen des Kandidaten und seiner Partei wurde. Die Botschaft war eindeutig: nach der Düsternis verbreitenden Convention der Republikaner, zwei Wochen zuvor an gleicher Stelle, war Roosevelts Strategie ein Feldzug des Optimismus, des Glaubens an sich selbst und an Amerika. Es würde noch viele Jahre dauern, bis tatsächlich für die meisten amerikanischen Familien wieder *happy days* angesagt waren, doch der psychologische Effekt der symbolträchtigen Intonierung war schon im Sommer 1932 beträchtlich.

Gleichwohl: Aller Optimismus allein reichte nicht für eine Nominierung. Sein Vertrauter Jim Farley schätzte, dass Roosevelt über »vier Wahlgänge, vielleicht fünf«[5] ein glaubhafter Siegertyp sein könne; würde sich das Geschehen länger hinziehen, sah der Parteistratege (den Roosevelt nach seiner Wahl zum Postminister machte) schwarz für den Kandi-

---

[5] Ritchie, S. 104.

daten. Es war drei Uhr nachts, als die Abstimmungen begannen – zu diesem Zeitpunkt von Roosevelts Vertretern initiiert, die darauf bauten, dass die übermüdeten Delegierten ihrem Kandidaten im ersten Wahlgang zu einer Zwei-Drittel-Mehrheit verhelfen würden, um danach der Nachtruhe frönen zu können. Mit 666 und einer Viertel Stimme schnitt Roosevelt gut ab, hatte 464 Stimmen mehr als Smith – und doch 104 Stimmen weniger als erforderlich. In den beiden nächsten Wahlgängen legte Roosevelt nur unwesentlich zu. Der Parteitag ging auseinander, als über Chicago längst die Sonne aufgegangen war, und trat nach einem Erholungstag am 1. Juli wieder zusammen. Das spannende Geschehen wurde von Amerikanern in allen Teilen des Landes live mitverfolgt: nicht weniger als 158 Radiostationen berichteten fast ununterbrochen aus dem Chicago Stadium.

Hinter den Kulissen wurde – wie fast immer auf Parteitagen in jenen Zeiten, bevor die Entscheidungen bereits von den Mitgliedern in den verschiedenen Staaten in den Primaries getroffen wurden – kräftig verhandelt und gekungelt. Roosevelts Team bemühte sich um die entscheidenden Delegationen aus Kalifornien und Texas. Die Abgesandten des Pazifikstaates standen unter dem Einfluß von Zeitungszar William Randolph Hearst, die Texaner unterstützten mehrheitlich die Kandidatur des aus ihren Reihen stammenden Sprechers des Repräsentantenhauses, John Nance Garner. Der Appell an beide Delegationen, an Garner und – per Telegramm – an Hearst hatte schließlich Erfolg. Ein demokratischer Wahlsieg war für Hearst und Garner wichtiger als die Nominierung des Texaners. Im vierten Wahlgang erhielt Roosevelt 945 Stimmen und war damit der Kandidat der Demokratischen Partei gegen Amtsinhaber Herbert Hoover. Sein Vizepräsidentschaftskandidat wurde John Nance Garner.

Roosevelt brach mit der Tradition und machte sich auf den Weg nach Chicago, um die Nominierung persönlich entgegen zu nehmen. Auch die Wahl des Fortbewegungsmittels war ein Novum: als erster Kandidat vertraute er sich einem Flugzeug an, das ihn in neun Stunden und mit zwei Zwischenlandungen zum Auftanken nach Chicago brachte. Den Delegierten zu zeigen, dass seine Behinderung ihn in seiner Mobilität und vor allem in seiner Entschlossenheit nicht im mindesten einschränkte, war zweifellos ein wichtiges Motiv Roosevelts für diesen ungewöhnlichen Schritt. Sein Auftritt auf der Convention fand zur besten (Radio-)Sendezeit statt. Mit kräftiger Stimme verkündete er seine Grundüberzeugung, dass Programme der Regierung notwendig seien, um den Menschen wieder Arbeit zu verschaffen. Ein neues Zeitalter würde beginnen und Roosevelt wählte für diese im Falle seiner Wahl heraufdämmernde Ära einen Begriff aus der Pokersprache: »Ich verspreche einen New Deal für das amerikanische Volk.«[6] Das Parteivolk war begeistert, die Leitartikler waren indes zurückhaltend. Immerhin, nach Einschätzung des *Wall Street Journal* war es die erste Wahl seit 1916, deren Ausgang nicht schon nach den Wahlparteitagen abgeschätzt werden konnte.

Hoover und die Republikaner führten zunächst einen lustlosen Wahlkampf, was auch an der weit verbreiteten Unterschätzung des Gegners lag. Hoover hatte darauf gehofft, dass die Demokraten Roosevelt nominieren würden; er hielt den Gouverneur für den leichtesten der möglichen Gegner. Die Niederschlagung der Bonus Army minderte seine Siegeschance beträchtlich, was Hoover zunächst nicht begriffen zu haben scheint. Als er sich schließlich doch auf eine Wahlkampfreise begab, erklärte er seiner Frau niedergeschlagen: »Lou, ich weiß nicht, ob ich diesen Trip überstehen werde. Ich habe Grund zum Zweifel, dass ich das überlebe.«[7] Hoover, der ungeachtet solch düsterer Prognosen einer der langlebigsten Ex-Präsidenten werden sollte (er starb 1964 im Alter von 90 Jahren) wirkte verbraucht, sein Herausforderer hingegen strahlte eine geradezu ansteckende Vitalität aus. Dass Roosevelt dies gelang, lag auch an einer aus heutiger Sicht kaum glaublichen Rücksichtnahme der Presse. Kein Fotojournalist drückte auf den Auslöser, wenn Helfer den gelähmten Mann aus dem Auto hoben, wenn er sich mühsam auf einen seiner Söhne gestützt vorwärts bewegte und auch nicht, als er einmal hilflos von einem Podium stürzte. Aus der ganzen politischen Laufbahn Roosevelts inklusive seiner 12 Jahre im Weißen Haus sind weniger als ein halbes Dutzend Fotos erhalten, die ihn im Rollstuhl zeigen. Mit seinem Sonderzug, dem »Roosevelt Special«, fuhr der Kandidat durch den weiten Westen des Landes. Meist stand er bereits beim Einlaufen des Zuges auf der Plattform des letzten Wagens, wo er sich mit seinen kräftigen Armen an einer Stange festhielt, während ihm seine unter dem Anzug getragene Stützkonstruktion einen recht labilen Halt gab. Die Menschen, die sich auf dem Bahnhof versammelten, sahen keinen Hinweis auf eine Behinderung des Kandidaten. Da er seine Hände nicht frei bewegen konnte, unterstrich er seine Reden mit anderen Gesten. Typisch für ihn wurde das Zurückwerfen des überdimensional großen Kopfes, das Entschlossenheit ausdrückende Vorrecken des Kinns, das in seiner Wirkung unterstrichen wurde durch den Zigarettenhalter, ein Markenzeichen Roosevelts. Selbst in Regionen, die traditionell republikanisch waren und in denen die Menge an den Bahngleisen erkennbar unter Armut und Entbehrung litt, schlug dem Sohn einer reichen Hudson Valley-Familie keine Feindseligkeit entgegen.

---

[6] Ritchie, S. 110.
[7] Ritchie, S. 127.

»Der extrovertierte Roosevelt liebte Menschenmengen und war ein exzellenter *Rear platform*-Redner, während Hoover meist so aussah, als wäre er lieber woanders. Selbst mit Verstärkern war der leise sprechende Präsident kaum zu verstehen, während die Zuhörer stets Roosevelts kräftige Stimme vernahmen. Hoover las für gewöhnlich eine feste Rede ab, während Roosevelt seine Ansprachen auf die jeweilige Lokalität zuschneiderte, mit ein paar persönlichen Anekdoten über den Trip oder Beobachtungen über das örtliche Getreide, das er von seinem Waggonfenster gesehen hatte. Er stellte seine Familie vor, am Schluß seinen *little boy, Jimmy*, der einen halben Kopf größer war und dessen starken Arm er zur Stütze ergriffen hatte. Die Atmosphäre erinnerte Reporter an ein Familientreffen und irgendwann würde Roosevelt den Kopf zurückwerfen und vor Lachen aufbrüllen, worin die Menge herzhaft einstimmte.«[8]

Erst im Oktober begann Hoover einen halbwegs aktiven Wahlkampf, in dem seine tiefe Enttäuschung über die von ihm mehrfach angekündigte und ausgebliebene wirtschaftliche Erholung in persönliche Bitterkeit gegen Roosevelt umschlug. Er vertraute auf eine recht kühn konstruierte historische Analogie, als er nach Springfield, Illinois, fuhr und am Grab Abraham Lincolns dessen Hinweis aufgriff, dass man mitten im Fluß nicht die Pferde wechseln solle. Doch 1932 war nicht 1864 und das Vertrauen auf ein baldiges Ende der Krise, das viele Menschen bei der Wiederwahl Lincolns nach all den im Bürgerkrieg erbrachten Opfern hatten, schlug 1932 Roosevelt und nicht Hoover entgegen. Der Präsident stieß auf keine so freundlichen Mengen wie sein Herausforderer. Beim Besuch Hoovers in Detroit notierte einer der für seinen Schutz zuständigen Secret Service-Agenten: »Zum ersten Mal in meinen vielen Jahren im Dienst habe ich es erlebt, dass der Präsident der Vereinigten Staaten ausgebuht wurde.«[9] Die Reporterin Anne McCormack bekam einen Eindruck von der Stimmung im Volk, als sie nach einem Interview mit Hoover in ein Taxi stieg und der Fahrer ihr prophezeite: »Ich sag' Ihnen was, Lady: der Tag, an dem Roosevelt gewählt wird, wird ein nationaler Feiertag sein, so wie Armistice Day [11. November, der Tag des Waffenstillstands im Ersten Weltkrieg]. Wissen Sie, wenn wir *Old Gloom* [gloom: Trübsinn] loswerden und einen Burschen an seine Stelle setzen, der lachen und sich wie ein Mensch verhalten kann, dann ist die Depression schon halb vorbei.«[10]

Diese Erwartung wurde von der großen Mehrheit der Wählerinnen und Wähler geteilt. Im ganzen Land saßen die Menschen am 8. November 1932 vor den Radiogeräten und nahmen zum ersten Mal in sehr direkter

---
[8] Ritchie, S. 139.
[9] Ritchie, S. 144.
[10] Ritchie, S. 145.

Weise an den Auszählungen teil. Sie wurden Ohrenzeugen eines Erdrutschsieges Roosevelts, der einer persönlichen Demütigung Hoovers gleichkam. Roosevelt erhielt 22,8 Millionen Stimmen, der Amtsinhaber lag mit 15, 7 Millionen Stimmen deutlich zurück. Hoover konnte nur die Staaten Vermont, New Hampshire, Connecticut, Delaware und Pennsylvania (der einzige größere in diesem Quintett) gewinnen, so dass es im Wahlmännerkollegium 472 zu 59 hieß. Das System funktionierte: ein vom Volk als unfähig eingeschätzter Präsident wurde in aller Deutlichkeit aus dem Weißen Haus gejagt. Hoover brachte es erst um 2 Uhr morgens über sich, ein Glückwunschtelegramm an Roosevelt abzuschicken. Seine Niederlage verwand Hoover nie. Die gemeinsame Fahrt zu Roosevelts Vereidigung am 4. März 1933[11] in einer offenen Kutsche wurde in ihrer Sprachlosigkeit zwischen dem scheidenden und dem neuen Präsidenten eine der menschlich kühlsten der Geschichte.

Beinahe hätte die Roosevelt-Ära, eine mit der Überwindung der Depression und der Teilnahme am Zweiten Weltkrieg wichtigsten Epochen der amerikanischen Geschichte, nicht stattgefunden. Als Franklin D. Roosevelt am Abend des 15. Februar 1932, drei Wochen vor seiner Amtseinführung, von einem Erholungsurlaub auf der Yacht eines befreundeten Industriellen zurückkommend in Miami an Land ging, wartete eine Menge von etwa 20.000 Menschen im Bayfront Park auf ihn. Roosevelt hielt eine kurze Rede aus einem offenen Wagen heraus. Der Bürgermeister von Chicago, der tschechischstämmige Anton Cermak, der auf der Convention in seiner Stadt zu den Roosevelt-Gegnern gehört hatte, war um eine Klimaverbesserung zum künftigen Präsidenten bemüht und ging auf das Kabriolett zu, um noch ein paar Worte mit Roosevelt zu wechseln. In diesem Moment zog ein junger italienischer Immigrant, Giuseppe Zangara, einen Revolver und begann zu schießen. Eine neben ihm stehende Frau griff Zangaras Arm, so dass seine Kugeln Roosevelt verfehlten. Cermak allerdings wurde in die Lunge getroffen. Kaltblütig lehnte Roosevelt das Ansinnen des Secret Service ab, ihn aus der Gefahrenzone zu bringen. Vielmehr ließ er die Motorkolonne ins nächste Krankenhaus fahren, während er den verletzten Cermak in seinen Armen hielt. Cermak murmelte »Ich bin froh, dass es mich erwischt hat und nicht Sie«[12]. Der Bürgermeister starb am 6 März, sein Mörder wurde in jenem Zeitalter schnell arbeitender Gerichte bereits 33 Tage nach dem Anschlag hingerichtet.

---

[11] Es war das letzte Mal, dass der neue Präsident an diesem Datum vereidigt wurde. Seit 1936 findet dieser Staatsakt am 20. Januar nach der Wahl statt.

[12] Es gibt Theorien, wonach das Attentat nicht Roosevelt, sondern Cermak gegolten habe. Der Mörder selbst gab im Verhör in gebrochenem Englisch an, gegen *kings and presidents* zu sein.

In seiner denkwürdigen Ansprache anläßlich seiner Vereidigung beschwor der neue Präsident seine Landsleute: *The only thing we have to fear is fear itself.* Das Zeitalter des New Deal, des aktiven Eingreifens des Staates in das soziale und wirtschaftliche Leben Amerikas, begann.

Lessons from History: Eine Kugel gegen das Wählervotum

Der Anschlag auf Franklin D. Roosevelt in Miami hätte eine der entscheidensten Präsidentschaften der USA verhindert, bevor sie überhaupt angefangen hatte: die Jahre des New Deal, die Führungsrolle der USA unter Roosevelt im Zweiten Weltkrieg von Pearl Harbor bis Jalta. Es war weder der erste noch der letzte Anschlag auf einen Präsidenten, wiederholt hat in der amerikanischen Geschichte eine Mordtat das Wählervotum zunichte gemacht. Verschiedentlich ist auch der Präsident nur knapp einem Attentat entkommen.

Abraham Lincoln war der erste Präsident, der einem Mordanschlag zum Opfer fiel. Er hatte erst einen Monat seiner zweiten Amtszeit hinter sich gebracht und es bleibt Spekulation, ob unter diesem großen Staatsmann die Aussöhnung zwischen Nord und Süd schneller und weniger schmerzhaft vonstatten gegangen wäre und ob die neuen Rechte der farbigen Amerikaner im Süden so schnell wieder zunichte gemacht worden wären. Auch James Garfield und James McKinley hatten nur wenige Monate ihrer Amtszeit – der ersten im Falle Garfields, der zweiten bei McKinley – hinter sich, als sie von den tödlichen Kugeln getroffen wurden. Präsident Kennedy starb bei einem bis heute geheimnisumwitterten Attentat nach ziemlich genau eintausend Tagen im Amt. Die Kugel, die Ronald Reagans Herz um wenige Zentimeter verfehlte, wurde abgefeuert, als er erst gut zwei Monate das Land regierte. Viel Glück hatte Gerald Ford: im Abstand von nur 17 Tagen versuchten zwei weibliche Attentäter (unabhängig voneinander) im September 1975 den 38. US-Präsidenten zu erschießen, beide Male in Kalifornien. Lynette Fromme aus dem Umfeld des Sektenführers und Mörders Charles Manson hatte ihre halbautomatische Waffe nicht richtig geladen, so dass sich bei Fords Besuch in Sacramento kein Schuss löste. Sara Jane Moore feuerte bei Fords Aufenthalt in San Francisco und traf dabei einen Unbeteiligten. Ungeachtet solcher dramatischen Vorkommnisse: Gerald Ford wurde der langlebigste aller Präsidenten, er starb im Alter von 93 Jahren, 5 Monaten und 12 Tagen am zweiten Weihnachtstag 2006.

»KEIN MANN IST DREIMAL GUT!«
Franklin D. Roosevelt 1940 und 1944

Herbert Hoover hatte pro Tag durchschnittlich 600 Briefe von Amerikanern erhalten; in der ersten Woche der Amtszeit von Franklin D. Roosevelt gingen 450.000 Schreiben im Weißen Haus ein. Die Hoffnungen, die auf dem neuen Mann an der 1600 Pennsylvania Avenue ruhten, waren enorm – und Roosevelt enttäuschte die Amerikaner nicht. Kaum waren Franklin D. Roosevelt und seine Frau Eleanor ins Weiße Haus eingezogen, legte der neue Präsident mit seiner Regierungsmannschaft, der mit Frances Perkins an der Spitze des Department of Labor die erste Bundesministerin der amerikanischen Geschichte angehörte, und seinen Beratern eine Aktivität an den Tag, die in der Historie des Amtes ohne Parallele war. In den »Hundert Tagen«, die seither jedem neuen Präsidenten als Periode der Neubestimmung unter weitgehender Feuerpause durch die Medienkritik gewährt werden, brachte Roosevelt eine Vielzahl von Gesetzen und Maßnahmen durch einen mehrheitlich demokratischen und zunächst noch sehr kooperativen Kongress, von denen einige bald Wirkung zeigten. Als erstes verordnete er den Banken mehrere Tage des Zwangsurlaubs und gab mit dem Emergency Banking Act der Regierung die Möglichkeit, die wirtschaftliche Situation der Kreditinstitute zu überprüfen. Das Vertrauen der Menschen in die Banken wurde – einer der ersten und spürbarsten Erfolge des New Deal – wieder hergestellt, man musste bald nicht länger befürchten, sämtliche Ersparnisse bei einem Bankzusammenbruch zu verlieren. Dann etablierte er eine Aufsicht über die Börse, was ihm in der ohnehin Roosevelt-kritischen Geschäftswelt wenig Freunde machte, den schlimmsten Auswüchsen der Spekulation indes einen Riegel vorschob. Zum Leiter der Behörde – die fast excessive Erschaffung von Behörden, Amtsstuben und Sachbearbeiterposten war eine Konsequenz des New Deal von fragwürdigem historischem Verdienst – ernannte Roosevelt einen abgezockten Geschäftsmann und, ausgerechnet, Spekulanten, gegen den er später eine tiefe innere Abneigung (»dieser Hurensohn«) entwickeln sollte : Joseph Kennedy, Vater eines Präsidenten und bald unrühmlicher Appeasement-Diplomat.

In den ersten hundert Tagen seiner Amtszeit brachte er mit Unterstützung des nach der Wahl von den Demokraten beherrschten Kongresses eine Vielzahl von Gesetzesinitiativen auf den Weg und legte den Grundstein für zahlreiche Programme, meist an dreibuchstabigen Abkürzungen erkennbar wie AAA (Agricultural Adjustment Administration), TVA (Tennessee Valley Authority) und NRA (National Recovery Administration). Es war ein Maßnahmenpaket zur Wiederbelebung der Wirtschaft, das zum einen die Macht und den Einfluß des Staates in nie dagewesener Weise ausdehnte, das zum anderen Hunderttausenden von Amerikanern eine sinnvolle Beschäftigung gab. Die verschiedenen Programme des New Deal führten nicht zum Ende der Depression oder gar zu Vollbeschäftigung – das blieb dem Krieg vorbehalten, der erst Amerikas Industrie auf Hochtouren brachte. Doch auch wenn die Not nur langsam zurückgedrängt werden konnte, der psychologische Effekt des New Deal war enorm. Den Amerikanern wurde das Gefühl gegeben, dass das Land sich wieder vorwärts bewegte und dass an höchster Stelle jemand saß, der ihre Sorgen und Nöte ernst nahm. Happy Days kehrten nicht umgehend zurück, nachdem Roosevelt verkündet hatte, dass man nur die Furcht selbst zu fürchten habe. Doch Zuversicht – die war allenthalben spürbar.

Denn in der Bearbeitung des Seelenzustandes der Bevölkerung hatten die Amerikaner mit Roosevelt einen wahren Meister gewählt. Er nutzte ein neues Medium geradezu mit höchster Virtuosität: das Radio. In regelmäßigen Ansprachen wandte er sich an die Menschen, sprach direkt zu ihnen wie noch kein Präsident zuvor. Die *fireside chats* (Plausch am Kaminfeuer) Roosevelts wurden zu wahren Straßenfegern. In den Wohnblocks der Innenstädte versammelten sich die Menschen ebenso wie in den *family rooms* der Farmen des weiten Landes, wenn des Präsidenten ruhige, Vertrauen einflößende Stimme aus dem Empfänger klang. Die Hörer hatten den Eindruck, als wären sie ganz nah am prasselnden Kaminfeuer des Weißen Hauses, vom dem aus Roosevelt in entspannter, leutseliger Pose zu aktuellen Fragen Stellung nahm. Eine Frau aus Oklahoma schrieb ihm: »In den zehn Minuten Ihrer Radioansprache am Sonntagabend haben Sie mehr gesagt als Mr. Hoover in vier Jahren.«[1] Fast war es, als ließe Roosevelt jeden einzelnen Amerikaner, jede einzelne Amerikanerin an den Staatsgeschäften teilnehmen, als habe er ein Ohr für alle Nöte zwischen Maine und Kalifornien und setze die Wünsche der Bürger in seiner täglichen Arbeit um. Egal, zu welcher Jahreszeit sich der Präsident an die Menschen wandte, ein Grundton durchzog alle seine Botschaften: Optimismus. Das teilweise suggerierte Bewußtsein (das nicht immer und in jeder Familie von harten wirtschaftlichen Fakten gestützt wurde) blieb ein Leben lang unvergeßlich: wer heute mit den tagtäglich weniger werdenden Zeitzeugen der Roosevelt-Ära spricht, ist beeindruckt ob der Loyalität, fast Dankbarkeit, die diese, ob Mann oder Frau, spontan zum Ausdruck bringen, werden sie auf diesen Präsidenten ihrer Jugendzeit angesprochen.

---

[1] Ritchie, S. 176.

Nicht alle indes waren Roosevelt-Fans. Für Konservative, ökonomisch Bessergestellte und für Geschäftsleute in leitender Funktion war Roosevelt ein linker Demagoge, der sich zweifellos bei erstbester Gelegenheit zum Diktator aufschwingen würde. Viele Kritiker des New Deal und manch ein eingefleischter Republikaner brachten es nicht über sich, seinen Namen auszusprechen – für sie war der Präsident schlicht *That Man*. Doch diese Kräfte mussten bei den ersten *midterm elections*, den Wahlen zum Kongress zwischen den Präsidentschaftswahlen, eine herbe Enttäuschung einstecken. Während bei diesen Wahlen oft die Opposition gut abschneidet, konnten die Demokraten 1934 ihre Vormachtstellung sogar noch ausbauen. In beiden Häusern auf dem Capitol hatte die Partei jetzt eine Zweidrittelmehrheit.

Vor allem die vom Regulierungsdrang und den Steuererhöhungen der Roosevelt-Administration enttäuschte Geschäftswelt setzte Hoffnungen auf den republikanischen Kandidaten für die Wahl von 1936. Die Republikaner entschieden sich auf ihrem Parteitag in Cleveland für den Gouverneur von Kansas, Alf Landon, als ihren Spitzenkandidaten. Allerdings mochte auch Landon die Erfolge des New Deal nicht bestreiten und erklärte, die meisten Programme würden unter seiner Regierung beibehalten, nur würde alles ein wenig maßvoller, mit geringerer staatlicher Intervention über die Bühne gehen. Nachdem er sich zunächst zurückgehalten hatte, setzte Roosevelt in einer Rede im September zum heftigsten und persönlich emotionalsten Angriff auf den politischen Gegner an: »Zwölf lange Jahre hat unser Land an einer Regierung des Nichts-Sehens, Nichts-Hörens gelitten. Die Menschen haben zu ihrer Regierung geschaut, doch die Regierung hat weggesehen. Neun wilde Jahre mit dem Goldenen Kalb und drei lange Jahre mit der Pest! Neun verrückte Jahre am Kursticker und drei Jahre in der Schlange für eine Scheibe Brot! Und, meine Freunde, einflußreiche Kräfte streben heute danach, die Doktrin einer Regierungsform wieder herzustellen, die völlig indifferent gegenüber der Menschheit ist. Niemals zuvor in unserer Geschichte standen diese Kräfte so einig gegen einen Kandidaten wie heute. Sie sind vereint im Haß auf mich – und mir ist dieser Haß willkommen.«[2]

Roosevelt und den Demokraten war im November 1936 ein Triumph von historischer Dimension beschieden. Der Präsident erhielt mehr als 60 Prozent der Wählerstimmen und 523 Stimmen im Wahlmännerkollegium. Alf Landon konnte nur die Staaten Maine und Vermont gewinnen, was ihm die Stimmen von lediglich 8 Elektoren einbrachte. Die begleitenden Kongresswahlen führten zu einer erdrückenden Mehrheit in bei-

---

[2] James McGregor Burns: Roosevelt. The Lion and the Fox. New York 1956. S. 282 – 283.

den Häusern: im Senat hatte die Partei des Präsidenten nun 76 Sitze inne, die Republikaner nur 16; im Repräsentantenhaus betrug das Verhältnis 334 zu 88. Doch in vielen Demokratien haben satte Mehrheiten das Regieren nicht unbedingt leichter gemacht.

Die zweite Amtszeit wurde nämlich weniger als die erste ein Triumphzug für den Präsidenten. Der Wirtschaftsaufschwung erlitt ab 1937 einen Rückschlag, im Jahr darauf herrschte Rezession – aber keine Depression wie bei seinem Amtsantritt. Sein Versuch, den Supreme Court nach eigenem Gusto umzugestalten und die Zahl der Richter mit demokratischen Parteigängern aufzustocken, brachte ihm Kritik als pseudodiktatorische Maßnahme ein und scheiterte schließlich. Der New Deal als Aufbruch in die wirtschaftliche Gesundung und die soziale Sicherung wurden in der zweiten Amtszeit Roosevelts allmählich in den Hintergrund gedrängt. Ab spätestens 1938 diktierten mehr und mehr Entwicklungen außerhalb der USA wie der japanische Expansionsdrang und das Erstarken des Nationalsozialismus die Agenda der Roosevelt-Administration. Es war eine Welt voller Krieg und Unruhe, von deren Erschütterungen das tägliche Leben in Amerika weitgehend frei schien, als das Wahljahr 1940 begann.

Roosevelt bemühte sich, seine Politik auf eine breitere Basis zu stellen und die Republikaner in Maßen in die Regierungsverantwortung einzubinden. Er holte zwei Republikaner in sein Kabinett und setzte sie auf Positionen, denen in Krisenzeiten eine hohe Bedeutung zukam: Frank Knox, der Vizepräsidentschaftskandidat des unterlegenen Alf Landon, wurde Marineminister und Henry Stimson, Außenminister in der Administration von Herbert Hoover, wurde Kriegsminister. Das Wahljahr war von heftigen Auseinandersetzungen über den außenpolitischen Kurs der USA geprägt. Die Regierung Roosevelt unterstützte Großbritannien, das nach der Niederlage Frankreichs im Juni 1940 allein gegen die scheinbare unaufhaltsame Kriegsmaschine der Nazis stand. Es kam zu Hilfeleistungen, die gerade noch mit dem Status eines Neutralen vereinbar waren wie die Abgabe von 50 Zerstörern (älteren Baujahrs) im Tausch gegen die Rechte der Nutzung britischer Militärbasen auf Neufundland und in der Karibik. Ein breites Segment der öffentlichen Meinung indes vertrat den Standpunkt, dass die USA sich aus dem europäischen Konflikt heraushalten sollten. Diese »Isolationisten«, die den »Internationalisten« vorwarfen, das Land gezielt in den Krieg zu steuern, hatten ihren bekanntesten Sprecher in dem Flugpionier Charles Lindbergh. Lindbergh wandte sich bei öffentlichen Auftritten, die teilweise Zehntausende von Zuhörern anlockten, in immer schärferer Tonlage gegen die Politik Roosevelts. Die Kampagne der von Lindbergh angeführten Organisation »America First« wurde im darauf folgenden Jahr, nach des Präsidenten Wiederwahl, noch intensiver. Der verheerende Angriff japanischer Flugzeuge auf Pearl Harbor am 7. Dezember 1941 machte »America First« obsolet; im Nachhinein wirkten Lindbergh und Mitstreiter im günstigen Fall wie nützliche Idioten, im weniger günstigen wie Verräter. Der Angriff auf die Pazifikflotte war bei aller Tragik für Roosevelt ein politischer Segen, der jedwede Kritik an seinem Kurs verstummen ließ – ein Umstand, der immer wieder zu Spekulationen darüber führte, ob die Roosevelt-Administration nicht doch Informationen über den Anmarsch der japanischen Flugzeugträger gehabt habe, den Dingen aber bewusst ihren Lauf gelassen hatte. Dass Lindbergh in der Sichtweise der Demokraten und ihrer Anhänger seinerseits vom Nationalhelden zum Schurken mutierte, war wohl unvermeidbar, die Beschimpfung als »Nazi« fast zwangsläufig. Der Fliegerheld hatte seinen Teil dazu beigetragen, als er bei einem Besuch in Deutschland vor Kriegsausbruch einen Orden aus der Hand Hermann Görings in Empfang genommen und Hitler als einen Mann bezeichnet hatte, der für das deutsche Volk viel Gutes getan habe.

Bis weit in den Sommer 1940 hinein hatte sich Roosevelt in der Kandidatenfrage zurückgehalten, was Vergleiche mit der Sphinx geradezu herausforderte. Sein Vizepräsident Garner allerdings warf, nach einer Abmagerungskur und dem Verzicht auf alkoholische Getränke, im Dezember 1939 seinen Hut in den Ring. Die Hoffnungen des 71jährigen auf die Präsidentschaft wurden allerdings schon im April 1940 zerstört, als Roosevelt, der kein offizieller Kandidat war, die Vorwahl in Illinois haushoch gewann. Als am 15. Juli 1940 die demokratische Convention, abermals im Chicago Stadium, begann, ließ Roosevelt sibyllinische Botschaften aus dem Weißen Haus verlauten. Er habe keinen Wunsch, ein Kandidat zu sein und die Delegierten sollten sich frei fühlen, einen Kandidaten nach ihrem Geschmack zu ernennen. Gegenüber seiner Sekretärin Missy LeHand verwies er auf höhere Instanzen, als er weissagte, Gott werde einen Kandidaten finden.

Das Schauspiel, um nicht zu sagen: der Zirkus, der sich dann im Chicago Stadium abspielte, war zweifellos eine der am geschmacklosesten vorinszenierten Willensbekundungen in der Geschichte amerikanischer Parteitage. Wer immer unter seinen Gegnern Roosevelt diktatorische Neigungen unterstellte, musste sich von einer Parteitagsdramaturgie bestätigt fühlen, die Ähnlichkeiten mit jenen Zeremonien aufwies, wie sie bei Parteikonferenzen zeitgenössischer Tyranneien, ob in Moskau, Rom oder Nürnberg, Teil eines die Menge aufputschenden Programms waren. In Chicago kam es zu einem »spontanen« Ausdruck des vermeintlichen Volkswillens, zumindest aber der von vornherein feststehenden Präferenz des Parteivolks. Aus einer nicht einsehbaren Kabine im Keller des Stadions initiierte ein Mann mit einem höchst passenden Amt, der Superintendent der Abwasser- und Kloake-Behörde von Chicago, Tom Garry, per Lautsprecher eine Art gut orchestrierter Massenhysterie. Garry intonierte: *We want Roosevelt! The party wants Roosevelt! The world needs Roosevelt!* Für die nächsten 45 Minuten, nach einer anderen Zählung für die nächsten 53 Minuten tobte sich das Parteivolk mit *Roosevelt! Roosevelt! Roosevelt!*-Sprechchören, Paraden, und ekstatischem Getrampel auf den Hallenboden aus. Natürlich spielte der Stadionorganist dazu *Happy Days are here again* auf seinem Instrument.

Am nächsten Morgen kamen die Delegierten erneut zusammen und wählten mit überzeugender Mehrheit Franklin D. Roosevelt zum Kandidaten für eine dritte Amtszeit – ein Novum, denn noch nie hatte ein amtierender Präsident zum dritten Mal kandidiert.[3] Auch von den Demokraten zuneigenden Medien waren Zweifel an der Weisheit der erneuten Kandidatur zu hören, *No man is good enough three times* wurde der leicht doppeldeutige Slogan der Kritiker.

Für Dissonanzen auf dem Jubel-Parteitag sorgte die Wahl des zweiten Mannes auf dem Ticket. Garner war nach seiner kurzzeitigen eigenen Kandidatur als neuerlicher Kandidat für die Vizepräsidentschaft aus dem Rennen. Das geschah durchaus zu des Texaners Zufriedenheit, der das Amt mit seiner geringen politischen Gestaltungsmöglichkeit wenig attraktiv fand. Die Vizepräsidentschaft, so ließ »Cactus Jack« verlauten, sei nicht einen Eimer warmer Spucke wert. So stand es zumindest in den Zeitungen zu lesen, doch kann davon ausgegangen werden, dass Garner statt *spit* ein ähnlich klingendes Wort benutzt hatte. Roosevelts Wunschkandidat war Landwirtschaftsminister Henry Wallace, der als Linksaußen der Partei den gemäßigteren unter den Delegierten wenig angenehm war; außerdem war Wallace als miserabler Wahlkämpfer bekannt. Die Nennung seines Namens löste ein Buh- und Pfeifkonzert aus, doch Roosevelt ließ durchdringen, dass er bei einer Ablehnung von Wallace nicht erneut kandidieren würde. Diesem »Argument« mochten sich die Delegierten nicht verschließen, Wallace wurde der wenig geliebte Vizepräsidentschaftskandidat der Partei.

Wie dünn die Personaldecke der in der Opposition machtlos gewordenen Republikaner war, zeigte sich auf deren Parteitag. Nachdem eine Zeitlang von einem Hoover-Lindbergh-Ticket gemunkelt wurde, entschied sich die Partei für Wendell Willkie aus Indiana. Willkie saß im Vorstand eines Elektrizitäts-Unternehmen und war zu Beginn von Roose-

---

[3] Des Präsidenten entfernter Cousin Theodore Roosevelt war, wie gezeigt, bei seiner dritten Kandidatur als Progressiver 1912 bereits vier Jahre zuvor aus dem Amt geschieden.

velts Präsidentschaft noch Demokrat gewesen. Ein intelligenter, persönlich angenehmer Mann, der zunächst von Roosevelt und seiner Partei unterschätzt wurde, erwies Willkie, der Politneuling, sich als effektiver Wahlkämpfer. Im Laufe des Wahlkampfes legte er fast 50.000 Kilometer zurück und hielt 540 Reden in 34 Bundesstaaten. Dass er bei seinen Auftritten auf große öffentliche Resonanz – vor allem mit seiner Warnung vor der »Kriegstreiberei« der Roosevelt-Administration – stieß und sich sogar der Unterstützung einiger Gewerkschaftsbosse, normalerweise die Treuesten der Treuen in der »New Deal-Koalition«, versichern konnte, ließ im Weißen Haus die Alarmglocken schrillen. Wie kaum anders zu erwarten, setzte es Schläge unter Willkies Gürtellinie und jene niederträchtige Anspielung, auf die jeder Kritiker der pro-britischen Außenpolitik Roosevelts sich gefasst machen konnte. »Millionen von Amerikanern«, so behauptete Vizepräsidentschaftskandidat Wallace, »kennen aus eigener Erfahrung das Ausmaß der Nazi-Propaganda und der Nazi-Methoden zu Gunsten der Wahl des republikanischen Kandidaten. Regimenter von Nazi-Organisationen marschieren in der republikanischen Parade mit.«[4] Der Slogan *A vote for Willkie is a vote for Hitler* war angesichts der durchaus den Alliierten zugeneigten Haltung und des nie für Diktaturen Sympathien äußernden republikanischen Kandidaten eine Unverschämtheit, geboren aus der Sorge vor einem Abschied von der Macht, der Gegenslogan der Republikaner *A vote for Roosevelt is a vote for war* wird zumindest nicht unbedingt durch die Tatsache entkräftet, dass am Ende jenes Jahres, das die dritte Vereidigung Roosevelts sah, die USA sich im Kriegszustand befanden. Wendell Willkies Vorhersage »Wenn Sie ihn wiederwählen, können Sie Krieg im April 1941 erwarten«[5] lag nur acht Monate daneben.

Roosevelt sah sich in den letzten Tagen des Wahlkampfes gezwungen, den Gedanken an einen Kriegseintritt weit von sich zu weisen. Ein Schelm, wer bei seiner sich stetig wiederholenden Formulierung *foreign war* Böses dachte. Würden die USA angegriffen oder durch einen Zwischenfall ins Kriegsgeschehen hineingezogen, wäre der Konflikt kein »fremder Krieg« mehr, sondern ein amerikanisches Anliegen geworden. Der Präsident spürte indes, dass bei allen Sympathien, die die Mehrheit der Amerikaner den Briten entgegenbrachte und bei all ihrer Ablehnung des Hitler-Regimes der Gedanke, eigene Familienmitglieder – »loved ones« in der Sprache eines späteren Kriegspräsidenten, George W. Bushs – nach Übersee zu schicken, etwas Furchteinflößendes hatte. In einer Großkundgebung

---

[4] Ted Morgan: FDR. A Biography. New York 1985. S. 539.
[5] Mieczkowski, S. 103.

in Boston am 30. Oktober ließ er wieder die Hintertür offen, als er beteuerte: »Wir werden nicht an fremden Kriegen teilnehmen, wir werden unsere Armee, unsere See- und Luftstreitkräfte nicht in Länder außerhalb des amerikanischen Kontinentes senden, es sei denn, wir werden angegriffen.« Und dann unterstrich er es für die Millionen an den Radiogeräten noch einmal: »Ich habe es zuvor gesagt und ich sage es wieder und wieder und wieder: Ihre Jungs werden nicht in irgendwelche fremden Kriege geschickt.«[6] Willkies Entgegnung lautete: »Wenn sein Versprechen, unsere Jungs aus fremden Kriegen herauszuhalten, nicht mehr wert ist als sein Versprechen eines ausgeglichenen Haushaltes, dann sind sie schon auf den Transportschiffen.«[7]

Das Vertrauen darauf, dass Roosevelts bewährte Führungskraft nach den Folgen der Wirtschaftskrise nun auch die internationale Krise meistern würde, gab am Wahltag den Ausschlag. New Yorks demokratischer Bürgermeister Fiorello La Guardia, heute Namensgeber eines der Flughäfen der Metropole, sprach für viele seiner Landsleute: »Ich bevorzuge Roosevelt mit seinen bekannten Mängeln gegenüber Willkie mit seinen unbekannten Qualitäten.« Roosevelts Sieg war deutlich, im Vergleich zu 1936 indes hatte er eingebüßt. Sein Stimmenanteil war von 60,8% auf 54,8% zurückgegangen. Zu den beiden von Alf Landon gewonnenen Neuenglandstaaten hatte Willkie acht Staaten des mittleren Westens gewinnen können, darunter seinen Heimatstaat Indiana. Im Wahlmännerkollegium war Roosevelts Vorsprung dennoch beeindruckend: 449 zu 82.

Am 20. Januar 1941 wurde zum ersten Mal ein Präsident für eine dritte Amtszeit vereidigt. Es war eine Inauguration, die sich auch sonst stark von allen vorhergegangenen unterschied. Uniformen dominierten das Geschehen; Roosevelt stützte sich auf einen Offizier des Marine Corps, sein Sohn James, der diese Aufgabe meist bei öffentlichen Auftritten übernommen hatte, war wie Hunderttausende anderer junger Männer in die Armee einberufen worden. Die Parade vom Capitol zum Weißen Haus, sonst ein wenig an eine Folklore-Show erinnernd, stand gleichfalls im Zeichen des Militärs: Panzer rasselten die Pennsylvania Avenue hinab, während über 300 Militärflugzeuge in enger Formation über Washington hinweg donnerten.

Roosevelt und seine PR-Strategen hatten ein Faible dafür, den Präsidenten als eine Art Heilkundigen darzustellen, der Amerika von seinen Leiden kurieren könne. Aus dem »Old Doctor New Deal« wurde in der Selbstdarstellung der Administration »Dr. Win-the-War«. Als die Wahl von

---

[6] Morgan, S. 539.
[7] David E. Johnson und Johnny R. Johnson: A funny thing happened on the way to the White House. Lanham, Maryland, 2004. S. 99.

1944 näher rückte, war es indes gerade die ärztliche Expertise – jene über des Präsidenten Gesundheitszustand – die man von der Öffentlichkeit fern zu halten versuchte. An einer erneuten, der vierten Kandidatur Roosevelts bestand kein Zweifel. Das alte Lincolnsche Diktum, dass man tunlichst nicht in der Mitte des Flusses die Pferde wechseln sollte, hatte im Sommer und Herbst 1944 ungebrochene Gültigkeit. Amerika hatte seine menschlichen Reserven und sein industrielles Potential in einem Maße mobilisiert, wie es ohne historische Parallele war. Roosevelts Vorhersage für die nahe Zukunft sollte sich bestätigen: »Am Ende dieses Krieges wird das Land die größte materielle Stärke unter allen Nationen der Welt haben.«[8] Im Sommer 1944 setzten die amerikanischen See- und Luftstreitkräfte zu der entscheidenden Offensive gegen das stetig zurückgedrängte japanische Kaiserreich an; General MacArthur machte sich mit der Landung auf den Philippinen daran, sein fast drei Jahre zuvor gegebenes Versprechen *I shall return!* wahr werden zu lassen. Auf dem anderen Kriegsschauplatz, in Europa, hatten die Alliierten unter dem Kommando von General Dwight D. Eisenhower (den die Amerikaner acht Jahre später zum Präsidenten wählen würden) das größte amphibische Unternehmen der Geschichte durchgeführt und mit der Landung in der Normandie am 6. Juni 1944 die Befreiung Europas von der Nazi-Tyrannei begonnen[9]. Es konnte kein Zweifel daran bestehen, dass der Präsident sich für eine vierte Amtszeit zur Verfügung stellen würde.

Die Republikaner nominierten auf der Höhe dieses epochalen Konfliktes merkwürdigerweise einen der jüngsten Kandidaten für das hohe Amt, noch dazu einen außenpolitisch praktisch unerfahrenen Mann. Es war der Gouverneur des Staates New York (in diesem Amt einer der Nachfolger von Franklin D. Roosevelt), Thomas Dewey – er war erst 42 Jahre alt. Doch Dewey war sogar schon 1940 einer der sich um die Nominierung bewerbenden Kandidaten gewesen, was Roosevelts scharfzüngigen Innenminister Harold Ickes zu der Bemerkung bewog, Dewey habe seine Windel in den Ring geworfen. Im Wahlkampf von 1944 konnte nur eine Strategie Erfolg verheißen: Dewey musste sich als neue Kraft darstellen, als ein Staatsmann mit Zukunft. Genau diesen Weg schlug der Gouverneur ein, als er davon sprach, die »müden alten Männer« der Roosevelt-Administration aufs politische Altenteil zu schicken.

---

[8] Ritchie, S. 198.
[9] Eine Befreiung, die sich nur auf den Westen des Kontinents beschränkte. Die Völker jenseits des bald entstehenden und von Winston Churchill 1946 bei einer Rede in einem College in Missouri so genannten Eisernen Vorhang mussten noch fast ein halbes Jahrhundert warten, bis auch bei ihnen Demokratie, Meinungs- und Pressefreiheit und Rechtsstaatlichkeit einzogen.

Dewey hatte keine Ahnung, wie müde Roosevelt wirklich war. Der körperliche und teilweise auch geistige Verfall des Präsidenten war für seine engere Umgebung erschreckend. Vor der Öffentlichkeit suchte man den Zustand geheim zu halten. Die Ansprache zur Lage der Nation am 11. Januar 1944 war die erste, die er nicht vor dem Kongress verlas, sondern die im Rundfunk aus dem Weißen Haus übertragen wurde. Als Erklärung dafür, dass sich der Präsident nicht auf den Capitol-Hügel begeben hatte, wurde eine Grippe angeführt. Die offiziellen Schönrednereien standen ganz in der Tradition der Irreführung der amerikanischen Öffentlichkeit, die nach Präsident Wilsons Schlaganfall 1919 statt gefunden hatte. Am 29. Januar 1944 erschien in der *New York Times* ein höchst sonniges Bulletin: » ›Präsident Roosevelt, der an diesem Sonntag seinen 62. Geburtstag feiert, ist in einem besseren Gesundheitszustand als zu jedem anderen Zeitpunkt seit seinem Amtsantritt 1933.‹ Das sagte heute sein Leibarzt, Dr. Ross T. McIntire. Dr. McIntire blieb bei dieser Grundbeurteilung, als er der Presse erklärte, ›der Präsident ist in seiner besten, je erreichten Gesundheit. Er erholt sich sofort von den schweren Belastungen oder irgendwelchen kleinen Krankheiten – die einzigen, die er seit seinem Amtsantritt hatte.‹ Für Dr. McIntire ist er ein ganz gewöhnlicher Patient ohne Operationen oder irgendwelche interessanten Beschwerden.«[10]

Ganz so uninteressant fand der junge Marinearzt Dr. Howard Bruenn, der 1944 zu Roosevelts ärztlichem Stab stieß, den Befund des Präsidenten jedoch nicht. Ganz im Gegenteil: Roosevelt litt an massivem Bluthochdruck und an zunehmender Herzinsuffizienz. Dem Neuankömmling wurde klar gemacht, was von ihm erwartet wurde: »Ich wurde gewarnt, dass ich meinen Mund halten sollte, weil unnötiges Wissen nicht verbreitet werden sollte.«[11]

Roosevelt ließ seine Partei am 10. Juli 1944 wissen, dass er sich nicht verschließen würde, wenn man ihn noch einmal aufstellen wollte. Die Demokraten zögerten nicht, nahmen jedoch eine Veränderung am Ticket vor. Statt des weithin unbeliebten Vizepräsidenten Wallace setzten sie den relativ unbekannten Senator aus Missouri, Harry Truman, als *running mate* ein. Der Präsident hatte in dieser Frage keine Präferenz erkennen lassen. Ein Zeitungsreporter erinnerte sich später: »Seine Einstellung war die, dass diese Entscheidung eine rein wahltaktische sein musste, für eine Person ohne größere Handicaps, die aus dem mittleren Westen kam, der mit repräsentiert werden musste. So einfach war das. Ich glaube nicht, dass es Roosevelt jemals in den Sinn gekommen war, dass der Vizepräsi-

---

[10] Zit.n. Hugh E. Evans: The Hidden Campaign. FDR's health and the 1944 election. New York 2002, S. 52.
[11] Evans S. 60.

dent ihm nachfolgen könnte.«[12] Mit seinem künftigen Vizepräsidenten führte Roosevelt nur wenig belanglose Gespräche, ihn in Staatsgeheimnisse einzuweihen wie den Bau der Atombombe, deren Einsatz dann Truman befehlen sollte, hielt Roosevelt offenbar nicht für nötig.

Die Gesundheit des Präsidenten wurde trotz aller gegenteiligen Bemühungen des Weißen Hauses ein Wahlkampfthema, in der Presse wurde immer wieder das erschreckend schlechte Aussehen des Präsidenten diskutiert. Die *Daily Tribune* wies darauf hin, dass vielleicht wie niemals zuvor der *running mate* im Zentrum der Wahlentscheidung stehen sollte: »Mr. Roosevelts Gesundheit ist für viele ein Thema, die ihn jüngst gesehen oder seine Stimme gehört haben. Mr. Truman sieht sich als geeignet für die Präsidentschaft an. Wichtig ist: tun dies auch seine Landsleute? Denn eine Stimme für eine vierte Amtszeit kann genauso gut eine Stimme für Trumans erste Amtszeit sein.«[13]

Roosevelt mobilisierte noch einmal alle Kräfte und trat als engagierter Wahlkämpfer auf, auch wenn gelegentlich seine Reden inkohärent wirkten. Um Gerüchte über seinen Gesundheitszustand zu zerstreuen, fuhr er im Oktober fünf Stunden lang in strömendem Regen durch New York, um die Hände durchnäßter und durchgefrorener Bürger am Strassenrand zu schütteln. Die Taktik ging auf. Roosevelt gewann auch seine vierte Präsidentschaftswahl. Bei seiner Amtseinführung konnte sich kaum einer der Zuschauer des Eindrucks erwehren, einen Todgeweihten zu sehen. Nur knapp vier Monate später, am 12. April 1945, erlag der Präsident auf seinem Landsitz Warm Springs in Georgia einer Hirnblutung. Der neue Präsident Harry Truman erklärte, er habe das Gefühl, der Himmel stürze über ihm ein. Der Mann aus Missouri sollte Amerika aus dem Zweiten Weltkrieg in den Kalten Krieg führen. 1948 siegte er gegen den abermals für die Republikaner kandidierenden Dewey – es war jener Wahlkampf mit dem vielleicht berühmtesten Pressefoto aller Präsidentschaftswahlen: ein strahlender Truman, der eine Zeitung hochhält, die Deweys Wahlsieg verkündet. Sie war gedruckt worden, bevor stabile Ergebnisse vorlagen.

---

[12] Evans, S. 72.
[13] Evans, S. 79.

Lessons from History: **Keine dritte Amtszeit**

Franklin Delano Roosevelt gilt weithin als ein »großer« Präsident. Und dennoch: die Erinnerung an den im Amt verstorbenen Präsidenten war noch frisch, als der Kongress einen Verfassungszusatz beschloss, der genau jene politische Vita, die Roosevelt zu einer Ausnahmeerscheinung unter Amerikas Präsidenten macht, künftig verhindern sollte: einen Präsidenten mit einer dritten oder gar vierten Amtszeit.

George Washington, der hoch verehrte Gründervater des Landes, war mit gutem Beispiel vorangegangen, als er 1796 auf eine dritte Amtszeit – in die er zweifellos gewählt worden wäre – verzichtete. Thomas Jefferson folgte 12 Jahre später seinem Beispiel, doch sah er bereits die Möglichkeit voraus, dass eine Begrenzung der Amtszeit durch die Verfassung der einzige Weg sein könnte, um eine Präsidentschaft auf Lebenszeit durch einen ehrgeizigen Politiker zu verhindern. Ulysses S. Grant hat 1876 und dann noch einmal 1880, wie gezeigt, mit dem Gedanken an eine dritte Amtszeit gespielt, stieß damit aber nicht einmal in der eigenen Partei auf Enthusiasmus.

Der von den Republikanern dominierte Kongress des Jahres 1947 formulierte einen Verfassungszusatz, das *22. amendment,* in dem eindeutig festgelegt ist, dass kein Präsident, der zwei Amtszeiten hinter sich hat, erneut wählbar ist. Die Regelung betrifft auch den Vizepräsidenten. Folgt er dem Amtsinhaber nach, wenn dieser noch keine zwei Jahre im Amt vollendet hat, wäre er nur noch einmal wählbar. Mit der Ratifizierung durch zwei Drittel der Bundesstaaten trat der Verfassungszusatz im Februar 1951 in Kraft.

s

FAKTEN ZUR WAHL
Nur einen Herzschlag von der Präsidentschaft weg –
das Ticket und die Rolle des zweiten Mannes

John Adams gab ein vernichtendes Urteil über das Amt ab, das er acht Jahre lang inne hatte: »Mein Land, in all seiner Weisheit, hat das unwichtigste Amt geschaffen, das der Mensch je hat erfinden oder in seiner Phantasie hat erdenken können.« Die Worte galten der Institution der Vizepräsidentschaft. Mehr als ein Menschenalter galt sie als höchst unwichtig, als eine Art Trostpreis für Verlierer. Doch als mit William H. Harrison im April 1840 zum ersten Mal ein Präsident im Amt starb, wurde deutlich, dass der zweite Mann auf dem »Ticket« in der Tat nur den einen sprichwörtlichen Herzschlag von höchsten Amt im Staate entfernt ist. Die Erkenntnis von der wahren Bedeutung des Vizepräsidenten setzte sich indes nur sehr langsam durch. Nur wenige Wähler der Republikaner nahmen beispielsweise 1880 Anstoß daran, dass mit dem korruptionsbelasteten Chef der Zollbehörde des New Yorker Hafens Chester A. Arthur der Prototyp des *machine politician*, des in verräucherten Hinterzimmern Patronage betreibenden Politprofis, die Nummer Zwei auf den Ticket war. Nur ein halbes Jahr nach Beginn der Amtszeit von Präsident Garfield zog ebenjener Mann ins Weiße Haus ein – Garfield war den Folgen eines Attentats erlegen. In fast jeder Biographie von Chester Arthur (der entgegen allen Erwartungen ein integerer Präsident war) findet sich der entsetzte Ausruf eines republikanischen Würdenträgers: *Chet Arthur, President of the United States! Good God!* Doch noch ein halbes Jahrhundert später lief am Broadway ein erfolgreiches Musical, an dem unter anderem George Gershwin beteiligt war, in dem der Vizepräsident zur Gaudi des Publikums eine Lachnummer war. In *Of Thee I Sing* konnten sich selbst die Parteibosse den Namen des Zweiten Mannes im Staate nicht merken, obwohl dieser mit Alexander Throttlebottom recht unverwechselbar war. Ins Weiße Haus gelangte der Vizepräsident in dem Stück nur, indem er sich einer Besuchergruppe auf der damals (1931) noch ohne große Sicherheitskontrollen angebotenen Tour durch 1600 Pennsylvania Avenue anschloss.

Heute besteht an der Bedeutung des Amtes kaum noch ein Zweifel. Immerhin neunmal wurde ein Vizepräsident mitten in der Amtszeit des eigentlich Gewählten zum Präsidenten. Vier Präsidenten starben im Amt eines natürlichen Todes (William Henry Harrison, Zachary Taylor, Warren Harding, Franklin D. Roosevelt), vier wurden ermordet (Abraham

Lincoln, James Garfield, William McKinley, John F. Kennedy) und einer trat zurück (Richard Nixon). Doch auch ohne solch dramatische Ereignisse ist das Vizepräsidentenamt politisch signifikant. Der Vizepräsident ist nämlich gleichzeitig Präsident des Senats. Kommt es dort bei einer Abstimmung zu einem Unentschieden, entscheidet seine Stimme, *the tie-breaking vote*. Eine weitere Aufgabe des Vizepräsidenten, die wohl ein eher fragwürdiges Privileg ist: er wird meist zu Staatsbegräbnissen geschickt, wenn ausländische Staatsoberhäupter und Regierungschefs für immer von der Bühne abtreten. Als die ihrem Ende entgegen gehende Sowjetunion in den 1980er Jahren in kurzer Folge gleich drei Partei- und Staatschefs zu Grabe trug (Breshnew, Andropow, Tschernenko), musste Vizepräsident George Bush senior so oft im dunklen Anzug gen Osten fliegen, dass sein Stab eine neue Aufgabenbeschreibung für das Amt fand: *You die, we'll fly!*

Der 25. Verfassungszusatz aus dem Jahr 1967 legt fest, dass der Vizepräsident als Präsident amtiert, als *acting president*, wenn der eigentliche Präsident vorübergehend amtsunfähig ist. Das bedeutet auch, dass die Amtsgewalt auch für einige Stunden auf den Vizepräsidenten übergehen kann, wenn der Präsident beispielsweise wegen eines chirurgischen Eingriffs in Narkose liegt und nicht ansprechbar ist. Der Verfassungszusatz gibt dem Präsidenten auch das Recht, einen neuen Vizepräsidenten während seiner Amtszeit zu ernennen, falls der eigentliche Vize stirbt (das war siebenmal der Fall, zuletzt 1912) oder zurücktreten muss. In der Tat gab es mehrfach eine Situation, in der der Präsident für eine gewisse Zeit ohne Vize war – zuletzt war es Lyndon B. Johnson, der nach Kennedys Ermordung im November 1963 ins Amt kam und bis zu seiner Wiederwahl (die eigentlich die erste richtige Wahl zum Präsidenten für Johnson war) ein Jahr später ohne Stellvertreter blieb. Diese Regel griff zum ersten (und einzigen) Mal, als Nixons Vize Spiro Agnew zurücktrat und Nixon an seiner Stelle Gerald Ford ernannte – auf der Höhe des Watergate-Skandals mochte Nixon geahnt haben, dass Ford bald sein Nachfolger werden würde. Ford ernannte nach seinem »Aufstieg« seinerseits Nelson Rockefeller zum Vizepräsidenten.

Über viele Jahre war es die Aufgabe des Parteitages, den Kandidaten für die Vizepräsidentschaft zu bestimmen. Das geschah manchmal in Anerkennung der persönlichen Wünsche des meist gerade frisch gekürten Präsidentschaftskandidaten, manchmal auch nicht. Der letzte Kandidat, der keinen eigenen Vorschlag für den Vize einbrachte und die Convention entscheiden ließ, war Adlai Stevenson bei den Demokraten 1956. Heute ernennt der Kandidat auf dem Höhepunkt des Parteitages und inmitten des teils echten, teils gut inszenierten Jubels um ihn den Vizekandidaten, von dessen Eintritt in das Ticket er sich bessere Siegchancen ein paar Monate später, im Wahlnovember, erhofft. Persönliche Sympathie ist ganz nützlich, aber keine Bedingung – der Kennedy-Clan hasste Johns Wahl für den Vizeposten, den Texaner Lyndon B. Johnson. Wichtiger als die richtige Chemie zwischen den Kandidaten ist es, dass mit der Wahl des Vize der Idealzustand eines *balanced tickets* erreicht wird: zwei Kandidaten, die sich ideologisch ergänzen (also z. B. ein Liberaler mit einem Konservativen) und die, wichtiger noch, ganz unterschiedliche Regionen des großen Landes repräsentieren. So erheischt ein Kandidat aus dem manchmal als elitär betrachteten Neuengland geradezu einen Südstaatler oder einen Vize aus dem Westen »zum Ausgleich«. John Kerry aus Massachusetts ging 2004 diesen Weg mit der Ernennung von John Edwards aus North Carolina (der 2008 im Ausscheidungsrennen der Demokraten um die Präsidentschaftskandidatur vorzeitig aufgeben musste). Auch das Kennedy-Johnson-Ticket war also gut ausbalanciert, sowohl ideologisch als auch geographisch.

Ein nicht ganz unwichtige Regel gibt es für die Wahl des Vizepräsidentschaftskandidaten: beide Kandidaten sollen aus unterschiedlichen Staaten kommen. Doch auch diese Regel lässt sich umgehen: der in Texas ansässige Dick Cheney meldete sich für die Wahl 2000 wieder nach Wyoming, seiner alten Heimat um – denn der andere Mann auf dem Ticket von 2000 und jenem von 2004, George W. Bush, war ebenfalls Texaner.

DAS FERNSEHEN ENTSCHEIDET MIT
Kennedy versus Nixon 1960

Als das Jahr 1960 anbrach, waren viele Amerikaner überzeugt, dass mehr als nur eine neue kalendarische Dekade vor ihnen lag – es war ein neues und höchst ungewisses Zeitalter, in das einzutreten man im Begriff stand. Die zu Ende gehenden Fünfziger Jahre waren vielleicht nicht die heimelige Idylle, zu der sie viele Jahre später in Erinnerungen und Hollywoodfilmen wie »Zurück in die Zukunft« verklärt wurden. Doch für viele Amerikaner waren sie eine Epoche des Aufschwungs und relativ gesicherter Wertvorstellungen. Nach dem Zweiten Weltkrieg hatte ein ungeheurer wirtschaftlicher wie demographischer Boom die USA erfasst. Millionen Soldaten kehrten von den Kriegsschauplätzen in Europa und Asien zurück, gründeten Familien und bauten Häuser, meist in Suburbia, den zunächst zaghaft wachsenden, bald aber ausufernden Vorortsiedlungen unweit der klassischen Großstädte wie New York, Chicago, Los Angeles und Philadelphia. Schon bald machte sich der Aufbruch einer ganzen Generation in die Bürgerlichkeit auf den *maternity wards*, den geburtshilflichen Abteilungen der Krankenhäuser bemerkbar. Ab 1946 kam die *baby boom generation* zur Welt, jene geburtenstarken Jahrgänge, die in den 1960er Jahren erwachsen werden und unsere Gegenwart in Politik und Wirtschaftsleben bestimmen sollten. Mindestens zwei amerikanische Präsidenten sind Vertreter der *baby boomers* : sowohl Bill Clinton als auch George W. Bush wurden 1946 unter allerdings gänzlich unterschiedlichen sozialen Bedingungen geboren.

Die ehemaligen GI's, die an den Fronten den Horror des Krieges erlebt hatten, sehnten sich nach Ruhe, Frieden und Prosperität, um ihren eigenen Karrieren nachzugehen und ihre Kinder heranwachsen zu sehen. Diesem Bedürfnis schien der Präsident gerecht zu werden, den Amerikas Wählerinnen und Wähler zweimal mit deutlichen Mehrheiten in das Weiße Haus schickten. Dwight D. Eisenhower war als Oberkommandierender der alliierten Streitkräfte in Europa für den D-Day, die Invasion in der Normandie im Juni 1944 verantwortlich gewesen und gilt nicht zu Unrecht als der Mann, der wie kein anderer die Befreiung weiter Teile Europas und vor allem Deutschlands von der Nazi-Tyrannei verkörperte. Der nach außen hin unpolitische General, der launig erklärte, noch nie an einer Wahl teilgenommen zu haben, war eine Art weiser Vaterfigur für Millionen von Amerikanern, der man zutrauen konnte, nach dem Sieg im Weltkrieg das Land auch mit Bedacht und ohne Hang zu extremen Maßnahmen durch den Kalten Krieg zu steuern. Beide Parteien buhlten um Eisenhowers

Gunst; dass er sich schon seit langem der Republikanischen Partei zurechnete, war weitgehend unbekannt. *I like Ike* wurde ein eingängiger Wahlslogan, der die traditionellen Parteigrenzen überwand. Amerikaner unterschiedlicher Herkunft schätzten den fast kahlköpfigen, freundlichen älteren Herrn und seine gleichfalls höchst liebenswürdige Frau Mamie, die ein besonderes Faible für die Farbe Rosa hatte, welche dann für acht Jahre im Interieur des Weißen Hauses allgegenwärtig sein sollte.

Eisenhower gewann sowohl 1952 als auch 1956 die Präsidentschaftswahlen mit großer Mehrheit. Die Demokraten schickten den Gouverneur von Illinois, Adlai Stevenson, gleich zweimal gegen ihn ins Rennen. Stevenson wurde in der öffentlichen Wahrnehmung als »akademischer Eierkopf« verstanden, der dem jovialen Ex-General an Popularität nicht im entferntesten das Wasser reichen konnte. Auch die Tatsache, dass Stevenson 1952 gerade von seiner Frau geschieden war, war im Wahlkampf in jenen konservativen Zeiten alles andere als hilfreich.

Doch die 1950er Jahre waren keine Epoche permanenter biedermeierlicher Gemütlichkeit, wie sie aus den manchmal banalen Fernsehserien der Zeit im Stile von *I Love Lucy* gelegentlich auf die Nachwelt wirken. Vor allem in Eisenhowers zweiter Amtszeit wurden Jahre stetigen Wachstums durch mehrere Rezessionen abgelöst. Immer offener wurde ersichtlich, dass ein großer Teil der amerikanischen Bevölkerung nicht nur an der vielerorts vorherrschenden Prosperität wenig Anteil hatte, sondern auch in der Ausübung seiner Bürgerrechte vor allem in den Staaten des Südens behindert wurde: die Amerikaner afrikanischer Abstammung, damals ganz offiziell noch *negroes* genannt. Im Süden herrschte strikte Rassentrennung nach der verlogenen Devise *separate but equal*, diskriminiert wurden schwarze Amerikaner aber fast überall im Land. Der Kampf mutiger Schwarzer für ihre Bürgerrechte sorgte vor allem in der zweiten Hälfte der Fünfziger Jahre immer wieder für nationale Schlagzeilen, einige Ereignisse sind Wendemarken in der amerikanischen Geschichte geworden wie die Weigerung der Näherin Rosa Parks im Dezember1955, in Montgomery, Alabama, ihren Sitzplatz im Bus einem weißen Fahrgast zu überlassen, und die Haßtiraden, denen sich im September 1957 die ersten sieben schwarzen Schülerinnen und Schüler ausgesetzt sahen, die eine High School in Little Rock, Arkansas, besuchen wollten. Präsident Eisenhower schickte schließlich Fallschirmjäger zum Schutz der Jugendlichen, die von einem weißen Mob bedroht und bespuckt worden waren, welcher außerdem einen schwarzen Journalisten vor laufenden Fernsehkameras verprügelt hatte.

Doch nicht nur derartige Ereignisse im eigenen Land schreckten die Amerikaner aus der Selbstzufriedenheit, die sich nach dem Sieg über

Hitler und über Japan ausgebreitet hatte, auf. Der tief verwurzelte Glaube an Amerikas technologische Überlegenheit, an seine ungefährdete Position als wissenschaftliche und industrielle Weltmacht wurde im Oktober 1957 nachhaltig erschüttert, als ein Satellit mit Namen *Sputnik* und nicht ein solcher mit der Bezeichnung *Explorer* um die Erde zu kreisen begann. Der Kontrahent im Kalten Krieg, die Sowjetunion, hatte die USA erstmals überholt. Es war ein Trauma, das nicht nur das amerikanische Selbstwertgefühl, sondern auch die politische Debatte in den USA mitprägen sollte. Bald machte das Schlagwort vom *missile gap* die Runde, von dem vermeintlichen Vorsprung der sowjetischen Raketenrüstung, die eine existentielle Bedrohung der nationalen Sicherheit zu sein schien. Könnten sowjetische Raketen, so fragten sich besorgte Leitartikler, mit nuklearen Sprengköpfen mit nur wenigen Minuten Vorwarnzeit in Amerikas Großstädten einschlagen? Die »Raketenlücke«[1] wurde als Metapher für Amerikas mutmaßliche Unterlegenheit und als Anklage gegen die angebliche Untätigkeit der Administration von Präsident Eisenhower und seinem Vizepräsidenten Richard Nixon 1960 zu einem der wichtigsten Wahlkampfthemen der Demokraten.

In der Wahl von 1960 spielte nicht nur die nationale Verunsicherung angesichts von Bedrohungen durch einen ideologischen Gegner eine Rolle, die sich in Berlin ebenso manifestierten wie in Laos und Vietnam, im Nahen Osten und im Kongo. Das Bewußtsein, dass eine ganz neue Zeit beginnen würde, artikulierte sich in den Personen der beiden Spitzenkandidaten. Eines war nämlich schon lange vor der Wahl im November 1960 klar: der nächste Präsident der USA würde der erste sein, der im 20. Jahrhundert geboren war. Die beiden Kandidaten, zwischen denen sich die Wähler in jenem Herbst entscheiden mussten, hatten beide ihren 50. Geburtstag noch vor sich. Doch während der Republikaner, Richard Milhouse Nixon aus Kalifornien, die letzten acht Jahre als Vizepräsident unter Eisenhower amtiert hatte und somit Teil des politischen Establishments war, strahlte der Kandidat der Demokraten eine unverbrauchte Frische aus. Senator John Fitzgerald Kennedy aus Massachusetts wurde wie kaum ein Präsidentschaftskandidat vor ihm zu einem Medienereignis, nicht nur kraft seines unbestreitbaren Charismas, sondern auch dank einer hochprofessionellen PR-Strategie und geradezu unbeschränkter finanzieller Möglichkeiten. Der jugendlich wirkende Senator, der bei seiner Nominierung erst 43 Jahre alt war, hatte auf viele Zeitgenossen und nicht

---

[1] Die Sowjets verfügten nach Einschätzung von Richard Rhodes, der ein auf vier Bände konzipiertes Werk über das Zeitalter der Atomwaffen verfasste bzw. verfasst, 1959 nicht über eine einzige einsatzfähige ballistische Interkontinentalrakete. Richard Rhodes: Arsenals of Folly. The Making of the Nuclear Arms Race. New York 2007.

wenige Journalisten die Ausstrahlung eines Popstars oder einer Hollywoodgröße. Der Kult um John F. Kennedy, seine bildschöne junge Frau Jacqueline und die beiden kleinen Kinder, die im Wahljahr drei Jahre alte Caroline und den kurz nach der Wahl geborenen John jr., sollte Teil der Ikonographie der Sechziger Jahre werden – auf dem Weg zum Weißen Haus und während der tragisch kurzen Amtszeit als Sinnbilder modernen amerikanischen Lebensstils und einer scheinbar ungetrübten jungen Familienidylle, nach dem Tag von Dallas als Erinnerung an eine schnell zu »Camelot« verklärte Epoche, in der wie einst der frühmittelalterliche englische König Arthur ein junger, mutiger Präsident im Kreise seiner Getreuen den Weg in eine bessere Zukunft plante, bevor ihn ein grausiges Schicksal niederstreckte.

John F. Kennedy und sein Rivale Richard Nixon hatten im Zweiten Weltkrieg beide in der Marine gedient. Während Lieutenant Commander Nixons Dienstzeit als Nachschuboffizier ohne Ereignisse verlief, die seine PR-Strategen hätten ausnutzen oder spätere Biographen hätten herausstellen können, war Kennedy einem breiten Publikum schon seit vielen Jahren als »Kriegsheld« bekannt. Im Pazifikkrieg nämlich hatte Leutnant Kennedy Schlagzeilen gemacht. Das von ihm kommandierte Schnellboot PT-109 war in der Nacht auf den 2. August 1943 auf Patrouillenfahrt unweit der Inselgruppe New Georgia. In der Dunkelheit wurde das Boot von einem mit voller Fahrt auf sie zukommenden, das kleine Schiff jedoch gar nicht bemerkenden japanischen Zerstörer regelrecht in zwei Teile geschnitten. Es war das einzige Schnellboot, das im gesamten Kriegsverlauf auf diese Weise verloren ging. Kennedy sammelte die Überlebenden (zwei Seeleute waren bei der Kollision umgekommen) und rettete einen verwundeten Kameraden, indem er eine Leine von dessen Schwimmweste in den Mund nahm und den halb Bewußtlosen, auf dem Rücken schwimmend, hinter sich her zog. Man erreichte ein kleine Insel mit dem freundlichen Namen Plum Pudding Island. Sieben Tage lang schienen die Männer in der Wasserwüste des Pazifik ihrem Schicksal ausgesetzt, eine Zeit, während der Kennedy mehrmals bis an die Grenze des körperlichen Zusammenbruchs zu anderen Atollen und Inseln schwamm, um Hilfe zu holen. Schließlich entdeckten sie zwei Insulaner, die wiederum von einem Camp neuseeländischer Soldaten, ein paar Kanustunden entfernt, wußten. Die erschöpften Männer erreichten das Lager der Verbündeten, die bereits die U.S.Navy informiert hatten, welche ein Schnellboot schickte, um Kennedy und seine Besatzung abzuholen.

Das Leiden der Männer von PT-109 und das umsichtige Verhalten des Kommandanten machte umgehend Schlagzeilen in der Heimat. *Die New York Times* titelte: *Kennedys Sohn wird im Pazifik zum Helden, als japanischer*

Zerstörer sein Boot entzwei schneidet. Mit der Veröffentlichung einer spannenden Geschichte über die Abenteuer von PT-109 im von Millionen Lesern konsumierten Journal *Reader's Digest* wurde der Name des jungen Marineoffiziers im ganzen Land bekannt – es war eine Publikation, bei deren Entstehung sein Vater, Joseph Kennedy, tatkräftig geholfen hatte. Die Publizität verhinderte eine eingehendere Untersuchung der Marine, vielleicht gar ein Kriegsgerichtsverfahren gegen den jungen Helden – immerhin hat ein Schnellboot seinen Namen nicht von ungefähr und manch einem Admiral stellte sich die Frage, ob man es an Bord von PT-109 nicht an der nötigen Wachsamkeit habe mangeln lassen.

Die Verbreitung des denkwürdigen Kriegserlebnisses über die Medien zeigt ein Schema und eine Triebfeder auf, die auch den Wahlkampf des demokratischen Spitzenkandidaten 1960 prägten: ein geradezu vererbter brennender politischer Ehrgeiz in Verbindung mit dem Willen, Summen in deren Realisierung zu investieren, von denen die politischen Rivalen, die im Laufe der Jahre John F. Kennedys Weg kreuzten, nur träumen konnten. Spiritus rector und Finanzier der politischen Karriere des im Familienkreis »Jack« genannten John F. Kennedy war sein Vater Joseph. Über ihn und den von ihm abstammenden Clan mit all ihren schillernden Affären und tragischen Schicksalen sind inzwischen Regalmeter geschrieben worden.[2] In diesem Zusammenhang sei lediglich darauf hingewiesen, dass schon viele Zeitgenossen der reichlich gefüllten Wahlkampfkasse der Kennedys mit gemischten Gefühlen gegenüberstanden. Denn Joseph Kennedy senior, ein klassischer amerikanischer *selfmade man* irischer Abstammung, hatte sein Vermögen auf teilweise anrüchige Art verdient, durch Transaktionen am Rande der Legalität oder jenseits dieser wie dem Handel mit Spirituosen während der Prohibitionszeit. Kennedy senior, ein Aufsteiger wie aus dem Bilderbuch des American Dream, wurde selbst von politischem Ehrgeiz verzehrt, doch während seiner kurzen Zeit als amerikanischer Botschafter in London zu Beginn des Zweiten Weltkrieges hatte er zu deutlich eine inakzeptable Position bezogen. Kennedy war in der britischen Hauptstadt als Defätist eingeschätzt worden – und dies war noch die positivere Beurteilung. Der diplomatisch völlig unerfahrene Botschafter, dessen Unterstützung sich Präsident Roosevelt um fast jeden Preis für seine Wiederwahl 1940 sichern wollte, gab den britischen Absichten, notfalls allein gegen Nazi-Deutschland bestehen zu wollen, keine günstige Prognose. Wer Kennedy übel wollte – und dergleichen Gefühle hegten viele, die dem gewieften Geschäftsmann über den Weg gelaufen

---

[2] Näheres über die Kennedys bei: Ronald D. Gerste. Amerikanische Dynastien. Regensburg 2005.

waren – verdächtigte ihn gar der Sympathien für autoritäre Systeme wie jenes im Deutschland Adolf Hitlers.

Selbst im offiziellen Washington zur Unperson geworden, projizierte Joe Kennedy seinen Ehrgeiz auf seinen ältesten überlebenden Sohn John.[3] Schon 1946 zog der 29jährige als Kongressabgeordneter für den 11. Bezirk des Staates Massachusetts in das Repräsentantenhaus in Washington ein. Die Strategie dieses recht lokalen Wahlkampfes sollte sich in den folgenden Urnengängen, bei denen John F. Kennedy kandidierte, wiederholen: der Einsatz der gesamten großen Kennedy-Familie, eine ungeheure mediale Aufmerksamkeit und eine fast ehrfürchtige Verehrung, die dem jungen Politiker, dessen Schlagfertigkeit und Charme kaum überbietbar schienen, bei den meisten seiner Auftritte entgegenschlug. Und natürlich ein unbegrenztes Budget. Auf Dauer war das Repräsentantenhaus für einen Mann mit Kennedys Qualitäten eine bis zwei Nummern zu klein. 1952 strebte Kennedy ins Oberhaus der amerikanischen Politik, in den Senat. Den Senatssitz hatte mit dem Republikaner Henry Cabot Lodge ein Angehöriger einer der ältesten und angesehensten Familien des Bundesstaates inne, dem nie die Idee gekommen wäre, gegen einen Herausforderer aus einer despektierlichen Aufsteigerfamilie, gegen einen Sproß des verabscheuten Joseph Kennedy verlieren zu können. Außerdem wehte den Demokraten überall im Land der Wind ins Gesicht. Nach zwanzig Jahren demokratischer Präsidenten[4] standen die Zeichen auf Wechsel. Doch abermals war die Kennedysche Wahlkampfführung superb, der Einsatz der Ressourcen effizient und reichhaltig. Am Wahltag 1952 kam es in den USA zu einem Erdrutschsieg der Republikaner. Deren Spitzenkandidat Eisenhower wurde mit großer Mehrheit zum 34. US-Präsidenten gewählt, in Massachusetts (sonst einer Hochburg der Demokraten) ließ er seinen Herausforderer Adlai Stevenson mit mehr als 200.000 Stimmen Vorsprung hinter sich. Auch zum Gouverneur wählten die Bürger des Staates einen Republikaner. Nicht jedoch zum Senator: Entgegen dem Trend gewann John F. Kennedy die Wahl mit 51,5% der Stimmen. Keinen überraschte dieser Ausgang mehr als Henry Cabot Lodge, der erklärte, er fühle sich wie ein Mann, der gerade von einem Lastwagen überfahren worden war. Die beiden sollten sich 1960 abermals gegenüberstehen: Cabot Lodge, inzwischen von Präsident Eisenhower zum Botschafter bei den Vereinten Nationen ernannt, war der republikanische Kandidat für das Amt des Vizepräsidenten an der Seite von Richard Nixon.

---

[3] Ein älterer Bruder des 35. Präsidenten, Joseph Kennedy junior, war als Bomberpilot im Krieg ums Leben gekommen.
[4] Franklin D. Roosevelt von März 1933 bis April 1945, danach Harry Truman, der 1952 nicht noch einmal kandidierte.

Kennedy war nach dem Einzug in den Senat sofort der Liebling der Medien, vor allem die Gesellschaftsseiten der Zeitungen widmeten sich mit Vorliebe dem attraktiven jungen Senator. Für höhere, um nicht zu sagen: höchste Ambitionen fehlte ihm nur eines: eine Vorzeigefamilie. Den ersten Schritt hierzu unternahm er am 12. September 1953, als er die äußerst attraktive Jacqueline Bouvier heiratete, die in Washington als Reporterin arbeitete. Die Hochzeit auf einem Landgut in Rhode Island wurde, nicht zuletzt dank Joseph Kennedys und seines Stabes exzellenter logistischer Planung, ein Medienereignis. In den Gazetten des ganzen Landes tauchten Berichte über diese Feierlichkeit der Oberen Zehntausend von Neuengland mit Bildern von einem gutaussehenden, glücklichen Paar auf. Der *junior senator*[5] aus Massachusetts hatte jetzt bereits einen Bekanntheitsgrad erlangt, von dem manche Senatskollegen mit zehn- oder zwanzigjähriger legislativer Tätigkeit nur träumen konnten.

Zur Fortune eines Politikers gehört es auch, zur falschen Stunde *nicht* in der ersten Reihe zu stehen. Die Demokraten veranstalteten ihren Wahlparteitag 1956 in Chicago und ließen sich auch durch die Niederlage vier Jahre zuvor nicht davon abhalten, den glücklosen Adlai Stevenson neuerlich zu nominieren. Jack strebte danach, Stevensons Vizepräsidentschaftskandidat zu werden – gegen den Rat seines Vaters, der Stevenson für einen schwachen Kandidaten hielt, was durch Meinungsumfragen gestützt wurde, die einen Vorsprung von Präsident Eisenhower gegen Stevenson von 62% zu 35% prognostizierten. Kennedy betrieb seinen parteiinternen Wahlkampf weiter, worin sein Biograph Robert Dalleck einen seltenen Akt der Rebellion gegen den Vater sieht. Stevenson war von dem Gedanken, den jungen Kennedy als *running mate* zu haben, nicht begeistert, wollte jedoch Joseph Kennedy nicht verärgern, der eine wichtige Quelle von Wahlkampfgeldern war. Stevenson tat einen ungewöhnlichen Schritt, um diesem Dilemma zu entkommen: er verzichtete auf das Recht des Kandidaten, sich seinen potentiellen Vizepräsidenten selbst auszusuchen und überließ diese Entscheidung dem Parteitag. Kennedy und sein Team, vor allem seine rechte Hand, der in Sachen Wahlkampforganisation gleichermaßen effektive wie aggressive jüngere Bruder Robert, arbeiteten hinter den Kulissen unermüdlich, um Delegierte aus Bundesstaaten zu beeinflussen, die eindeutig nicht hinter dem Favoriten für diesen Posten, Senator Estes Kefauver aus Tennessee, standen. Im zweiten Wahlgang konnte Kennedy diesen Rivalen gar überholen und lag mit 648 Stimmen gegen die 551 Stimmen Kefauvers vorn. Bei der nächsten Abstimmung allerdings

---

[5] Bezeichnung für den dienstjüngeren der beiden Senatoren eines Staates, der zuerst in den Senat gewählte dieser beiden ist der *senior senator*.

konnte Kefauver die nötige Mehrheit auf sich vereinen. »Auch wenn die Niederlage ihn schmerzte,« so urteilt Dallek, »so kamen die meisten Kommentatoren doch überein, dass seine Kandidatur ein Nettogewinn war. Sein Auftritt auf dem Parteitag mit der Bitte, Kefauver einstimmig zu nominieren, war ein PR-Triumph, ebenso wie der Eindruck, den er während der ganzen Convention hinterlassen hatte.«[6] Der Historiker Arthur Schlesinger jr schrieb an Kennedy kurz nach dem Parteitag, dass »Du eindeutig als der Mann hervorgetreten bist, der am meisten auf der Convention gewonnen hat. Dein Auftreten und Deine Effektivität haben Dich innerhalb einer Woche zu einer im ganzen Land bekannten Persönlichkeit gemacht. Der Wahlkampf wird eine weitere Gelegenheit bieten, diesen Eindruck zu verfestigen.«[7]

Nicht nur der Wahlkampf, auch die nächsten vier Jahre boten Kennedy genügend Gelegenheit, sein Profil zu schärfen und ein *household name* zu werden, ein Mann mit einem hohen nationalen Bekanntheitsgrad. Nachdem er 1958 mit überzeugender Mehrheit für seinen Heimatstaat Massachusetts in den Senat wiedergewählt wurde, fiel sein Name immer häufiger als ein möglicher demokratischer Präsidentschaftskandidat für 1960. Das öffentliche Bild Kennedys als eines Politikers mit *movie-star good looks*, von blendendem, sportiven Aussehen, wurde von der PR-Maschine der Kennedy-Familie sorgsam gepflegt. Von den Geheimnissen seines Privatlebens, der aufgrund seiner Affären vorübergehend am Rande des Scheiterns stehenden Ehe und der Krankheit[8], die regelmäßige Kortisonspritzen erforderlich machte, erfuhr die Öffentlichkeit in vollem Umfang erst nach seinem Tod.

Kennedy erklärte seine Kandidatur im Januar 1960. Innerhalb der Demokratischen Partei hatte er mehrere formidable Rivalen, die Senatoren Lyndon B. Johnson aus Texas, der das Amt des einflußreichen Mehrheitsführers im Senat innehatte, Hubert Humphrey aus Minnesota und Stuart Symington aus Missouri. Am meisten sorgte sich Kennedy um Adlai Stevenson, der nicht offiziell kandidierte, von dem Insider aber erwarteten, dass er sich als Kompromisskandidat bereit halten würde, wenn es zu einer *deadlocked convention*, einem Parteitag ohne eindeutige Mehrheiten käme. Zwei Wahlniederlagen in Folge hatten Stevenson erstaunlicherweise nicht davon überzeugen können, dass er offenbar auf Amerikas Wähler nur eine begrenzte Anziehungskraft hatte.

Vorwahlen fanden 1960 in nur sechzehn Bundesstaaten statt, so dass die Kandidaten eine Doppelstrategie verfolgen mussten: einerseits in den

---

[6] Robert Dallek: An Unfinished Life. John F. Kennedy 1917 – 1963. Boston 2003, S. 208.
[7] Ebd.
[8] Kennedy litt unter Morbus Addison, einer Insuffizienz der Nebennierenrinde.

primaries so gut wie möglich abzuschneiden, andererseits die Führungskräfte der Demokratischen Partei, die Königsmacher, hinter sich zu bringen. Hierzu gehörte auch eine ehemalige First Lady: Eleanor Roosevelt, die Witwe des nach wie vor hochverehrten Franklin D. Roosevelt. Diese Graue Eminenz der Partei mochte John F. Kennedy ebensowenig wie Ex-Präsident Harry Truman. Zum einen schien ihr der junge Senator aus Massachusetts nicht liberal genug, zum anderen hatte sie nicht vergessen, wessen Sohn er war – und dass ihr seliger Mann Joe Kennedy buchstäblich wie die Pest gehaßt hatte.[9]

Joes Geld spielte auch im demokratischen Vorwahlkampf eine herausragende Rolle, nicht nur, weil es in großer Quantität eingesetzt wurde, sondern auch, da die Mittel höchst gezielt und professionell zur Wirkung kamen. Dies zeigte sich u.a. darin, dass auf lokaler Ebene bei den wichtigen Vorwahlen, z. B. in West Virginia, die entscheidenden Leute gewonnen werden konnten und dass die Logistik alles bislang Dagewesene in den Schatten stellte. Jack, seine Mitarbeiter und gelegentlich auch seine Frau flogen mit einem Privatjet, der den Namen von Tochter Caroline trug, durch die Lande, während sein innerparteilicher Rivale Hubert Humphrey weite Strecken mit der Eisenbahn oder dem Bus zurücklegen musste. Unbezahlbar war indes Jacks aufsehenerregendste Mitstreiterin: seine Frau. Jackie war so ungeheuer fotogen und telegen, wie man es noch nie bei einer Politikerfrau erlebt hatte. Ihr exzellenter Modegeschmack machte sie zur Trendsetterin. Wo immer ihr Auftritt an der Seite des Senators angekündigt war, scharten sich die Bürger und vor allem die Bürgerinnen schon Stunden vorher zusammen. Jack gewann die Vorwahlen in West Virginia wie in den meisten anderen Staaten und wurde auf der *Convention* der Demokraten im Juli 1960 in Los Angeles zum Präsidentschaftskandidaten gekürt.

Nachdem Kennedy die Nominierung angenommen hatte, widmete er sich der dringlichsten Aufgabe, der Wahl eines *running mate*. Die Entscheidung, die er verkündete, war ein kühner politischer Schachzug. Er nahm Lyndon B. Johnson aus Texas mit auf sein Ticket. In Kennedys engem Umfeld machte sich Unglauben, fast Entsetzen breit. Johnson war kein Liberaler wie Kennedy und, wichtiger noch, er hatte 1956 sowohl als auch 1960 das Kennedy-Lager seine Abneigung gegen die Familie, ihr Oberhaupt und Financier Joseph, und auch gegen Jack und Robert, genannt Bobby, deutlich spüren lassen. Im Vorwahlkampf hatte er sich über Ken-

---

[9] Ein Gefühl, das von Kennedy senior vollständig erwidert wurde. Nach dem Kriegstod von Joseph Kennedy junior nannte das Familienoberhaupt der Kennedys den wegen Kinderlähmung im Rollstuhl sitzenden Roosevelt nur »den verkrüppelten Hurensohn, der meinen Sohn getötet hat.«

nedys Gesundheitszustand mokiert und ihn als »mickriges gelbliches Bürschlein mit Rachitis« verspottet – dass Kennedy in Wahrheit ein viel gravierenderes medizinisches Problem hatte und medikamentenabhängig war, ahnte Johnson nicht und hätte es im Vorwahlkampf zweifellos genüßlich ausgeschlachtet. Die Kennedy-Berater, vor allem Bruder Bobby und der brillante, in seiner Ergebenheit für Jack bis an die Grenze der Selbstverleugnung gehende Redenschreiber Theodore Sorensen, fanden Johnson als Persönlichkeit höchst inkompatibel mit dem strahlenden und charmanten Spitzenkandidaten. Den Texaner als rauh zu bezeichnen, wäre ein Euphemismus. Johnson war ein nach vielen Kongress- und Senatsjahren in allen Rankünen erfahrener Berufspolitiker mit bodenständigem Geschmack und einer Diktion, die wenig Gemeinsamkeit mit der in Harvard, Kennedys alma mater, bevorzugten Ausdrucksweise aufwies. Johnson war verbal außerordentlich vulgär und Wortbestandteile wie *shit*, *piss* und *fucking* würzten seine Redewendungen bis zum Überdruss seiner Zuhörer.

Auch wenn Johnson ihm gegenüber in den zurückliegenden Monaten nicht besonders feinfühlig gewesen war, bemühte sich Kennedy schon vor dem Parteitag um einen fairen Umgang mit dem Texaner. Er sah in ihm eine der einflußreichsten Persönlichkeiten der Partei und unter wahltaktischen Gesichtspunkten eine Stärkung seiner Position dort, wo sie ihm schwach erschien: im Süden der USA. Kennedys Kalkül war es, mit Johnsons Positionierung auf dem Ticket den weißen Wählern in den Südstaaten eine Art lebender Rückversicherung zu geben, dass die Bürgerrechtspolitik einer Kennedy-Johnson-Administration nicht das größtmögliche Übel sein würde, dass bei aller Unterstützung der Anliegen farbiger Amerikaner der *way of life* des Südens – was immer ein jeder hierunter verstanden haben mag – in einer akzeptablen Form bewahrt bleiben würde. Gegenüber dem Wirtschaftswissenschaftler Walt W. Rostow hatte Kennedy schon zwei Jahre zuvor erklärt, dass »die Demokratische Partei Johnson die Nominierung schuldet. Er hat sie sich verdient. Er möchte die gleichen Dinge für das Land wie ich. Aber es ist noch zu nah seit Appomattox[10], als dass Johnson nominiert und gewählt werden könnte.«[11]

Mit seiner *acceptance speech*, mit der Kennedy auf dem Parteitag der Demokraten seine Nominierung annahm, trat der Kandidat live zur bes-

---

[10] Ein Hinweis auf den Bürgerkrieg (1861 – 1865), der mit der Kapitulation der Truppen des Südens unter General Robert E. Lee am 9. April 1865 bei Appomattox in Virginia zu Ende ging. Nach damals (1960) herrschender allgemeiner Überzeugung war ein demokratischer Kandidat aus dem Süden für die Mehrheit der Amerikaner nicht wählbar. Johnson wurde in der Tat 1964 der erste Südstaatenpolitiker seit mehr als 100 Jahren, der zum Präsidenten gewählt wurde. Seither sind drei weitere Südstaatler ins Weiße Haus eingezogen: Jimmy Carter (1977 – 1981), Bill Clinton (1993 – 2001) und George W. Bush (2001 – 2009).

[11] Dallek, S. 269.

ten Sendezeit im Fernsehen vor ein Millionenpublikum. Das neue Zeitalter, so Kennedy, verlange neue Initiativen und vor allem neue Männer: »Heute gelten unsere Sorgen der Zukunft, denn die Welt ändert sich. Die alte Epoche endet, die alten Lösungen reichen nicht mehr aus. In Übersee wandelt sich die Machtbalance. Es gibt neue und schreckliche Waffen, neue und unsichere Nationen, neue Probleme der Bevölkerungsentwicklung und der Armut. Die Welt war schon oft am Rande des Krieges – doch jetzt hat der Mensch, der alle früheren Bedrohungen seiner Existenz überlebt hat, die Macht in seine sterblichen Hände bekommen, die ganze Spezies mehrfach auszurotten.« Und auch daheim, in Amerika, sei ein Kurswechsel vonnöten: »Zu viele Amerikaner haben ihre Orientierung, ihren Willen und ihr Gefühl für unsere historische Bestimmung verloren. Kurzum: Es ist Zeit für eine neue Generation, die Führung zu übernehmen, für neue Männer, um mit neuen Problemen und neuen Chancen fertig zu werden.«[12]

Neben der Zurückhaltung, auf die Kennedy bei vielen Weißen im Süden zu stoßen fürchtete, hatte der Kandidat ein zweites Problem, das sich aus seiner Biographie ergab: Kennedy war katholisch und die Vereinigten Staaten hatten noch nie einen Katholiken zum Präsidenten gewählt. Der erste katholische Spitzenkandidat einer der beiden großen Parteien, Al Smith, war im Wahlkampf 1928 auf heftigste anti-katholische Reaktionen gestoßen. Seine Religion und die angebliche Hörigkeit gegenüber dem Vatikan wurde damals von den Republikanern zum Wahlkampfthema gemacht und spielte neben der (noch) günstigen wirtschaftlichen Situation 1928 sicher eine Rolle bei der Niederlage von Smith gegen den republikanischen Kandidaten Herbert Hoover. Kennedy wurde immer wieder im Wahlkampf auf teilweise abstruse Weise auf seinen Glauben angesprochen – etwa, ob er seine Anweisungen direkt vom Papst beziehe, ob der Vatikan Einfluss auf Amerikas Politik bekäme. Kennedy antwortete geduldig, dass er ein eiserner Verfechter der traditionellen amerikanischen und von der Verfassung bestimmten Trennung von Staat und Kirche sei. Er sei kein katholischer Kandidat, sondern der demokratische Kandidat, der nebenbei katholisch sei. Nach dem überzeugenden Vorwahlsieg im streng protestantischen West Virginia war dem Thema ein wenig die Spitze genommen. Ex-Präsident Harry Truman, stets ein Mann unmißverständlicher Sprache, brachte es auf den Punkt, wo das Risiko mit einem Präsidenten Kennedy seiner Meinung nach lag: *It's not the Pope I'm afraid of, it's the Pop.*[13]

---

[12] Dallek, S. 275.
[13] Es ist nicht der Papst, der mir Angst macht, sondern der Vater. Presidential Elections, S. 65.

Doch Kennedy war nicht allein, wenn es darum ging, im Wahlkampf Hindernisse zu überwinden, die aus der eigenen Biographie resultierten. Der Spitzenkandidat der Republikaner, Richard Nixon, konnte auf seine politische Erfahrung als Vizepräsident verweisen und mit seiner stramm konservativen Ideologie bei vielen traditionellen Wählern der Republikanern Eindruck machen. So hatte es der Mehrheit seiner Landsleute imponiert, dass er bei einem Besuch in Caracas, Venezuela, sich von einem grölenden, Steine werfenden Mob nicht hatte vertreiben lassen und, mehr noch, dass er 1959 bei einem Besuch in Moskau dem Sowjet-Diktator Chruschtschow während einer Debatte auf einer Industrieausstellung mutig die Stirn geboten und den amerikanischen Lebensstil als gegenüber der Kollektivierung und Vergesellschaftung weit überlegen verteidigt hatte. Doch Nixon hatte nicht annähernd eine so gewinnende, die Menschen in seinen Bann schlagende Art wie Kennedy. Langjährige Mitarbeiter mochten ihn schätzen – doch wirklich beliebt war der oft etwas finster dreinblickende Politiker selbst bei engen Parteifreunden nicht. Außerdem haftete ihm der Ruf an, in der Auseinandersetzung mit dem politischen Gegner zu verbalen Schlägen unter die Gürtellinie auszuholen und mit schmutzigen Tricks zu arbeiten. Der Spitzname »Tricky Dicky«, den ihm 1946 seine Kontrahentin im Wahlkampf um einen Sitz im Repräsentantenhaus verpasst hatte, sollte Nixon – durch die Watergate-Affäre praktisch validiert – bis zu seinem Lebensende anhaften. Als Eisenhower ihn 1952 zu seinem Vizepräsidentschaftskandidaten ernannte, geriet Nixon schnell in den Strudel eines Skandals. Dem politischen Gegner nahe stehende Journalisten verbreiteten, es gebe einen »dunklen Wahlkampf-Fonds«, aus dem sich Nixon auch zur persönlichen Bereicherung bedient habe. Nixon wandte sich im Fernsehen live an die Bevölkerung, in einem Auftritt, in dem die kaum gebändigte Empörung eines rechtschaffenen Amerikaners in eine weinerliche Rührseligkeit mündete, die heute beim Betrachten des flimmernden Schwarz-weiß-Streifens peinlich wirkt, damals aber den Nerv zahlreicher Zuschauer traf. Nixon stritt jedwede Vorwürfe ab und berichtete schließlich: ja, ein Geschenk habe man doch angenommen. Es handle sich um einen Cocker-Spaniel namens Checkers. Diesen hätten seine beiden kleinen Töchter inzwischen gar lieb gewonnen und, nein, den treuen vierbeinigen Gefährten gebe man nicht wieder her, egal, wie viel Aufregung die Demokraten deswegen veranstalten würden. Der Auftritt stärkte Nixons Stellung auf dem Ticket (Eisenhower hatte zwischenzeitlich mit dem Gedanken gespielt, Nixon kurz vor der Wahl noch durch einen anderen *running mate* abzulösen) und ließ in ihm die Gewißheit aufkommen, dass er es meisterhaft verstehe, auf der Klaviatur des neuen Mediums Fernsehen zu spielen. Das Vertrauen Nixons darauf, vor laufenden Kameras die Gefühle und Sentimentalitäten der Zuschauer stets so gut beeinflussen zu können wie mit der Checkers-Rede, wurde – wie sich im Wahlkampf 1960 zeigte – in dem Moment zu einer fatalen Fehleinschätzung, da Nixon auf einen Kontrahenten traf, der dieses Medium noch besser zu nutzen verstand.

Nixon versuchte im Wahlkampf wiederholt den Eindruck zu erwecken, als habe er in den zurückliegenden acht Jahren eine wesentlich aktivere Rolle gespielt, als sie dem Vizepräsidentenamt normalerweise zukommt. Angesichts einer gewissen Abgehobenheit Eisenhowers vom politischen Alltagsgeschäft in dessen zweiter Amtszeit, eine Minderung der Arbeitslast, die teilweise auf einem Herzinfarkt beruhte, den Eisenhower 1955 erlitten hatte, schien Nixon streckenweise zu suggerieren, als sei er in den letzten Jahren der eigentliche Staatslenker gewesen. Dies verärgerte den alten General, der zu Nixon stets ein distanziertes Verhältnis hatte. Und er zahlte es seinem Vize heim. Als Reporter den Präsidenten fragten, welche Ideen und Konzepte Nixons er in den letzten Jahren bei seiner Regierungstätigkeit übernommen hatte, antwortete Eisenhower mit einer Äußerung, die einem Dolchstoß ins Herz des Nixonschen Wahlkampfes gleichkam: »Wenn sie mir eine Woche Zeit geben, fällt mir vielleicht etwas ein. Ich erinnere mich wirklich nicht.«[14] Doch trotz solcher Rückschläge war Nixon für das Kennedy-Lager ein Gegner, der nicht zu unterschätzen war. Kennedys Redenschreiber Sorensen bezeichnete Nixons *acceptance speech* auf dem Republikanischen Parteitag, nach dessen Ende die Meinungsumfragen einen Umschwung zugunsten des Vizepräsidenten entdeckten, als brillant. Als geradezu prophetisch erwies sich Nixons Aussage in Richtung des sowjetischen Parteichefs: »Mr. Chruschtschow sagt, dass unsere Enkelkinder im Kommunismus leben werden. Laßt uns sagen, dass seine Enkelkinder in Freiheit leben werden.«[15]

Ein Interesse an einer landesweit live im Fernsehen übertragenen Debatte der Kandidaten hatten neben den TV-Anstalten vor allem die Demokraten. Es war eine völlig neue Form der politischen Auseinandersetzung, wenig kalkulierbar, stets mit der Gefahr, durch einen Fehler, einen Mißklang im Angesicht von Millionen Wählern den eigenen Wahlchancen irreparablen Schaden zuzufügen. Eisenhower riet Nixon, nicht auf den Vorschlag einzugehen, mit Kennedy rhetorisch im Fernsehen die Klingen zu kreuzen. Doch Nixon war stolz auf seine Argumentationsfähigkeit und teilte des Präsidenten Bedenken nicht, dem weniger erfahrenen Kennedy ein Forum zu geben, auf dem sich dieser auf gleicher Augenhöhe wie der

---

[14] Dallek, S. 287.
[15] Matthews S. 136.

Vizepräsident der Vereinigten Staaten befand. Er verstieg sich gar zu der völlig unrealistischen Behauptung: »Das Fernsehen ist nicht mehr so effektiv wie 1952. Der Reiz des Neuen ist verloren gegangen.«[16] Zu Beginn der Fünfziger Jahre fand sich ein Fernsehapparat in einem von zehn amerikanischen Haushalten. 1960 verfügten neun von zehn Haushalten über ein TV-Gerät.

Die erste der vier Debatten, die heute als Meilenstein in der politischen Kultur wie auch in der Entwicklung der Medien als einem wahlentscheidenden Faktor gelten, fand am 26. September 1960 in Chicago statt. Die Zahl der Zuschauer, die dem Ereignis beiwohnten, übertraf alles in der Geschichte des Mediums Fernsehen Dagewesene. Bald nach den Wahlen sprachen Medienwissenschaftler von 100 bis 120 Millionen Zuschauern (in einem Land, das knapp 200 Millionen Einwohner hatte), heute geht man von immer noch beeindruckenden 70 Millionen Zuschauern aus. Beide Kandidaten hatten die letzten Stunden mit Vorbereitungen im Kreise ihrer Berater verbracht, hatten versucht, auf alle denkbaren Fragen des sorgfältig ausgewählten Panels von Journalisten die effektvollsten Antworten zu konzipieren. Nixon war etwas früher im Studio, versuchte trotz eines gerade überstandenen Krankenhausaufenthalts wegen einer Knieverletzung auf die Anwesenden einen gut gelaunten und vitalen Eindruck zu machen. Einige Minuten erfreute sich der Vizepräsident der allgemeinen Aufmerksamkeit. Dann harrte seiner ein Schock. Als Senator Kennedy das Studio betrat, stürzten sich die Pressefotografen auf ihn und ließen den verblüfften Nixon stehen. Der Mann aus Massachusetts, so entfuhr es einem der Reporter, sah aus wie Adonis. Kennedy war braun gebrannt, trug einen dunklen Maßanzug und stellte ein unwiderstehliches Siegerlächeln zur Schau: »Von dem Moment, da Kennedy hereinschritt und ihm die Aufmerksamkeit der Fotografen stahl, war Nixon nicht mehr derselbe Mann. Er war von der Filmstar-Aura seines Rivalen geradezu leergepumpt, spürte die eigene Minderbedeutung. Er sank in seinen Stuhl, seinen Kopf abgewandt, ein Mann auf dem Rückzug.«

Die Debatte lief nicht gut für Nixon. Kennedy erschien ihm nicht unbedingt argumentativ überlegen – Zu*hörer*, die das Geschehen im Radio verfolgten und die dazu gehörende Übertragung nicht gesehen hatte, gaben später bei Umfragen mehrheitlich an, dass Nixon auf sie den überzeugenderen Eindruck gemacht hatte. Doch das Radio hatte an diesem Tag das kleinere Publikum. Die allermeisten politisch interessierten Amerikaner waren an jenem Abend Zu*schauer*. Und in deren Einschätzung schnitt Kennedy deutlich besser ab. Der optische Kontrast zwischen bei-

---
[16] Matthews, S.144.

den Kandidaten war unübersehbar. Kennedy hob sich in seinem dunklen Anzug vorteilhaft von der grauen Studioumgebung ab, er zeigte geradezu symbolhaft Profil.[17] Nixons grauer Anzug hingegen schien in den Hintergrund überzugehen und gab dem Vizepräsidenten eine verwaschene Erscheinung, die noch durch seine Physiognomie unterstrichen wurde. Nixon sah nach dem Krankenhausaufenthalt elend aus, hatte Ringe unter den Augen und einen schlecht sitzenden Hemdkragen. Ein zusätzliches Problem war sein starker Bartwuchs, den Karikaturisten gern benutzten, um den Vizepräsidenten als dunkle, wenig Vertrauen einflößende Person zu porträtieren. Nixon gebrauchte Puder, um die Stoppeln abzudecken, lehnte aber ansonsten das Auftragen von Make-up ab. Im Laufe der Debatte begann der sich erkennbar unwohl fühlende Kandidat zu schwitzen, was gleichfalls wenig attraktiv wirkte. Der Spott, der sich über Nixon nach diesem Auftritt ergoß, war teilweise grausam. »Mein Gott!«, rief Chicagos Bürgermeister Richard Daley, ein Demokrat aus; »die haben ihn ja schon einbalsamiert, bevor er überhaupt gestorben ist!« Wenig freundlich war auch das Fazit von Nixons Vize-Präsidentschaftskandidaten Henry Cabot Lodge, das am wirkungsvollsten im Original klingt: *That son of a bitch just lost the election.*

»Die Kandidaten brauchen nicht vorgestellt zu werden«. Mit diesen einleitenden Worten eröffnete Howard K. Smith vom Sender CBS die Debatte. Das Thema des ersten Aufeinandertreffens der beiden Kandidaten war zwar eigentlich amerikanische Innenpolitik, doch wurde die Außenpolitik schnell dominant. Gerade dies hätte nach allgemeiner Einschätzung ein Heimspiel für Vizepräsident Nixon werden müssen. Doch schon in den Anfangsminuten wurde deutlich, dass Senator Kennedy, der über Jahre im Auswärtigen Ausschuß des Senats gearbeitet hatte und Autor zahlreicher außenpolitischer Schriften war (darunter seine mit 22 Jahren verfaßte Analyse *Why England Slept* über den Weg Großbritanniens in den Zweiten Weltkrieg), sich auf diesem Areal seinem Rivalen ebenbürtig fühlte und letzterem in der Fähigkeit, seine Kompetenz zu kommunizieren, haushoch überlegen war. Nach Begrüßung des Moderators und Nixons drehte er sich in Richtung Kamera und nahm eine Position ein, wie sie in späteren Phasen des Fernsehzeitalters von Staatspräsidenten eingenommen wird, die sich an ihr Volk wenden. Geschickt spielte er auf einen historischen Vorläufer der bevorstehenden Wahl an, jene Entscheidung vor hundert Jahren, die gleichfalls von wegweisender, epochaler Bedeutung gewesen war: »Bei der Wahl von 1860 sagte Abraham Lincoln, dass es um die Frage geht, ob diese Nation zur Hälfte versklavt und zur

---

[17] Dallek, S. 285/286.

Hälfte frei existieren könne. Bei der Wahl von 1960 geht es angesichts der uns umgebenden Welt darum, ob diese halb frei oder halb versklavt bestehen kann; ob sie sich in die Richtung auf die Freiheit zu bewegt, in Richtung jener Straße, die wir genommen haben, oder ob sie in Richtung Sklaverei fortschreitet.«[18] Er zog einen nahtlosen Bogen zu den inneren Problemen Amerikas und verknüpfte die notwendigen Reformen in Amerikas Gesellschaft mit dem großen Kampf in Übersee, mit dem Wettstreit gegen eine totalitäre Ideologie: »Es hängt in ganz großem Maße davon ab, was wir in unserem Lande tun. Der Grund, dass Franklin Roosevelt in Lateinamerika als guter Nachbar galt, lag darin, dass er hierzulande ein guter Nachbar war. Die Menschen haben gespürt, dass sich die amerikanische Gesellschaft wieder bewegt. Ich will, dass wir dieses Bild von uns zurückgewinnen. Ich will, dass Menschen in Lateinamerika und Afrika und Asien wieder nach Amerika blicken, dass sie sich fragen, was der amerikanische Präsident macht und nicht auf Chruschtschow oder die chinesischen Kommunisten schauen. Das ist die Verpflichtung für unsere Generation. 1933 hat Franklin Roosevelt in seiner Antrittsrede gesagt, dass seine Generation von Amerikanern ein Rendezvous mit dem Schicksal hat. Ich glaube, unsere Generation hat das gleiche Schicksal. Die Frage ist: Kann die Freiheit unter dem schwersten Angriff, dem sie bislang ausgesetzt ist, bewahrt werden ? Ich glaube, das kann sie. Und ich glaube, dass es in der letztgültigen Analyse darauf ankommt, was wir hier machen. Es ist Zeit, dass Amerika wieder voranschreitet.«[19]

Die Wirkung auf Amerikas Fernsehzuschauer war eine außerordentliche: »Innerhalb von acht Minuten hatte ein schlanker, exzellent gekleideter junger Gentleman den in ihren Wohnzimmern sitzenden amerikanischen Männern und Frauen einen Vorschlag unterbreitet. Und dabei hatte er so unglaublich viel sympathischer gewirkt als der Bursche, der in den letzten acht Jahren der Vizepräsident der Vereinigten Staaten gewesen war.«[20]

Nixon gelang es kaum, gegenüber diesem Auftritt an Profil zu gewinnen. In den meisten Punkten musste er Kennedy zustimmen. Die Frage eines Reporters nach der verletzenden Bemerkung Eisenhowers (*give me a week*) über seinen Vize beantwortete er zu umständlich; das Bestreben, dem beliebten Amtsinhaber nicht zu widersprechen, ließ Nixon wenig Raum zur Profilierung – hätte er verbal auf den Tisch gehauen und Eisenhowers Bemerkung als geschmacklose Gehässigkeit eines undankbaren alten Mannes

---

[18] Sidney Kraus (Ed.): The Great Debates. Kennedy vs Nixon 1960. Bloomington, Indiana 1977. S. 348.
[19] Great Debates, S. 350.
[20] Matthews, S.151.

abgetan, wäre es glaubwürdiger gewesen. Doch Nixon, ein hochbegabter Debattenredner, gab sich nicht geschlagen und ging in die Offensive. Vor allem aus Kennedys »Unerfahrenheit« versuchte er Kapital zu schlagen – die fast 14 Jahre Kennedys im Capitol waren allerdings mehr legislative Erfahrung, als sie manche Präsidenten mit ins Weiße Haus gebracht hatten. Der Herausforderer konterte mit feiner Ironie und einem abermaligen Verweis auf den gemeinhin als den größten aller Präsidenten eingeschätzten sechzehnten Amtsinhaber: »Abraham Lincoln ist Präsident geworden nach einer wenig bekannten Periode im Repräsentantenhaus, nachdem er die Wahl um den Senat 1858 verloren hatte, und doch war er ein herausragender Präsident. Es gibt keinen sicheren, vorgezeichneten Weg in die Präsidentschaft. Es gibt keine Garantien, dass man bei der einen oder der anderen Route [ins Weiße Haus] ein erfolgreicher Präsident sein wird.«[21]

Der Eindruck nach Ende der Debatte war im Kennedy-Lager der eines eindeutigen Sieges – was Meinungsumfragen unter Zuschauern bestätigten: 43% sahen Kennedy als »Sieger«, nur 23% hatten von Nixon den stärkeren Eindruck. Auch die Körpersprache desjenigen Kandidaten, der sich gerade nicht an die Zuschauer wandte, ließ die Sympathien eher in Richtung Kennedys ausschlagen. Nixon blickte bei des jugendlichen Senators Ausführungen oft finster, mit rastlosen Augenbewegungen im Studio umher. Kennedy wirkte auch als Zuhörer souveräner. Er machte sich Notizen (oder deutete dies zumindest an) und hob gelegentlich mit angedeutetem Lächeln eine Augenbraue.

Drei weitere Debatten fanden im Herbst 1960 zwischen Kennedy und Nixon statt, doch keine von ihnen erreichte die Zuschauerzahlen der ersten. Nixon erlebte am 7.Oktober im NBC-Studio in Washington ein »Comeback«, sah besser aus als beim ersten Aufeinandertreffen (er hatte mit zahlreichen Milkshakes versucht, Gewicht zuzulegen) und konnte Kennedy bei der Diskussion um das damals wie heute existierende Problem Taiwan-China vorübergehend in die Defensive drängen. Zu des Republikaners Nachteil hatte sein deutlich besserer Auftritt rund zwanzig Millionen Zuschauer weniger als die erste Debatte. Am 13. Oktober bekam die Auseinandersetzung ein anderes Format, als sich Kennedy und Nixon nicht im gleichen Studio gegenüber standen, sondern über mehr als 4.000 Kilometer getrennt waren: Kennedy sprach aus einem Studio in New York, Nixon blickte in Los Angeles in die Kameras. Die vierte und letzte Debatte am 21. Oktober in New York schien bereits Routine geworden zu sein.

Die Stoßkraft des Mediums Fernsehen hat sich 1960 in vollem Umfang manifestiert, Fernsehdiskussionen der Spitzenkandidaten gehören seit-

---

[21] Great Debates, S. 357.

her nicht nur in den USA, sondern in vielen Demokratien der Welt zum festen Ritual des Wahlkampfes. John F. Kennedy hatte die Bedeutung des Fernsehens richtig eingeschätzt, als er ein Jahr vor den Debatten geschrieben hatte: »Nichts ist mit dem revolutionären Einfluß des Fernsehens vergleichbar. Das TV hat die Art unserer politischen Kampagnen, Parteitage, Kandidaten und Kosten drastisch verändert. Manche Politiker betrachten es mit Mißtrauen, andere mit Freude. Einige Kandidaten haben von seinem Gebrauch Nutzen gehabt, anderen hat man empfohlen, es zu meiden. Ob gut oder schlecht – und ich gehöre zu jenen, die seinen Nettoeffekt für einen positiven halten – die Wirkung des Fernsehens auf die Politik wird enorm sein. Vor gerade 40 Jahren hat Woodrow Wilson seinen Körper und Geist auf einer intensiven Reise quer durchs Land verschlissen, als er für die Sache des Völkerbundes predigte. Heute kann Präsident Eisenhower Millionen von Menschen innerhalb von 15 Minuten erreichen, ohne sein Büro überhaupt zu verlassen. Doch der politische Erfolg des Fernsehens ist unglücklicherweise nicht auf jene begrenzt, die es verdienen. Es ist ein Medium, anfällig für Manipulation und Taschenspielertricks. Es kann von Demagogen mißbraucht werden, durch den Appell an Emotionen und Vorurteile und Ignoranz.«[22]

Ein innenpolitisches Minenfeld, das beide Kandidaten zu umgehen suchten, war das Problem der Bürgerrechtsbewegung, das Streben der schwarzen Bevölkerung nach politischer und sozialer Gleichberechtigung. Kennedys Sympathien waren zwar bekannt, doch versuchte der Kandidat, sich hierzu tunlichst bedeckt zu halten, um die weißen Wähler im Süden nicht zu verärgern. Doch drei Wochen vor der Wahl musste er Farbe bekennen. Zusammen mit anderen Aktivisten war Martin Luther King am 19. Oktober in Atlanta verhaftet worden, als sie in der *Whites only*-Abteilung eines Kaufhausrestaurants Platz genommen hatten. Kings Frau Coretta, im fünften Monat schwanger, fürchtete, ihr Mann könnte im Gefängnis umgebracht werden. Kennedy rief Coretta King an, sprach ihr Mut zu und versprach auf etwas vage Art, ihr zu helfen. Sein Bruder Bobby war als Wahlkampfmanager außer sich, als das Telefonat publik wurde – und setzte andererseits hinter den Kulissen die Hebel in Bewegung, die zur baldigen Freilassung Martin Luther Kings führten.

Der Eindruck, den Kennedys Telefonanruf bei vielen schwarzen Amerikanern machte, war tief. Kings Vater, ein bekannter Baptistenprediger in Atlanta, bekannte umgehend, dass seine Vorurteile gegen den Kandidaten nun ad acta gelegt waren: »Ich hatte mir vorgenommen, wegen

---

[22] John F. Kennedy: A Force That Has Changed The Political Scene. TV Guide, 14. November 1959.

seiner Religion gegen Senator Kennedy zu stimmen. Doch jetzt kann er mein Präsident sein, sei er Katholik oder was immer. Es hat Mut gekostet, meine Schwiegertochter in so einer Zeit anzurufen. Er hat die moralische Courage gehabt, für das einzustehen, woran er glaubt. Ich habe meine [und meiner Gemeinde] Stimmen, ich stecke sie in meinen Koffer und werfe sie in seinen Schoß.« Die Republikaner, die Partei des Sklavenbefreiers Abraham Lincoln, hatten bereits zu Zeiten Franklin D. Roosevelts die Stimmen schwarzer Amerikaner (sofern diese nicht am Wählen gehindert wurden) verloren. Jetzt verstärkte sich dieser Trend, der bis heute ungebrochen besteht. Kings Mitstreiter, Reverend Ralph Abernathy, erklärte: »In allem Ernst fühle ich, dass die Zeit gekommen ist, die Nixon-Buttons abzunehmen. Da Mr. Nixon so vollständig still geblieben ist während dieser Zeit, werde ich sein Schweigen in der Wahlkabine erwidern.«

Angesichts des offensiv geführten und als erfolgreich wahrgenommenen Wahlkampfes, angesichts begeisterter Menschenmengen, die dem Kandidaten frenetisch zujubelten, gingen Optimisten im Kennedy-Lager davon aus, am Wahltag zwischen 53% und 55% der Stimmen zu erhalten. Doch wahrscheinlich hielt sein Katholizismus eine beträchtliche Zahl von Menschen ab, für den Senator aus Massachusetts zu stimmen, die ansonsten mit den Demokraten und ihrem Kandidaten sympathisierten. Die Wahl am 8. November 1960 wurde eine der knappsten der amerikanischen Geschichte. Bei fast 69 Millionen abgegebener Stimmen trennten Kennedy und Nixon nur 118.574 Stimmen. Kennedy kam auf 49,7%, Nixon auf 49,5% der Wählerstimmen. Deutlicher war Kennedys Vorsprung im Wahlmännerkollegium: hier hatte Kennedy 303 Stimmen gegenüber 219 Stimmen für Nixon auf sich vereinigen können. Ein dritter Kandidat, der für strikte Rassentrennung eintretende Senator Harry Byrd[23] aus Virginia, bekam 15 Wahlmännerstimmen aus Mississippi, Alabama und Oklahoma. Hätten sich 9.000 Wähler in Illinois und 46.000 Wähler in Texas statt für Kennedy für Nixon entschieden, wären beide Staaten an den Kalifornier gefallen und dieser bereits 1961 als 35. und nicht erst 1969 als 37. amerikanischer Präsident vereidigt worden. Angesichts des knappen Ausgangs wurden fast umgehend Vorwürfe der Wahlfälschung laut, die indes nie belegt werden konnten. Nixon verzichtete darauf, das Ergebnis anzufechten – im Interesse des Landes, wie er durchklingen ließ.

---

[23] Nicht identisch mit dem dienstältesten Senator, dem zur Zeit der Drucklegung dieses Buches 90jährigen Demokraten Robert C. Byrd aus West Virginia, der seit 1958 diesen Staat im Senat vertritt.

Kennedy legte an einem sonnenklaren, aber eiskalten Januartag des Jahres 1961 seinen Amtseid ab und hielt eine Rede, die zu den großen politischen Deklarationen der amerikanischen Geschichte gehört und die in dem Aufruf an eine neue Generation von Verantwortung tragenden Amerikanern gipfelte:

And so, my fellow Americans: ask not what your country can do for you – ask what you can do for your country.
My fellow citizens of the world: ask not what America will do for you, but what together we can do for the freedom of man.

Die mit viel Idealismus begonnene Präsidentschaft von John Fitzgerald Kennedy währte nur tausend Tage und endete in einem nie geklärten, nie verstandenen Verbrechen in Dallas, in den Mittagsstunden des 22. November 1963.

Lessons from History: »Money matters« – Geld zählt

Die scheinbar unbegrenzten finanziellen Mittel, die Joseph Kennedy seinem Sohn John bei dessen Wahlkämpfen zur Verfügung stellte, erweckten Neid und Mißgunst bei den politischen Gegnern (ein Terminus, der natürlich auch Parteifreunde einschließt). Die Kennedys trugen ihren Reichtum bei der Organisation des Wahlkampfes von 1960 erkennbar zur Schau und setzten ihre Mittel höchst effektiv ein. Doch nahmen ihnen manche Beobachter eher ihren Neureichtum und die nicht immer ganz saubere Art übel, mit der Joe senior seine Millionen angesammelt hatte, als dass darin eine grundsätzliche Ablehnung der politischen Ambitionen weit überdurchschnittlich begüterter Politiker läge. Denn wer es ins höchste Staatsamt geschafft hatte, war in aller Regel ein reicher, wenngleich damit nicht unbedingt sorgenfreier Mann. Dennoch halten die Annalen der Präsidentschaftswahlen auch Beispiele jener so typischen und verklärten amerikanischen Erfolgsgeschichte bereit, von Politikern, die sich tatsächlich aus einfachsten Verhältnissen ins höchste Staatsamt emporarbeiteten.

Wohlsituiert zu sein, war bereits in der Gründerzeit der USA beinahe eine Bedingung für politisches Engagement, darin dem ehemaligen Mutterland Großbritannien nicht unähnlich, wo sich die *country gentlemen* und *squires* allzu gern ins Parlament wählen ließen, bis im Laufe des 19. Jahrhunderts die Ausweitung des Wahlrechtes ambitionierten »Bürgerlichen« neue Möglichkeiten eröffnete. Unter den Gründervätern der USA können vor allem George Washington, Thomas Jefferson und in Maßen auch James Madison als sehr wohlhabend bezeichnet werden. Doch selbst Washington, einer der reichsten Grundbesitzer von Virginia, ließ nie – weder während des Unabhängigkeitskrieges im Feld noch später als Präsident in Philadelphia – der Gedanke an seine Farm los, stets sorgte er sich um die Erträge seiner Felder – und übrigens auch um das Wohlergehen seiner »Familie«, wie er sie nannte: seiner Sklaven. Noch eklatanter war der Unterschied zwischen der scheinbaren Prosperität des Thomas Jefferson und seiner tatsächlichen wirtschaftlichen Lage. Jefferson hinterließ eines der prächtigsten Anwesen aller Präsidenten, Monticello, doch die hohen Kosten für seinen andauernden Umbau und zahlreiche Erweiterungen fraßen des dritten Präsidenten Finanzen ebenso auf wie seine Neigung, aus Europa, vor allem aus Frankreich, teuren Wein und teure Bücher importieren zu lassen. Dass er ein großzügiger Gastgeber war und in Monticello praktisch jeden Besucher, selbst bekannte Schmarotzer, jenseits seiner Verhältnisse zu bewirten pflegte, trug zu seinem schließlichen Ruin am Ende seines langen Lebens bei. Seine geliebte Bibliothek musste er verkaufen – sie bildete den Grundstock der heutigen Library of Congress.

Zu Jeffersons Zeiten war der Wahlkampf für den Kandidaten bei weitem noch nicht so teuer wie in der Moderne. Reich zu sein oder zumindest reiche Freunde zu haben, hilft auf dem Weg ins Weiße Haus enorm – ist aber auch keine Garantie für den Erfolg, wie in den 1990er Jahren die Milliardäre Ross Perot und Steve Forbes erfahren mussten. Ronald Reagan, selbst einfachen Verhältnissen entstammend, war in Hollywood zu einem Wohlstand gekommen, der in keinem Verhältnis zu seinen von der Kritik meist als mittelmäßig eingeschätzten Filmen stand. Die Jahre in der Filmmetropole hatten ihn darüber hinaus mit einem Bekanntenkreis ausgestattet, der seine Wahlkämpfe auf das Großzügigste unterstützte. Unter den Kandidaten der Gegenwart überragt bei den Republikanern der ehemalige Gouverneur von Massachusetts, Mitt Romney, mit einem auf 200 bis 250 Millionen Dollar geschätzten Vermögen seine Mitbewerber.

Gab es auch »arme Schlucker«, die den Weg ins Weiße Haus fanden? Reichlich. So war Andrew Johnson, der Vizepräsident und Nachfolger Abraham Lincolns, ein Schneidergeselle gewesen, der sich Lesen und Schreiben selbst beigebracht hatte. Sein Nachfolger Ulysses S. Grant war in jedem zivilen Beruf gescheitert. Der Bürgerkrieg, in dem er zum Oberkommandierenden der Unionsarmee aufstieg, war in gewisser

Weise ein Segen für ihn. Unter den Präsidenten des 20. Jahrhunderts waren beide Roosevelts sehr wohlhabend, die meisten anderen wie Dwight D. Eisenhower, Richard Nixon, Gerald Ford und Jimmy Carter kann man als gutbürgerlich einstufen. Wenig mit irdischen Gütern war der brillante Jurist Bill Clinton gesegnet, der seine Anwaltskarriere zugunsten des miserabel bezahlten Amtes des Gouverneurs von Arkansas, einer der ärmsten Staaten, aufgab. Doch beim Aufstieg zur Macht und in acht Jahren im Weißen Haus konnte Clinton Förderer gewinnen, die bei vielen finanziellen Sorgen in Folge der Lewinsky-Affäre halfen. Und mit deren Hilfe ein Reservoir an Geldmitteln sowie an Netzwerken angelegt wurde, dank dessen seine Frau Hillary Clinton bei ihrer Kandidatur 2008 im wahrsten Sinne des Wortes »aus dem Vollen« schöpfen konnte.

DIE SCHATTEN VON VIETNAM, DER SUMPF VON WATERGATE
Richard M. Nixon 1968 und 1972

In Europa wie in den USA weckt die Zahl *1968* Assoziationen und – bei jenen, die es miterlebt haben – Erinnerungen an ein Jahr des Aufruhrs und des Aufbruchs, der Rebellion und der Befreiung. Wie man diese ereignisreichen, teilweise erschütternden zwölf Monate historisch einordnet, hängt vom individuellen politischen Standpunkt ab: als das Hinwegfegen von verkrusteten Strukturen, im deutschen Sprachraum und mit Blick auf das Justizwesen in seiner Beispielhaftigkeit für den Obrigkeitsstaat damals einprägsam als »Muff von tausend Jahren« verhöhnt. Oder als konzertierten Angriff auf traditionelle Werte in Staat und Gesellschaft, als Beginn eines »Marsches durch die Institutionen«, dessen Folgen heute noch überall spürbar sind.

In den USA wurde das Jahr von vielen als eine Abfolge von Katastrophen empfunden, die in ihrer Gesamtheit streckenweise gar den Fortbestand der politischen Ordnung in Frage zu stellen schienen. Der ferne Krieg in Vietnam brach endgültig in Amerikas Wohnzimmer ein und wurde in gewisser Weise dort entschieden: als die Tet-Offensive der Vietcong in Südvietnam im Januar 1968 die Amerikaner und ihre Verbündeten überraschte und die von den Militärs bis dahin verlautbarten Prognosen eines baldigen erfolgreichen Abschlusses des Krieges (»Licht am Ende des Tunnels«) in den abendlichen Nachrichtensendungen ad absurdum geführt wurden. Die kommunistische Offensive endete nach mehreren Wochen in einem militärischen Debakel, das jedoch durch einen psychologischen Sieg in der Heimat des kapitalistischen Feindes mehr als wettgemacht wurde. Die amerikanische Öffentlichkeit sah in Vietnam keine Chance auf einen (von Militärs wie Politikern nie eindeutig definierten) Sieg, die Kriegsmüdigkeit und die Suche nach Wegen, sich möglichst ehrenhaft aus dem Konflikt zurückzuziehen, wurde zu einem der zentralen Themen im Wahlkampf von 1968. Fast noch erschütternder als das tägliche Sterben in Südostasien war die Gewalt daheim, die Amerika zwei seiner profiliertesten Politiker beraubte: Im Abstand von zwei Monaten fielen sowohl der Bürgerrechtler und Friedensnobelpreisträger Martin Luther King als auch Senator Robert Kennedy, Präsidentschaftskandidat und Bruder des ermordeten John F. Kennedy, den Kugeln von Attentätern zum Opfer. Dass die Regierungspartei, die Demokraten, einen Parteitag abhielt, der wegen seiner Begleitumstände ein zusätzliches Trauma für die Nation war, stellte eine weitere Facette eines Jahres dar, von dem ein britischer Korrespondent in New York kurz vor Silvester 1967 prophezeit hatte, dass es eines der schlimmsten seit Menschengedenken sein werde.

Unter diesen Umständen fand 1968 eine Präsidentschaftswahl statt, die alles andere als normal war. Der Historiker Lewis L. Gould fasste ein Vierteljahrhundert später die Tragweite dieser Wählerentscheidung zusammen: »Die Präsidentschaftswahl von 1968 wurde zu einem Wettkampf, bei dem die Leidenschaften und die Gewalt der Gesellschaft in die Arena der Politik wie eine Sturzwelle hineindrangen. Attentate, innerstädtische Unruhen und ein Krieg brachten eine ungeahnte Explosivität in die nationale Politik.« Doch die Wahl war keine Momentaufnahme, stellvertretend und quasi ein Produkt eines gewalttätigen Jahres. Sie wirkt letztlich bis in die Gegenwart nach, bis an das Ende zweier Amtsperioden des Republikaners George W. Bush: »Die Wahl von 1968 wurde in der Tat zu einem epochalen Einschnitt in die amerikanische Politik. Die Republikaner nutzten die Kenntnisse und Tricks aus dem Wahlkampf Nixons zur Grundsteinlegung für ihren lang anhaltenden Aufstieg. Die Demokraten, zerrissen und entzweit nach 1968, entwickelten sich zu nur sehr schwachen Herausforderern in den 1970er und 1980er Jahren. Die Ereignisse von 1968 prägten die Art, wie Amerikaner über die Politik und ihre politische Klasse dachten. Es begann eine Erosion des Vertrauens in amerikanische Institutionen, die noch nicht beendet ist.«[1]

Kurz vor Beginn des schicksalhaften Jahres hatte ein führender Funktionär der Demokratischen Partei, Lawrence F. O'Brien, der im Kabinett von Präsident Lyndon B. Johnson das Amt des Postministers bekleidete, eine Lageanalyse verfasst und dem Präsident die düstere Quintessenz mitgeteilt: »Die Demokratische Partei hat mehr oder weniger den Kontakt zu den Wählern verloren.«[2] Diese Erkenntnis war umso schockierender, da es noch bei der letzten Wahl ausgesehen hatte, als würde die Partei von Franklin D. Roosevelt, Harry Truman und John F. Kennedy das politische Geschehen in Amerika auf unabsehbare Zeit bestimmen, als sei den Konkurrenten, den Republikanern, der Abstieg zu einer politischen Marginalie schicksalhaft vorbestimmt.

Lyndon Baines Johnson war unter den denkbar tragischsten Umständen in das Amt als 36. Präsident der USA gekommen. Er wurde am frühen Nachmittag des 22. November 1963, kurz nachdem Präsident Kennedy für tot erklärt worden war, auf dem Flughafen von Dallas mit dem an diesem Tag unpassend klingenden Namen Love Field an Bord der Präsidentenmaschine Air Force One vereidigt. Das Foto des auf eine Bibel den

---

[1] Lewis L. Gould: 1968. The Election That Changed America. Chicago 1993. S.VII bis VIII.
[2] Gould, S.4.

Eid ablegenden Johnson, an seiner Seite die junge Witwe Jacqueline Kennedy, im blutverschmierten Kostüm, wurde zu einer Ikone des Fotojournalismus dieser Epoche gewalttätiger Umwälzungen. Ein Jahr später war der neue Präsident auf dem Weg zu einem Triumph, der alle Rekorde brechen sollte. Die Tragödie von Dallas vereinte die Demokratische Partei vorübergehend in einem ungeahnten Ausmaß. Der Parteitag 1964, der Johnson als Spitzenkandidat bestätigte, wurde teilweise zu einem Hochamt für den ermordeten John F. Kennedy. Doch die Eintracht war nur oberflächlich, was klarsichtige Beobachter beim emotionalen Höhepunkt der Convention sehen konnten. Des ermordeten Präsidenten Bruder, Justizminister Robert F. Kennedy, erhielt nach seinem Auftritt mit teilweise tränenerstickter Stimme *standing ovations* über nicht weniger als 22 Minuten. Darin lag eine kaum versteckte Botschaft des Parteivolks und seiner Delegierten. Viele Demokraten sahen in Robert Kennedy den wahren Erben der schnell zu »Camelot« verklärten Tausend-Tage-Präsidentschaft von John F. Kennedy. Der junge Mann, der bald Senator für den Staat New York werden würde, galt als der wahre Hoffnungsträger. Johnson, ein misstrauischer und oft höchst anzüglich-aggressiver Politiker, verstand diese Demonstration der Verbundenheit nur zu gut und wusste, dass ihm in Robert Kennedy ein formidabler politischer Rivale entstanden war. Kennedys Gefühle waren umgekehrt noch negativer. Wie die anderen Mitglieder der Familie Kennedy, des »Clan«, sah er in Johnson einen Usurpator, unwürdig, das Amt John F. Kennedys übernommen zu haben. Die im Umfeld der Kennedys bald nach der Wahl Johns 1960 kursierende Rechnung, dass nach acht Jahren von Johns Präsidentschaft diesem 1968 sein Bruder Robert nachfolgen würde und ihn 1976 der Jüngste, Edward Kennedy, für ebenfalls acht Jahre beerben würde, war nur begrenzt als Scherz gemeint gewesen.

Die Republikaner taten 1964 den Demokraten den Gefallen, einen Kandidaten vom äußersten rechten Spektrum aufzustellen, Senator Barry Goldwater aus Arizona. Als Extremist porträtiert zu werden, empfand Goldwater als Auszeichnung: »Extremismus bei der Verteidigung der Freiheit ist keine Sünde, Mäßigung bei der Ausübung von Gerechtigkeit ist keine Tugend.«[3] Er dachte öffentlich darüber nach, die Nachschubwege von China nach Nordvietnam und weiter nach Laos, Kambodscha und Südvietnam mit Atomwaffen auszuschalten; bei solchem Gedankengut jagte sein »Scherz«, er würde gern einen Nuklearsprengsatz auf der Herrentoilette des Kreml zur Zündung bringen, vielen Amerikanern einen Schauer über den Rücken.

---

[3] Mieczkowsi, S. 119.

Präsident Johnson erklärte, Extremismus im Amt des amerikanischen Präsidenten sei eine unverzeihliche Charakterschwäche und präsentierte sich als außenpolitisch entschlossener und innenpolitisch reformerischer Staatsmann. Nach einem umstrittenen Zwischenfall im Golf von Tonkin schritt er zu militärischen Gegenmaßnahmen gegen das kommunistische Nordvietnam, so dass ihm Hardliner daheim keine Schwäche vorwerfen konnten. Für die amerikanische Bevölkerung sah er eine *Great Society* voraus, eine Gesellschaft, in der Bürgerrechte und soziale Absicherung für alle, unabhängig von der Hautfarbe gelten würden.

Vor die Alternative Goldwater versus Johnson gestellt, sprachen sich die Wähler in nie dagewesener Eindeutigkeit für den Präsidenten aus. Johnsons Stimmenanteil von 61 Prozent war der höchste bei einer Präsidentenwahl, sein Vorsprung bei den abgegebenen Stimmen betrug rund 16 Millionen. Ähnlich eindrucksvoll war das Ergebnis im Wahlmännerkollegium. Hier erhielt Johnson 486 Stimmen gegenüber 52 für Barry Goldwater. Der Erzkonservative konnte nur sechs Staaten gewinnen, seinen Heimatstaat Arizona und fünf Staaten im »tiefen Süden«. Für Johnsons ehrgeizige Gesetzesvorhaben war der Sieg bei den Kongresswahlen ebenfalls höchst bedeutungsvoll. Im Repräsentantenhaus standen einer demokratischen Mehrheit von 290 Abgeordneten nur exakt halb so viele Republikaner gegenüber, im Senat hatten die Demokraten mit 68 zu 32 ebenfalls eine Zweidrittelmehrheit. Die Zukunft schien den Demokraten zu gehören.

Gut drei Jahre später, Anfang 1968, wurde dies als eine weit zurückliegende Goldene Zeit empfunden. Bei den Zwischenwahlen von 1966 hatten die Republikaner unerwartet gut abgeschnitten. Das ambitionierte Regierungsprogramm Johnsons war in Schwierigkeiten geraten. Vielen Schwarzen ging seine Bürgerrechtsgesetzgebung nicht weit genug. Andererseits kam bei vielen Weißen Irritation, wenn nicht gar Angst aufgrund der Veränderungen auf, die dem Land von der demokratischen Regierung aufgebürdet wurden. Der Mittelklasse-Steuerzahler sah Milliarden in Sozialetats verschwinden, die Minderheiten zugute kamen, gleichzeitig stieg die Gewalt in mehrheitlich von schwarzen Amerikanern bewohnten Innenstädten drastisch an. Der Stadtteil Watts in Los Angeles brannte bei Rassenunruhen 1965, es folgten die *long hot summer* von 1966 und 1967, in denen Ausschreitungen und Plünderungen in Städten wie Newark, Washington und Chicago Schlagzeilen machten. Fassungslos mussten weiße Amerikaner zusehen, wie in manchen Bundesstaaten ihre Kinder mit Schulbussen auf Anweisung der (demokratischen) Obrigkeit in teilweise weit entfernte Schulbezirke gefahren wurden (»Bussing«), um eine bessere ethnische Zusammensetzung der Schulen zu erreichen. Die Kriminalitätsraten stiegen an, nach einem Umfrage fühlten sich jede zweite Amerikanerin und jeder fünfte Amerikaner nach Einbruch der Dunkelheit in ihren Wohngegenden nicht mehr sicher. An manchen Universitäten blühte die Kultur des Jugendprotestes, der Drogenkonsum breitete sich aus, während Hippies, Peaceniks und Aussteiger-Kommunen dem Durchschnittsamerikaner den Eindruck vermittelten, als Bürgerlicher der Angehörige einer vom Aussterben bedrohten Spezies zu sein. Die Regierung in Washington schien stets auf der Seite der »anderen« zu stehen, der Minderheiten, der Sozialhilfeempfänger und, nach extrem liberalen Gesetzgebungen in Strafvollzug und Ermittlung, auch auf Seiten der Kriminellen. Es kam nicht von ungefähr, dass des republikanischen Spitzenkandidaten Richard Nixons Wort von der »schweigenden Mehrheit« bei vielen Amerikanern auf fruchtbaren Boden fiel. Das Gefühl, als arbeitender, steuerzahlender, Familienwerte schätzender Amerikaner bei der Johnson-Administration und den zahlreichen linken Reformern, die sich unter dem Dach der Demokratischen Partei tummelten, kein Gehör zu finden, trug nicht unwesentlich zum Wahlsieg Nixons bei.

Die Unsicherheit wurde durch den Krieg in Vietnam noch verstärkt. Die Verlustzahlen stiegen und nach der Tet-Offensive schien ein Ende des als zunehmend grausiger wahrgenommenen Krieges ferner denn je. Die Nordvietnamesen hingegen, deren Ideologie und Nationalismus dem eigenen Volk jedwede Opfer abverlangten, erwiesen sich als gute Kenner der amerikanischen Psyche: »Amerikaner mögen keine langen Kriege ohne erkennbares Ergebnis. Deswegen sind wir sicher, dass wir am Ende gewinnen werden.«[4]

Die Sehnsucht, dem Sumpf von Vietnam zu entkommen, führte dazu, dass erstmals seit langer Zeit einem amtierenden Präsidenten ein Herausforderer aus der eigenen Partei erwuchs. Senator Eugene J. McCarthy aus Minnesota verkündete am 30. November 1967 seine Kandidatur und erklärte, er werde des Präsidenten »Positionen« herausfordern. McCarthy[5], ein liberaler Politiker, profilierte sich als Anti-Kriegs-Kandidat, ohne klare Konzepte aufzuzeigen – darin der Haltung vieler Kandidaten der Jahre 2004 und 2008 zum Irak-Krieg nicht unähnlich –, wie Amerika ohne völligen Verlust an Einfluß und Ansehen sich aus dem Konflikt würde zurückziehen können. Seine Wahlkampforganisation baute in den folgenden

---

[4] Gould, S. 11.
[5] Weder identisch noch verwandt mit Senator Joe McCarthy aus Wisconsin, der in den frühen 1950er Jahren als wesentlicher Initiator des Komitees gegen antiamerikanische Umtriebe zur Symbolfigur der »Hexenjagd« auf tatsächliche oder vermeintliche Kommunisten und zum Namensgeber des McCarthyismus als einer amerikanischen Variante extremer Intoleranz und staatlicher Repressalien gegen Andersdenkende wurde.

Monaten auf den Enthusiasmus zahlreicher jugendlicher Freiwilliger, die, motiviert durch ihre Einstellung gegen den Krieg, den Weg zu einem politischen Engagement fanden.

McCarthy wurden nur Aussenseiterchancen eingeräumt. Doch die erste, wie immer traditionell in New Hampshire abgehaltene Vorwahl hielt einen Schock für das Parteiestablishment der Demokraten bereit. McCarthy erhielt 42,2% der abgegebenen Stimmen und lag damit unerwartet knapp hinter Präsident Johnson, der es auf 49,4% brachte. Die so unerwartet stark sich manifestierende anti-Johnson-Stimmung beseitigte die letzten Zweifel bei Robert Kennedy. Am 16. März erklärte der 42jährige Senator von New York seine Kandidatur für die Präsidentschaft an einem symbolträchtigen Ort: er trat im gleichen Raum des Old Senate Office Building in Washington vor die Presse, in dem sein Bruder John acht Jahre zuvor sein Kampagne für das höchste Amt eröffnet hatte. »Ich kann bei diesem Wettstreit, der über die Zukunft unserer Nation und unserer Kinder entscheidet, nicht beiseite stehen,« erklärte Kennedy und begründete seine Kandidatur:»Ich bewerbe mich nicht um die Präsidentschaft, um mich in Opposition zu einem Mann zu stellen, sondern um eine neue Politik vorzuschlagen. Ich kandidiere, weil ich überzeugt bin, dass sich dieses Land auf einem gefährlichen Kurs befindet. Ich kandidiere, um nach neuen politischen Wegen zu suchen – einer Politik, um das Blutvergießen in Vietnam und in unseren Städten zu beenden, einer Politik, die die Gräben zwischen Schwarz und Weiß, zwischen Reich und Arm, zwischen Jung und Alt überwindet, in unserem Land und im Rest der Welt.«[6]

Für Präsident Johnson wurde damit ein Albtraum wahr: »Das, was ich vom ersten Tag meiner Präsidentschaft an gefürchtet hatte, war Realität geworden. Robert Kennedy hatte offen seine Absicht bekundet, den Thron im Angedenken an seinen Bruder zurückzugewinnen. Und das amerikanische Volk, von der Magie seines Namens verzaubert, tanzte in den Straßen. Die ganze Situation war unerträglich für mich.«[7] Johnson zog seine Konsequenzen. Am Abend des 30.März hielt er eine mit Spannung erwartete Fernsehansprache, in der es primär um ein Ende der Bombenangriffe auf Nordvietnam ging. Von seinen Schlussworten wußten selbst seine engsten Vertrauten und wahrscheinlich auch Teile seiner Familie im Vorhinein nichts: »Ich werde mich nicht darum bemühen und es nicht akzeptieren, von meiner Partei für eine weitere Amtszeit als Ihr Präsident nominiert zu werden.«[8]

---

[6] Robert F. Kennedy: Announcement of Candidacy for President. Collected Speeches. Hrsg. von Edwin O. Guthman und Richard C. Allen. New York 1993. S.320/321.
[7] Gould, S.51.
[8] Gould, S.50.

Die Ankündigung kam unerwartet, nicht nur die Mehrheit der Amerikaner schwankte zwischen Überraschung und Entsetzen, sondern auch und vor allem das Parteiestablisment der Demokraten stand vorübergehend unter Schock. Sowohl McCarthy als auch Kennedy waren Außenseiter mit einer nur begrenzten Anzahl von Freunden bei der Partei-Elite. Den Platz Johnsons als mutmaßlicher Spitzenkandidat nahm im April Vizepräsident Hubert Humphrey aus Minnesota ein, der in den vergangenen mehr als drei Jahren deutlich im Schatten Johnsons gestanden und wenig eigenständiges Profil entwickelt hatte. Humphrey stand in den nächsten Monaten vor einem Dilemma, für das er keine überzeugende Lösung fand: einerseits sich der Unterstützung Johnsons zu vergewissern und zu den Leistungen der Administration zu stehen, andererseits Unterschiede deutlich zu machen und vor allem eigene Lösungen zu Problemen aufzuzeigen, die aus der zu Ende gehenden Amtszeit resultierten wie vor allem der Eskalation des Krieges in Vietnam.

1968 war die letzte Wahl, bei der die Mehrheit der Delegierten zur Convention nicht in Vorwahlen, sondern durch innerparteiliche Entscheidungsprozesse bestimmt wurde – wodurch Humphrey als Mann des Parteiapparates von Anfang an der haushohe Favorit war. Humphrey nahm an Vorwahlen nicht teil, während sowohl McCarthy als auch Kennedy versuchen mussten, in den relativ wenigen Primaries nicht nur Delegiertenstimmen, sondern auch mediale Aufmerksamkeit, ja fast einen Nimbus der Unvermeidbarkeit zu erwerben, der dann auf dem Parteitag die Stimmung und damit die Stimmen der eigentlich schon an Humphrey vergebenen Delegierten umschlagen lassen könnte.

Der Wahlkampf der 80 Tage, der nun folgte, ist längst ein amerikanischer Mythos geworden, voller Melancholie wie die Zeit, die ihn gebar, die Epoche der Blumenkinder, des Jimmy Hendrix, der *Easy Rider*, die Amerika suchten und es nirgendwo fanden. Für neun Wochen öffnete sich den Amerikanern ein *window of opportunity*, gewährte den Blick auf einen anderen, frischen Morgen und wurde plötzlich wieder zugeschlagen. Ob in den Dörfern und auf den Farmen Indianas und Nebraskas oder in den großen Metropolen: wo immer Robert Kennedy aus dem Flugzeug stieg oder ein Podium (oft das Dach eines Autos) betrat, kam es Szenen, wie sie keiner der den Troß begleitenden Journalisten je erlebt hatte. Ob er wirklich eine Chance hatte, Präsident zu werden, ist heute umstritten; welcher Art von Präsident er bestenfalls geworden wäre, lässt sich nicht einmal erahnen. Oder doch? Wäre der Vietnamkrieg schon 1969, nicht erst 1973 beendet worden, stünden auf dem Vietnam War Memorial – »The Wall« – in Washington keine 58.000 Namen, sondern die Hälfte? Hätte Amerika den Weg in eine liberalere und sozialere Gesellschaftspolitik angetreten, ohne Nixon und Watergate, vielleicht gar ohne die Präsidentschaften von Ronald Reagan und George W. Bush? Und wäre der Hass auf Amerika, der in manchen Weltgegenden endemisch ist und der das Land am 11. September 2001 heimsuchte, unter einer klugen Führung an der Schwelle der 1960er zu den 1970er Jahren verhindert worden? Für viele derjenigen, die den Wahlkampf Kennedys im Frühjahr 1968 mit Sympathie verfolgten, wurden die Antworten mit dem Senator auf dem Heldenfriedhof von Arlington begraben.

Unbestritten ist die Erinnerung an jene *last campaign*. Kennedy war eine Kultfigur für die Menschen, die ihn mehr als einmal fast zu erdrücken schienen, die ihn betasten, über sein Haar streichen, seine Stimme hören wollten. Im konservativen Herzland jubelten ihm Leute zu, die keineswegs zu den Unterprivilegierten gehörten, im Schwarzenghetto Watts (Los Angeles) versammelten sich Tausende, die jeden anderen weißen Politiker mit Steinen und Molotowcocktails beworfen hätten. Nicht wenige jener Presseangehörigen, die ihm zunächst feindlich gesonnen waren, konnten sich eines Sinneswandels nicht entziehen, je länger sie mit ihm über das Land zogen und nach Auftritten mit dem erschöpften Kandidaten im Bus oder im Flugzeug saßen. Am meisten beeindruckte seine fast brüske Offenheit, die so wenig gemein hatte mit den geschmeidigen Phrasen des sattsam bekannten Politikertypus. Er genoß die Bewunderung weiter Teile der Jugend, doch er buhlte nicht um sie. Die Gewerkschaftsbosse waren seine Freunde nicht, die Industriekapitäne ebensowenig. Ein mystisches Band, so entdeckte der Korrespondent der *Washington Post*, wurde zwischen Kennedy und dem »Anderen Amerika« geknüpft; nicht die Redenschreiber und die *fund-raiser* waren für das politische Geschick entscheidend, sondern die Millionen Vernachlässigter, die plötzlich aus ihrer Verzweiflung heraus Hoffnung schöpften.

Doch stets war da auch der Haß auf ihn. Gefährlich war nicht der vereinzelte Zwischenrufer, der Träger eines *Bobby Go Home!* – Plakates, sondern der Haß jener, die sich durch frischen Wind bedroht fühlten. Für die *Chicago Tribune* war er »Ho Chi Kennedy« und Clyde Tolson, FBI-Vize, Lebensgefährte von J. Edgar Hoover und wie dieser erzreaktionär, unterwarf sich keinen Hemmungen: »Ich hoffe, irgendjemand erschießt diesen Hurensohn.«[9] Wie tief Haß und Gewalt sich in die amerikanische Gesellschaft eingefressen hatte, spürte Robert Kennedy, als er am 4. April 1968 bei einem Auftritt im Schwarzenviertel von Indianapolis die Nachricht von der Ermordung Martin Luther Kings weitergeben musste. Er könne verstehen, wenn sich der Haß ihrer Herzen bemächtige, erklärte er der

---

[9] Arthur M. Schlesinger: Robert Kennedy and his times. New York 1978. S. 867.

schockierten Menge und kämpfte mit den Tränen, denn auch er habe ein Familienmitglied durch einen Mord verloren. Doch es sei nicht Haß und Gegeneinander, was dieses Land brauche, sondern Weisheit, Liebe und Mitmenschlichkeit, für die Martin Luther King so mutig eingetreten sei.

Ihm selbst blieben noch sechzig Tage. Die Welle der Begeisterung trug ihn zu Siegen in den Vorwahlen von Indiana, Washington D.C., Nebraska, South Dakota, lediglich in Oregon verlor er gegen McCarthy. Am Abend des 4. Juni hatte er die größte Hürde genommen, Kalifornien würde auf dem Parteitag der Demokraten in Chicago hinter ihm stehen. Im Ambassador Hotel von Los Angeles jubelten ihm seine Anhänger zu, als der Kandidat, von den Strapazen der Kampagne sichtlich gezeichnet, ausrief: »Mein Dank an Euch alle – und nun auf nach Chicago und laßt uns dort gewinnen!« Auf dem Weg zu einer mitternächtlichen Pressekonferenz wurde er durch eine Küche geführt, in der ein Attentäter mit einem Revolver wartete, begierig, den Lauf der Geschichte zu ändern. »Wir müssen,« so hatte Robert Kennedy am Tag nach Kings Ermordung ausgerufen, »erkennen, dass unser Leben durch Hass und Rache nicht reicher wird. Unser Leben auf diesem Planeten ist zu kurz, die Arbeit, die auf uns wartet, zu groß, als dass wir diese Gefühle in unserem Land länger aufblühen lassen dürfen.«[10] Nun teilte er Kings Schicksal.

Mit dem Tod Robert Kennedys war das Feuer aus dem Vorwahlkampf der Demokraten heraus: »Der Mord unterstützte den weitverbreiteten Eindruck, dass das Gewebe der amerikanischen Gesellschaft in Auflösung begriffen sei. Statt dem Wahlkampf McCarthys, dem anderen Anti-Kriegs-Kandidaten, Aufschwung zu geben, entzog der Mord der Kampagne McCarthys die Energie und den Enthusiasmus. Der Weg war frei für Humphrey, auf dem für Ende August geplanten Wahlparteitag der Demokraten seine Nominierung entgegenzunehmen.«[11]

Dieser Parteitag wurde zu einem Desaster für die Demokraten. In den Straßen Chicagos hatten sich Tausende von Demonstranten versammelt, die vor allem gegen den Vietnamkrieg protestieren wollten. Die Polizei, für die letztlich der in der Demokratischen Partei höchst einflussreiche Bürgermeister von Chicago, Richard Daley, verantwortlich war, ging mit äußerster Brutalität gegen die »Yippies« und andere Vertreter der Gegenkultur vor. Junge Leute wurden vor laufender Kamera mit Knüppeln zusammengeschlagen, Blutlachen auf dem Asphalt der North Michigan Avenue wurden von Pressefotografen abgelichtet. Wiederholt wurde der Parteitag unterbrochen, weil Delegierte auf den Fernsehschirmen die

---

[10] Collected Speeches, S. 361.
[11] Mieczkowski, S. 122.

Bilder der Gewalt sahen, von Standorten übertragen, die nur wenige hundert Meter vom Parteitagsgebäude entfernt waren. Verschiedentlich, so erinnerten sich Teilnehmer, sei in dem von Sicherheitskräften wie eine Festung abgeriegelten Kongressgebäude gar der Geruch des Tränengases zu spüren gewesen, das die Polizei von Chicago kanisterweise einsetzte. Der Eindruck auf die Menschen vor den Fernsehschirmen war verheerend: Gewalt und Anarchie schienen unvermeidbare Begleiter der Demokratischen Partei und ihrer Politik zu sein. Hubert Humphrey wurde erwartungsgemäß nominiert. Kaum jemals trat ein Kandidat angeschlagener in die entscheidende Phase des Wahlkampfes.

Vergleichsweise ruhig war es hingegen bei den Republikanern zugegangen, die Zeugen eines bemerkenswerten politischen Comeback wurden. Richard Nixon, der ehemalige Senator aus Kalifornien und Vizepräsident unter Eisenhower, hatte nach seiner Wahlniederlage gegen John F. Kennedy versucht, in seinem Heimatstaat politisch Fuß zu fassen und 1962 für den Posten des Gouverneurs kandidiert. Er verlor gegen den Demokraten Edmund Brown[12] und schien politisch tot zu sein. Doch mit guten Verbindungen ausgestattet und einem milderen Auftreten als zu seiner Zeit als Vizepräsident war er 1968 schon zu einem frühen Zeitpunkt *frontrunner*, Favorit der Republikaner. Der aussichtsreichste andere Kandidat war der Gouverneur von Michigan, George Romney. Er brachte sich um jede Chance, ernst genommen zu werden, als er nach einem Besuch in Südvietnam erklärte, das amerikanische Militär dort habe ihm tüchtig das Gehirn gewaschen – was nicht sehr für die Widerstandsfähigkeit und die präsidentielle Eignung von Romneys Gehirn sprach. Romney schied am 28. Februar 1968 aus dem Rennen aus, aufmerksam beobachtet von seinem Sohn Mitt, der sich vierzig Jahre später als Bewerber um die republikanische Nominierung bemühte, derartige Schnitzer zu vermeiden (was ihn nicht vor dem Ausscheiden in den Primarics 2008 bewahrte). Der Gouverneur von New York, Nelson Rockefeller, der für republikanische Verhältnisse als äußerst liberal galt, schied ebenfalls frühzeitig aus einem nicht mit vollem Elan betriebenen Rennen. Der für viele Republikaner aus dem Süden und Westen inakzeptabel linke Spross einer der berühmtesten Familien Amerikas wurde sechs Jahre später in Folge der Watergate-Affäre amerikanischer Vizepräsident. Für den Gouverneur von Kalifornien, Ronald Reagan, kam der Wahlkampf von 1968 zu früh. Auf dem Parteitag der Republikaner in Miami gewann Nixon am 7. August im ersten Wahlgang die Nominierung. Er ernannte den Gouverneur von

---

[12] Der seinerseits vier Jahre später gegen den nächsten Präsidenten (nach Nixon) aus Kalifornien verlor: Ronald Reagan.

Maryland, Spiro T. Agnew, zu seinem Vizepräsidentschaftskandidaten, der als Hardliner im Umgang mit schwarzen Randalierern nach Nixons Kalkül für weiße Wähler in den Südstaaten attraktiv war.

Das Team Nixon-Agnew deckte im Wahlkampf indes keineswegs den rechten Rand des politischen Spektrums ab. Dort war der Standort des dritten nennenswerten Kandidaten. 1968 war eines jener Jahre, in dem es einen *Third Party Candidate* gab, der zwar keine realistischen Aussichten hatte, Präsident zu werden, sich wohl aber ausrechnen konnte, den einen oder anderen Bundesstaat zu gewinnen und die Waagschale in die eine oder andere Richtung zu neigen. Der Gouverneur von Alabama, George Wallace, kandidierte für die *American Independent Party*. Seine Agenda war bürgerrechtsfeindlich, wenn nicht gar regelrecht rassistisch. Wallace schien konservativen Weißen im Süden ein Garant dafür, dass die Ausweitung der Bürgerrechte für die schwarze Bevölkerung ein Ende haben oder das Rad der Geschichte gar zurückgedreht werden würde. Wie viele Kandidaten »dritter« Parteien vor und nach ihm gab er sich als Kritiker an der politischen Klasse in Washington, als Außenseiter, der gegen eine verkrustete Elite zu Felde zog: »Liberale, Intellektuelle und Langhaarige haben unser Land zu lange regiert. Wenn ich nach Washington zurückgehe, werfe ich all diese Großmäuler mitsamt ihren Aktenkoffern in den Potomac.«[13]

Nixon zog mit einem überlegenen Budget und einer geeinten Partei im Rücken in den Wahlkampf, den er höchst selektiv führte. Er trat nur in sieben Bundesstaaten öffentlich auf, in denen das Ergebnis auf der Kippe zu stehen schien, und vermied Fernsehdebatten, nachdem diese 1960 so sehr zu seinem Nachteil gewirkt hatten. Der von Natur aus mißtrauische und unsichere Nixon schien indes in den nächsten Wochen seine ureigensten Ängste wieder einmal bestätigt zu sehen. Denn Nixons zunächst solide Führung in den Umfragen bröckelte stetig; zwei Wochen vor den Wahlen sagten die Demoskopen 44 Prozent der Stimmen für den Republikaner, 36 Prozent für Humphrey und 15 Prozent für Wallace voraus. Ein wichtiger Grund für den Stimmungsumschwung zugunsten Humphreys waren Initiativen der Johnson-Regierung zur Aufnahme von Verhandlungen mit Nordvietnam mit dem Ziel, den Krieg in Vietnam zu beenden. Es war das klassische Beispiel einer »October Surprise«, die Nixon fürchten musste – einer Überraschung, mit der Präsident Johnson seinem von ihm wenig geliebten Vize doch noch die Präsidentschaft sichern würde. Als Johnson am 31. Oktober ein Ende der Bombardierung Nordvietnams ankündigte, schnellten Humphreys Umfragewerte nach

---

[13] Mieczkowski, S. 123.

oben; er erhielt nun auch die offizielle Unterstützung von McCarthy, der längst wieder in die zweite Reihe zurückgetreten war.

Am Wahltag, dem 5. November 1968, kam es zu einem der knappsten Wahlergebnisse der jüngeren Geschichte. Nur 500.000 Stimmen oder 0,7 Prozent trennten die beiden Kandidaten. Nixon behielt mit 43,4% gegen 42,7% für Humphrey die Oberhand, Wallace erhielt 13,5%. Im Wahlmännerkollegium war Nixons Mehrheit mit 301 Stimmen gegenüber 191 für Humphrey ausgeprägter; Wallace hatte 5 Staaten mit 46 Wahlmännern gewonnen. Fast der gesamte Westen und auch Teile des Südens wie Florida, South Carolina und Tennessee waren an Nixon gegangen – Gebiete, die seit Franklin D. Roosevelts Tagen als demokratisches Stammland gegolten hatten. Humphrey gewann nur einen Staat im Süden und im Südwesten: Texas, die Heimat des ausscheidenden Präsidenten Lyndon B. Johnson.

Nixons Amtsführung war vor allem in der Außenpolitik erfolgreich. Der Rückzug aus Vietnam hatte begonnen, die Stärke amerikanischer Truppen dort war drastisch reduziert worden. Als wahrhaft historisch allerdings galt bereits den Zeitgenossen eine Sternstunde Nixonscher Diplomatie. Am 21. Februar 1972 brach der Präsident zu einem zehntägigen Staatsbesuch nach China auf. Die Gastgeber ließen amerikanische TV-Teams in ungeahnter Stärke ins Land, so dass Nixons Treffen mit Parteichef Mao und Premierminister Chou En-Lai, des Präsidenten und seiner Frau Pat Spaziergang auf der Großen Mauer, seine Gespräche mit »einfachen« chinesischen Bürgern und sein Besuch kultureller Veranstaltungen wie dem Ballett »Das Rote Frauenbatallion« live in amerikanische Wohnzimmer ausgestrahlt werden konnten. Es war ein Medienereignis, das den Präsidenten im besten Licht darstellte, doch der Besuch zeitigte auch solide Erfolge: bei allem, was die beiden Großmächte trennte (vor allem die Taiwan-Frage), konnte doch die seit dem Koreakrieg bestehende Eiszeit überwunden und ein neues Kapitel in den beiderseitigen Beziehungen aufgeschlagen werden. Die Bilanz des Präsidenten ließ an einer neuerlichen Kandidatur im Jahr 1972 keinen Zweifel.

Die Aussichten für Nixons Wiederwahl wurden durch das Gebaren der Demokratischen Partei noch begünstigt. Während die Republikaner unzweifelhafte Erfolge vorzuweisen hatten, entfernten sich die Demokraten in diesem Jahr 1972 weiter denn je von der politischen Mitte. Zu ihrem Spitzenkandidaten kürte die Partei Senator George McGovern aus South Dakota, der als ideologischer Linksaußen für *Mainstreet America* unwählbar war. Der Parteitag der Demokraten erschien als eine Plattform partikularer Interessen, neben Frauenrechtlerinnen, Schwulen, Lesben und Sprechern jeder erdenklichen Randgruppe hatten auch die Befürworter ungehemmten Pot-Rauchens auf der *convention* ihren Auftritt – der Eindruck, den die Partei auf die »schweigende Mehrheit« ausstrahlte, war desaströs. Dabei blieb es nicht. Es wurde bekannt, dass McGoverns Kandidat für die Vize-Präsidentschaft, Senator Thomas Eagleton, sich mehrfach in stationärer psychiatrischer Behandlung befunden und dabei auch Elektroschocktherapie erhalten hatte – in den Augen vieler Amerikaner nicht gerade eine Empfehlung für einen Mann, der im Falle eines Wahlsieges den sprichwörtlichen »einen Herzschlag« vom Präsidenten entfernt war. McGovern erklärte, er stehe »1000prozentig« hinter Eagleton. Doch dann wurde Eagleton fallen gelassen und durch Sargent Shriver, ein angeheiratetes Mitglied des Kennedy-Clans, ersetzt. Shriver sollte durch seine familiären Bindungen mehr Ruhm erlangen als durch seinen Ausflug in die Politik: Er ist heute vor allem dadurch bekannt, dass er mit dem kalifornischen Gouverneur Arnold Schwarzenegger einen illustren Schwiegersohn hat.

Die Republikaner präsentierten sich bei ihrem Parteitag im August 1972 in bester Verfassung und optimal choreografiert. Ihre Botschaft bestand aus Frieden, Prosperität und Ordnung. Bei der Wahl von 1972 war das Wahlalter erstmals auf 18 Jahre gesenkt worden. Die Hälfte der Jungwähler stimmte für Nixon. Die Wahlkarte, die sich den Fernsehzuschauern am Wahlabend bot, war farblich die homogenste seit der Erfindung der TV-Berichterstattung und schien vollständig in republikanischem Rot gehalten zu sein. Man musste schon genau hinsehen, um die Enklaven demokratischer Mehrheiten zu erkennen: McGovern hatte lediglich den traditionell liberalen Staat Massachusetts und die Hauptstadt Washington DC gewinnen können. Selbst sein eigener Heimatstaat South Dakota hatte dem stets sportiv gebräunten McGovern, der nie ohne seine Reisehöhensonne auf Wahlkampftour gegangen war, die Unterstützung verweigert. Im Wahlmännerkollegium hieß es 520 zu 17 für Nixon – es waren gerade acht Jahre seit Lyndon B. Johnsons Erdrutschsieg vergangen, der damals ein Zeitalter demokratischer Dominanz einzuleiten schien.

Doch die Saat zum Untergang des Richard Milhouse Nixon war bereits in den Wochen des Wahlkampfes gelegt worden. Am 17. Juni 1972, noch vor den Parteitagen der beiden großen Parteien, war eine Gruppe von Einbrechern im Watergate-Komplex verhaftet worden, einer Büro- und Hotelanlage mit charakteristisch geschwungener Fassade am Potomac River in Washington. Die Männer, die sich recht stümperhaft als Klempner zu tarnen versucht hatten, waren in das im Watergate befindliche Democratic National Headquarter eingedrungen und hatten dort Abhörgeräte (»Wanzen«) installiert. McGovern versuchte sofort, eine Verbindung der Tat zum politischen Gegner zu ziehen, fand damit jedoch wenig Gehör. Zu unglaublich schien es, dass eine Partei wie die Republikaner und ein Präsident wie Nixon, die am Vorabend eines großen Sieges standen, sich auf ein solch hirnrissiges Unternehmen einlassen würden.

Watergate verschwand im Wahlkampf schnell aus den Schlagzeilen, doch die Schatten der bizarren Tat wurden bald nach Beginn von Nixons zweiter Amtszeit stetig länger. Vor allem zwei Reporter der liberalen Hauptstadtzeitung *Washington Post*, Bob Woodward und Carl Bernstein, ließen in ihren Ermittlungen nicht locker und kamen schließlich einer kriminellen Schattenwelt auf die Spur, deren Verbindungen bis zu engsten Mitarbeitern Nixons reichten. Im Zuge der Recherchen, die schließlich zur Bildung eines Untersuchungsausschusses des Kongresses führten, offenbarte sich ein bislang nur wenigen bekanntes Portrait des Präsidenten als eines Mannes von finsterem Gemüt, der sich von Feinden umgeben fühlte und, wie die Freigabe von Tonbandmitschnitten aus dem Weißen Haus belegte, zu Hass- und Vulgaritäts-Ausbrüchen in der Lage war, die schlecht zur Würde des Amtes passten. Immer weniger Amerikaner wollten, als das Jahr 1974 begann, Nixons vor laufender Kamera abgegebener Versicherung *I am not a crook!* Glauben schenken. Das zunehmend erdrückende Beweismaterial dafür, dass der Präsident eben doch ein Gauner war, führte dazu, dass im Sommer 1974 erste Schritte zu einem *impeachment*, einem Amtsenthebungsverfahren, eingeleitet wurden. Von diesem Instrument der Verfassung war erst einmal im Laufe der amerikanischen Geschichte Gebrauch gemacht wurden: 1868 scheiterte das Absetzungsverfahren gegen Andrew Johnson, den Vizepräsidenten und Nachfolger des ermordeten Abraham Lincoln, im Senat an einer einzigen Stimme. Ebenfalls ohne die notwendige Mehrheit blieb der Versuch der Republikaner im Jahr 1999, Bill Clinton wegen seiner Affäre mit der Praktikantin Monica Lewinsky und seines zurückhaltenden Umgangs mit der Wahrheit über diese politisch letztlich bedeutungslose Geschichte des Amtes zu entheben.

Richard Nixon kam dem Impeachment zuvor, indem er am 9.August 1974 als erster und bislang einziger amerikanischer Präsident von seinem Amt zurücktrat. Sein Nachfolger wurde Vizepräsident Ford, der in der Reihe der amerikanischen Präsidenten eine singuläre Stellung einnimmt. Ford nämlich wurde nie in das höchste oder das zweithöchste Amt gewählt, stand also bis zu diesem Zeitpunkt nie auf einem »Ticket« einer Präsidentenwahl. Der Mann, der mit Nixon 1972 den Platz auf dem Ticket teilte, Vizepräsident Spiro Agnew, hatte 1973 wegen Unregelmäßigkeiten mit seiner Steuererklärung zurücktreten müssen. Nixon hatte dann den allseits geachteten Kongressabgeordneten Gerald Rudolph Ford aus Michigan zum Vizepräsidenten ernannt. Ford, der sich auf keinerlei Wählervotum für das höchste Amt berufen konnte, trat die Präsidentschaft unter bedrückenden Umständen an. »Unser langer nationaler Albtraum ist vorüber«, rief Ford seinen Landsleuten nach seiner Vereidigung zu. Um sicherzustellen, dass der Geist von Watergate, der das politische Leben der USA so lange gelähmt hatte, einen Neuanfang nicht behinderte, griff Ford bald zur umstrittensten Maßnahme seiner relativ kurzen Amtszeit. Er sprach ein *presidential pardon* über seinen Vorgänger Nixon aus und verhinderte damit eine strafrechtliche Verfolgung des zurückgetretenen Staatschefs. Über Ford ging herbe Kritik wegen dieses Schrittes nieder. Doch auch das Argument, dass er dem Lande eine weitere Traumatisierung, dem Präsidentenamt eine Entwürdigung und den Amerikanern eine tiefere Spaltung ersparte, hat eine gewisse Gültigkeit. Sie wurde in zahlreichen Nachrufen hervorgehoben wurde, als Ford im höchsten Alter, das je ein Ex-Präsident erreichte (93), zu Weihnachten 2006 starb. Vielen Amerikanern galt der ehemalige Footballspieler dann als ein Mann der Heilung, als ein Präsident, der entscheidend dazu beigetragen hatte, dass die Schatten der Vergangenheit überwunden werden konnten.

Das sahen zu Fords Amtszeit viele Amerikaner anders. Der Präsident strebte danach, im Jubiläumsjahr 1976, als die USA ihr 200.Gründungsjubiläum feierten, *in his own right* gewählt zu werden, sich jene Bestätigung durch die Wähler zu holen, die er oft als Kongressabgeordneter, aber nie als Erster Mann im Staate bekommen hatte. Ford musste sich in den Vorwahlen eines starken Herausforderers erwehren, des ehemaligen Gouverneurs von Kalifornien, Ronald Reagan. In den Wahlkampf zog er gegen einen demokratischen Spitzenkandidaten, der bis zum Beginn der Primaries landesweit fast völlig unbekannt war, was ihm schnell den Spitznamen »Jimmy Who ?« einbrachte. Jimmy Carter war ein ehemaliger Marineoffizier und Erdnußfarmer aus Plains, einer kleinen Stadt in Georgia, dessen politische Erfahrung sich auf eine Amtszeit als Gouverneur von Georgia in den 1960er Jahren erstreckte. Nach einer Desillusionierung mit der nationalen Politik, nach »Profis« wie dem intellektuell überheblichen und unbelehrbaren Verteidigungsminister McNamara[14], die das Land in Vietnam verstrickt hatten und nach einem offenbar paranoiden Präsidenten, der ihnen Watergate beschert hatte, war ein Außenseiter für viele Amerikaner am ehesten Garant für einen glaubhaften Neubeginn. Carter gewann die Wahl gegen Ford im November 1976 mit 50% zu 48% und mit 297 zu 240 Stimmen im Wahlmännerkollegium.

---

[14] Manche Angehörige des Kabinetts von Präsident John F. Kennedy nannten sich selbst ohne jedwede Bescheidenheit *the best and the brightest*.

Lessons from History: Ein schwarzer Kandidat

Im Wahlkampf 2008 trat mit dem Senator aus Illinois, Barack Obama, erstmals ein Politiker afrikanischer Abstammung an, der als chancenreicher Bewerber galt. Seine Vorgänger und Vorgängerinnen konnten nicht in diese Kategorie eines Favoritenstatus vorstoßen. Doch zumindest im ursprünglichen Bewerberfeld fanden sich bei den Wahlen der letzten zwanzig Jahre regelmäßig amerikanische Bürger afrikanischer Abstammung. Die bekanntesten von ihnen waren der Reverend Jesse Jackson, der sich 1984 und 1988 um die demokratische Präsidentschaftskandidatur bewarb und sein geistlicher Kollege, der Reverend Al Sharpton, der 2004 antrat. Im gleichen Jahr verkündete auch die erste schwarze Senatorin, Carol Moseley Braun, ihre Bewerbung – beide waren ohne realistische Chance. Das traf auch für Shirley Chisholm zu. Die aus dem New Yorker Stadtteil Brooklyn stammende Politikerin, Tochter eines Vaters aus Guyana und einer Mutter aus Barbados, wurde in den 1960er Jahren zunächst in das New Yorker Staatsparlament und dann ins Repräsentantenhaus gewählt. Als sich Chisholm 1972 um die demokratische Präsidentschaftskandidatur bewarb, wusste sie um die Aussichtslosigkeit des Vorhabens, doch sie wollte, wie sie erklärte, den Willen demonstrieren, den Status quo nicht zu akzeptieren.

DIE KONSERVATIVE REVOLUTION
Ronald Reagan 1980

Außenpolitische Aspekte haben, vor allem in Krisenzeiten wie etwa während der Weltkriege 1916, 1940 und 1944, immer wieder eine große Rolle bei amerikanischen Präsidentschaftswahlen gespielt. Die für die neueste Geschichte richtungweisende Präsidentschaftswahl des Jahres 1980 wurde – es gehört nur ein leichtes Maß an Übertreibung, wenn überhaupt, zu dieser Feststellung – als einzige in einem fernen Teil der Welt sogar regelrecht entschieden. Das Ereignis, das wie kein anderes zu dem Wahlausgang führte, der eine neue Epoche in der amerikanischen Politik einleitete, fand auf den Tag genau ein Jahr vor dem Urnengang der amerikanischen Wählerinnen und Wähler statt. Am 4. November 1979, einem Sonntagmorgen, stürmte eine vielhundertköpfige Menge das Gelände der amerikanischen Botschaft in Teheran. Obwohl diese wie jede amerikanische Auslandsvertretung durch bewaffnete Marineinfanteristen gesichert war, gaben die Marines keinen Schuß ab: groß war damals noch der Glaube, jede Meinungsverschiedenheit lasse sich auf dem Verhandlungswege lösen. Die Besetzer der Botschaft wurden an diesem Sonntag und in den folgenden Monaten von deutschsprachigen Medien meist freundlich als »Studenten« oder schließlich, ein wenig zutreffender, als »Geiselnehmer« bezeichnet. Der adäquate Terminus war indes »Terroristen«, denn für die 52 als Geiseln genommenen Amerikaner begann eine Phase schieren Terrors. Von Isolation über verbale Einschüchterung, von Schlägen bis zu Misshandlungen und Scheinhinrichtungen reichte die Palette dessen, was diese Anhänger von Religionsführer Ayatollah Khomeini und mit dessen ausdrücklicher Billigung ihren Gefangenen im Laufe der nächsten 14 Monate in sich wiederholenden Zyklen von Hass, Sadismus und religiös-fundamentalistischem Sendungsbewußtsein antaten.

Die Administration von Präsident Jimmy Carter tat zunächst das, was westliche Regierungen in vergleichbaren Situationen stets tun: sie bildete einen Krisenstab und suchte den Kontakt zu den Terroristen und der iranischen Regierung, um mit diesen zu verhandeln. Dem westlichen Rationalismus schien es unvorstellbar, dass man nicht über diplomatische Kanäle mit einer fremden Regierung eine Lösung finden konnte – selbst mit einem Regime, das seine Feindseligkeit gegenüber den Vereinigten Staaten bereits so unzweideutig artikuliert hatte wie jenes, das aus der islamischen Revolution im Iran hervorgegangen war. Es dauerte eine geraume Zeit, bis sich im Weißen Haus und im State Department die frustrierende Erkenntnis durchsetzte, dass es in einem chaotischen Regime, das seine wichtigsten Köpfe nicht nur mit erstaunlicher Geschwindigkeit wechselte, sondern auch gegebenen Falls hinrichtete, kaum einen verlässlichen Ansprechpartner geben konnte. Während die Carter-Administration immer neue Sondierungen unternahm, immer neue Verhandlungsansätze ausprobierte, zählte die ganze Nation mit einem Gefühl von Demütigung und hilfloser Wut mit, wie sich ein Tag des Geiseldramas an den anderen reihte. Bald fingen Nachrichtensendungen unisono mit einer Grußformel an wie: »Heute ist Montag, der ..., der einhundertfünfundachtzigste Tag des Geiseldramas von Teheran.«

Nach fast einem halben Jahr des Martyriums der amerikanischen Diplomaten, CIA-Mitarbeiter, Marines und anderer Botschaftsangehöriger gab Carter endlich – gegen die wütenden Proteste seines offenbar auf Verhandlungen bis zum Beginn der Ewigkeit setzenden Außenministers Cyrus Vance – die Genehmigung zu einer Rettungsaktion mit militärischen Mitteln. Das Unternehmen, bei dem die Eliteeinheit Delta Force zum Einsatz kam, litt von Beginn an unter einer logistischen Komplexität, die im Missverhältnis zu dem zur Verfügung stehenden Material stand. Vor allem der Mangel an Hubschraubern war das große Handicap der Aktion. Als zwei der acht zur Verfügung stehenden Helikopter ausfielen und ein dritter im Sandsturm umkehren musste, brach man den Einsatz ab. Doch es sollte noch schlimmer kommen. Auf dem provisorischen Flugfeld in einer verlassenen Wüstenregion kollidierte ein Hubschrauber mit einem randvoll mit Treibstoff gefüllten Tankflugzeug. Acht amerikanische Soldaten kamen in der Flammenhölle um, zahlreiche weitere wurde verletzt. Das Unternehmen »Desert One« war zu einem Fiasko geworden, das einen politisch Verantwortlichen haben musste. Carters Berater Hamilton Jordan erkannte klarsichtig: »Die Chancen des Präsidenten auf eine Wiederwahl starben wahrscheinlich auf jenem Wüstenboden im Iran zusammen mit den acht tapferen amerikanischen Soldaten, die ihr Leben gaben, um die Geiseln zu befreien.«[1]

The *Great Humiliation*, die Große Demütigung – unter solchen Zeitumständen muss der Versuch eines Amtsinhabers, wiedergewählt zu werden, eine extrem schwere, fast unlösbare Aufgabe sein. Jordans »wahrscheinlich« zeugt von einem Rest von Unverständnis, von Unglauben dieses engsten Mitstreiters Carters darüber, dass die mit so hehren Idealen gestartete Regierung eines Gutmenschen wie Carter an der Unmenschlichkeit nicht greifbarer Feinde, deren Denkweise damals noch völlig fremd blieb, scheitern musste. Bei der Beerdigung eines der in der iranischen

---

[1] Theodore H. White: America in Search of Itself. The Making of the President 1956–1980. New York 1982, S. 21.

Wüste ums Leben gekommenen Soldaten versuchte Carter der Familie auf seine Art sein Mitgefühl zu signalisieren. Der die Witwe und die Kinder des Toten auf dem Nationalfriedhof von Arlington begleitende Offizier, Captain J.V.O.Weaver, beschrieb die sich abspielende Szene mit Fassungslosigkeit: »Er blickte auf diese beiden kleinen Jungen herab und dann ging er einfach auf seine Knie und schlang seine Arme um sie. Tränen liefen über sein Gesicht. Da ist also der Präsident der Vereinigten Staaten, auf seinen Knien, weinend und hält diese beiden Jungen.«[2] In den Stunden einer nationalen Krise sehnt sich die amerikanische Nation, wie wohl jede andere Demokratie, nach einer Entschlossenheit ausstrahlenden Person an der Spitze ihrer Exekutive – nicht nach einem weinenden, offenbar völlig mit seinen Optionen am Ende befindlichen Präsidenten.

Als wäre das Geiseldrama in Teheran nicht Belastung genug für seine Präsidentschaft, hatte Carter eine zweite schwere Hypothek in den Wahlkampf zu tragen: Zur *Great Humiliation* hatte sich die *Great Inflation* gesellt. Inflationsraten erreichten 18 Prozent, für viele Amerikaner stiegen die Lebenshaltungskosten ins Unerschwingliche. Dazu traf das Land eine Rezession und die Arbeitslosigkeit erreichte mit knapp 8 Prozent neue Höchstwerte. Die wirtschaftliche Situation lag zwar weitgehend jenseits von Carters persönlicher Verantwortung, doch gingen von dem Präsidenten wenig erkennbare Impulse aus, die Anlass zur Hoffnung auf eine Verbesserung der Konjunktur gegeben hätten. Angesichts der krisenhaften Zuspitzung der Lage, vor allem aber der Befindlichkeit der Nation wirkten manche Interviewäußerungen, die der Präsident tätigte, denkbar deplaziert wie seine Bemerkung gegenüber dem *Playboy*, dass er oft die Fleischeslust in sich aufsteigen spüre, und andere Bekundungen zu seiner körperlichen Befindlichkeit. »Wenn Präsident Carter«, so erinnerte sich der Chronist Desmond Morris, »uns nicht gerade von seinen Hämorrhoiden erzählte, sprach er über unsere nationale Malaise. Patriotismus war ein als peinlich empfundener Begriff.«[3] Der Begriff »Malaise« machte die Runde, als eine Zustandsbeschreibung einer Nation, die offenbar ihren Zenit als Großmacht hinter sich hatte. Der Journalist Theodore White, der über ein Vierteljahrhundert jede Präsidentschaftswahl aus nächster Nähe beobachtet hatte, bemerkte den Unterschied zwischen der Wahl von 1980 und allen anderen: »Wahlen sind wichtig, sie geben den Amerikanern nicht nur das Gefühl, beim Prozess des Regierens beteiligt zu sein, sie geben ihnen – was noch wichtiger ist – das Gefühl die Dinge zu kont-

---

[2] Zit.n. Paul Kengor: The Crusader. Ronald Reagan and the Fall of Communism. New York 2006. S. 57.
[3] In Wilson: Power and the Presidency. New York 1999. S. 126.

rollieren. Kontrolle – das ist es, worum es in der Politik geht. Aber diesmal, im Wahlkampf von 1980, ging es nicht nur um die Frage der Kontrolle, sondern die nationale Bestimmung an sich.«[4] Selten zuvor waren für die amerikanischen Wähler die Alternativen so klar: auf der einen Seite ein Amtsinhaber, der diese nationale Malaise weiter bloß verwalten zu wollen schien, auf der anderen Seite ein Herausforderer, der bei vielen seiner Auftritte sein Ziel in aller Deutlichkeit verkündete: » Mit Gottes Hilfe, laßt uns Amerika wieder groß machen!«[5] Für Demoskopen, die noch bis kurz vor der Wahl am 4. November 1980 ein Kopf-an-Kopf-Rennen zwischen zwei so unterschiedlichen Sichtweisen, von Präsident Carter und seinem republikanischen Herausforderer Ronald Reagan zu sehen glaubten, wurde das Ergebnis am Wahlabend in seiner Eindeutigkeit eine professionelle Blamage.

Bevor Carter sich auf die Auseinandersetzung mit dem republikanischen Spitzenkandidaten konzentrieren konnte, hatte er Herausforderer aus den eigenen Reihen zu überwinden. Das Auftauchen von Kandidaten aus der eigenen Partei ist immer ein deutliches Zeichen für die Schwäche eines Präsidenten; kein Demokrat hat beispielsweise 1996 ernsthaft eine Kandidatur gegen den sicher wirkenden Bill Clinton in Erwägung gezogen, kein Republikaner hat 1984 gegen Präsident Reagan parteiintern kandidiert. Doch Carters Schwächen waren unübersehbar und dies rief einen Rivalen auf den Plan, der bereits 1976 eine Kandidatur für die demokratische Nominierung erwogen hatte: Edward Kennedy, Senator von Massachusetts. Kennedy war bereits seit 1962 Senator und war auf den Senatssitz nachgerückt, den sein älterer Bruder John innehatte, bevor dieser 1960 zum Präsidenten gewählt wurde. Seine Kandidatur war ein Versuch, noch einmal die angeblich mystische Kraft des Kennedy-Namens auszunutzen, doch hatte sich diese gegen Ende der 1970er Jahre weitgehend verflüchtigt, zu lange lagen die vermeintlich Goldenen Tage von »Camelot«, der 1000-Tage-Präsidentschaft schon zurück. Edward Kennedy war 1979, als er seine Kandidatur bekannt gab, noch nicht der angesehene Sozialpolitiker, als der er 2008, am Vorabend seines Abschiedes aus dem Senat gilt. Die Öffentlichkeit dachte beim Anblick des immer noch jugendlich wirkenden Politikers indes weniger an seine berühmten und längst märtyrerhaft verklärten Brüder John und Robert, sondern an einen schwer auszusprechenden Ortsnamen: Chappaquidick. In dieses Flüßchen hatte Kennedy im Juli 1969 sein Auto, wahrscheinlich unter dem Einfluss von Alkohol, gefahren, seine Beifahrerin Mary Jo

---

[4] White, S. 1.
[5] Kengor, S. 62.

Kopechne, die offiziell als »Sekretärin« bezeichnet wurde, war dabei ertrunken. Senator Kennedy hatte der jungen Frau offenbar nicht nur nicht helfen können oder wollen, er war nach dem Unfall Stunden durch die Landschaft geirrt, ohne die Polizei oder die Rettungsdienste zu informieren. Viele Amerikaner erinnerten sich – und wurden von den Medien daran erinnert – an dieses bestenfalls kopf-, schlimmstenfalls rücksichtslose bis kriminelle Verhalten, das berechtigte Zweifel an Kennedys Befähigung für das höchste Staatsamt aufkommen ließ. Gerüchte über *womanizing*, über Affären des mit der alkoholkranken Joan verheirateten Mannes, und über eigene Alkoholexzesse rundeten das Image Kennedys trefflich ab.

Es sagt einiges über die Schwäche Carters aus, dass er und seine Berater sich zumindest vorübergehend wegen der Konkurrenz durch einen Kandidaten sorgten, der so vielfältige Angriffsflächen bot. Kennedy verkündete seine Kandidatur darüber hinaus zum denkbar schlechtesten Zeitpunkt: in den ersten Novembertagen 1979, als sich die Nation im Angesicht der Geiselnahme von Teheran zunächst hinter den Präsidenten stellte, in der Hoffnung, dieser oberste Repräsentant der amerikanischen Volkes werde einen Weg aus der Krise finden. Erst wenn die Solidarisierung der Bevölkerung mit ihrem Präsidenten in Enttäuschung mündet, wie im Falle Carters ab Frühjahr 1980 und im Falle von George W. Bush mit der Eskalation des Blutvergießens im Irak ab 2004, sinken die Zustimmungsraten schnell ins Bodenlose. Carter und Bush sollten dank ihrer verfehlten Politik in einer außenpolitischen Krise auf historisch niedrige *approval ratings*, auf Zustimmungsraten von weniger als 30 Prozent kommen.

Carter gelang es in den ersten Vorwahlen, hart erkämpfte Erfolge gegen Kennedy zu erzielen. Vor allem die ersten, die traditionell in Iowa (als *caucus*) und in New Hampshire (als *primary*) abgehalten werden, konnte Carter deutlich gewinnen. Im Laufe der *primary season* nahm die Enttäuschung über Carters Unfähigkeit, den Geiseln zu helfen, indes zu und Kennedy landete einige Siege, unter anderem im Staat New York, der aufgrund seiner Delegiertenzahl einer der wichtigsten war und ist. Auch bei den letzten Vorwahlen im Juni schnitt Kennedy besser ab als der Präsident. Zwar zeichnete sich ab, dass Carter genügend Delegierte auf dem Demokratischen Parteitag hinter sich haben würde, doch Kennedy weigerte sich, das Rennen aufzugeben. So entschieden die Delegierten auf einer *Convention*, die die Zerrissenheit der Demokraten deutlich machte, mit 2.129 gegen 1.150 Stimmen für Carter.

Im republikanischen Lager galt Ronald Reagan nach seiner mitreißenden Rede auf dem Parteitag von 1976 als der kommende Mann – ungeachtet seines Alters, denn Reagan war im Jahr der Wahl bereits 69

Jahre alt. Doch trotz seines frühen Favoritenstatus musste sich auch Reagan zunächst starker innerparteilicher Konkurrenz erwehren. Die ersten Parteiabstimmungen in Iowa konnte der ehemalige CIA-Direktor und frühere Botschafter in China, George H.W. Bush, für sich entscheiden. In New Hampshire allerdings hinterließ Reagan bei einer vom Fernsehen übertragenen Debatte der Zeitung *Nashua Telegraph* den weitaus engagierteren Eindruck. Reagan hatte die Veranstaltung mit Mitteln aus seiner Wahlkampfkasse unterstützt und setzte sich dafür ein, die übrigen Mitbewerber (vier angesehene Senatoren und Kongressabgeordnete) mit auf die Bühne zu bitten. Das war mit dem Bush-Lager nicht abgesprochen, der Texaner war von einem Duell zwischen ihm und Reagan ausgegangen. Die Fernsehzuschauer wurden für zwei, drei Minuten Zeugen einer Szene unerwarteter Konfusion. Keiner auf der Bühne wußte so recht, wie man verfahren sollte, Bush saß mit verschränkten Armen und verhärteten Gesichtszügen auf seinem Stuhl, Reagan lächelte freundlich und ließ seinen in Hollywood über mehr als zwei Jahrzehnte bewährten Charme spielen, die anderen Kandidaten schwankten zwischen Unbeholfenheit und sichtbarer Dankbarkeit gegenüber Reagan, dass sie wider Erwarten doch an der Debatte teilnehmen durften. Aus dem Zuschauerraum kamen Pfiffe und Applaus sowie reichlich Gelächter ob des unerwarteten Unterhaltungswertes. Als Reagan sein Anliegen, alle Kandidaten zu Wort kommen zu lassen, erklären wollte, rief der Diskussionsleiter, ein Journalist namens Jon Breen, der Technik zu, man möge Reagans Mikrophon abstellen. Das empörte Reagan sichtlich. Er beugte sich nach vor und zischte: »Ich habe für dieses Mikro bezahlt, Mr Green!« Die beherrschte, aber erkennbare Wut Reagans, sein offensichtlicher Wille, sich nicht jede Zumutung bieten zu lassen und seine humorige (oder auf einem Hörfehler beruhende) Verballhornung des Namens seines Kontrahenten machten auf die Fernsehzuschauer und die Wähler in New Hampshire tiefen Eindruck. Denn Wut – die fühlten viele von ihnen angesichts der Nachrichten aus dem Iran ebenfalls im Bauch.

Die Vorwahlen wurden dann zu einem Siegeszug Reagans, nur fünf *primaries* verlor er gegen George Bush, der schließlich aufgab. Bei der Parteiversammlung im Juli 1980 in Detroit wurde Reagan im ersten Wahlgang mit großer Mehrheit unter dem Jubel der Delegierten zum Kandidaten gewählt. Reagan verkündete sein Credo vom einem starken Amerika, einer *shining city upon a hill*, wie es schon die Vision der ersten Siedler und der Gründerväter gewesen war. Und dieser – nach allgemeinen Maßstäben – alte Mann wurde nicht müde, seine Überzeugung zu verkünden, die Präsident Carter nie über die Lippen gekommen wäre: dass Amerika keine »Malaise«, sondern vielmehr eine großartige Zukunft vor sich habe.

In seinen Memoiren erinnerte sich Reagan: »Man erzählte uns, dass wir unsere Erwartungen senken müssten, dass Amerika nie wieder so prosperierend sein würde oder eine so glänzende Zukunft vor sich hätte, wie das in der Vergangenheit der Fall gewesen ist. Well, damit war ich nicht einverstanden. Wir mussten unsere Träume zurückgewinnen und mit ihnen den Stolz auf uns und unser Land. Und wir mussten diese einzigartige Mischung aus Schicksalsbestimmung und Optimismus zurückgewinnen, in der sich Amerika von jedem anderen Land der Welt unterscheidet. Würde ich zum Präsidenten gewählt werden, würde ich alles tun, um eine geistige Erneuerung in Amerika möglich werden zu lassen. Ich glaubte – und hatte die Absicht, dies zu einem Teil meines Wahlkampfes zu machen – dass Amerikas größte Jahre noch vor ihm lagen, dass wir auf jene Dinge blicken mussten, die es einst zum größten, reichsten und fortschrittlichsten Land der Welt gemacht hatten. Wir mussten uns darüber klar werden, was schief gegangen war, und dann das Land wieder auf den richtigen Kurs bringen.«[6]

Hinter den Kulissen des Parteitages wurde intensiv daran gearbeitet, den ehemaligen und inzwischen wieder zu hohem Ansehen gelangten Präsidenten Gerald Ford in Reagans Kampagne einzubinden und ihn für das Ticket zu gewinnen, ihn also zum Kandidaten für die Vizepräsidentschaft zu machen. Es wäre ein Novum gewesen: ein Ex-Präsident, der für den zweitwichtigsten Posten kandidiert. Doch Ford (und seine Berater) wollte mehr; er hatte eine Art Ko-Präsidentschaft im Sinn. Reagan mochte darauf nicht eingehen und machte schließlich George H. W. Bush zu seinem potentiellen Vizepräsidenten.

Im Wahlkampf zeichnete Jimmy Carter die Gefahr eines Krieges im Falle eines Wahlerfolgs von Ronald Reagan an die Wand. Reagan versprach, Amerikas Militär zu stärken[7] und stellte Steuersenkungen in Aussicht, mit denen er die Konjunktur anheizen und die Inflation in den Griff bekommen wollte. Sein Verständnis von Wirtschaft packte er in eine griffige Formel: »Bei einer Rezession verliert Dein Nachbar seinen Job, bei einer Depression verlierst Du Deinen Job und bei einer wirtschaftlichen Erholung verliert Jimmy Carter seinen Job.«

Die Fernsehdebatte zwischen Carter und Reagan am 31. Oktober gilt als eine der entscheidendsten unter den *candidates' debates* seit 1960. Zunächst hatte es wochenlangen Streit zwischen beiden Lagern um das Format

---

[6] Ronald Reagan: An American Life. New York 1990, S. 219.
[7] Den ersten Schritt hierzu unternahm (was im Zusammenhang mit Amerikas Wiedererstarken oft in Vergessenheit geraten ist) Präsident Carter, der 1980 nach der sowjetischen Invasion Afghanistans eine erste drastische Steigerung des Verteidigungshaushaltes durchsetzte.

eines solchen TV-Duells gegeben, da Carter auf keinen Fall eine Dreier-Debatte unter Einschluss des unabhängigen Kandidaten, des Kongressabgeordneten John Anderson, haben wollte. Reagan und Anderson hatten sich am 21. September zu einer Diskussion eingefunden, die nicht besonders spannend war, da ein Dritter, gegen den sich die Kritik beider Diskutanten in erster Linie richtete, nämlich Präsident Carter, nicht anwesend war. Die Carter-Reagan-Debatte fand schließlich doch und zu einem ungewöhnlich späten Zeitpunkt statt, nur fünf Tage vor der Wahl und dann auch noch am beliebten Feiertag Halloween. Gespenstisch wurde es bei der Diskussion über nukleare Waffen, als Carter zunächst erwartungsgemäß seinen Herausforderer als Kriegstreiber zu porträtieren versuchte und dann zur Fassungslosigkeit vieler Zuschauer und zur Freude von Karikaturisten, Leitartiklern und TV-Humoristen allen Ernstes erzählte, er diskutiere Fragen nuklearer Abrüstungspolitik mit seiner 12jährigen Tochter Amy. Als Carter erneut den Vorwurf aussprach, unter Reagan werde es zu einem Abbau staatlicher Sozialleistungen kommen, machte Reagan lächelnd jene Bemerkung, die von jenem Abend am stärksten in Erinnerung blieb: *There you go again...* Doch Reagan konnte nicht nur aufzeigen, dass Carter und seinem Wahlkampfteam längst die Ideen ausgegangen waren, er stellte am Schluß der Debatte, in die Kameras blickend, Fragen, die viele Amerikaner höchst nachdenklich stimmten: »Geht es Ihnen heute besser als vor vier Jahren ? Ist es leichter, in den Geschäften Waren zu kaufen als vor vier Jahren ? Gibt es mehr oder weniger Arbeitslosigkeit im Land als vor vier Jahren ? Wird Amerika immer noch so in der Welt respektiert ?«[8]

Die Antwort der Amerikaner am 4. November 1980 fiel deutlich aus. Die Landkarte der USA in den Fernsehstudios war schon am frühen Abend großflächig in das Rot der Republikaner getaucht. Jimmy Carter konnte (auf dieser und anderen Wahlkarten sind demokratische Staaten stets blau markiert) neben der Hauptstadt Washington nur sechs Bundesstaaten gewinnen. Sein Heimatstaat Georgia war darunter mit 12 Wahlmännerstimmen noch der bedeutsamste, Carter gewann ferner unter anderem die Zwergstaaten Rhode Island und Hawaii. Reagan gewann jeden der großen Staaten wie Kalifornien, Texas, New York und Florida und dazu noch Staaten, die als uneinnehmbare demokratische Hochburgen galten wie Massachusetts, Wisconsin und Illinois. Mit 489 Wahlmännern waren ihm 90% der Stimmen des Electoral College sicher; das Ergebnis nach Wählerstimmen war immer noch deutlich, wenngleich weniger drastisch: für Reagan sprachen sich 50,7% der Wähler aus, für Carter 41%,

---

[8] Mieczkowski, S. 132.

der Rest ging an Anderson und andere Kandidaten. Die »Reagan Revolution« bestand nicht nur aus dem, was der neue Präsident in den nächsten acht Jahren in die Wege leiten würde wie Steuersenkungen, seine sogenannten *supply-side economics*, Aufrüstung und schließlich die erfolgreichen Abrüstungsgespräche mit einer neuen sowjetischen Führung unter Michail Gorbatschow. Die Revolution, die an jenem 4. November 1980 stattfand, war eine vollständige Umschichtung des Wählerverhaltens, die noch heute nachwirkt. Die von Franklin D. Roosevelt geschmiedete Koalition des New Deal aus Arbeitern, Minderheiten und politischen Liberalen war zerbrochen; viele Industriearbeiter hatten diesmal republikanisch gewählt – im Kielwasser von Reagans Sieg zog erstmals wieder eine republikanische Senatsmehrheit auf dem Capitol ein. Doch noch einschneidender war die in der Tat revolutionäre Veränderung der politischen Geographie. Der Süden, in dem Lyndon Baines Johnson nur 16 Jahre zuvor noch deutliche demokratische Mehrheiten einfahren konnte, ging mit Ausnahme Georgias komplett an Reagan, der gesamte Westen war einheitlich republikanisch geworden. Dieser Teil der Landkarte hat sich im frühen 21. Jahrhundert kaum verändert. Weder Gore 2000 noch Kerry 2004 gelang ein Einbruch im Süden oder in den meisten Staaten der Rocky Mountains oder der Great Plains. Lediglich die drei Pazifikstaaten Kalifornien, Oregon und Washington neigen heute den Demokraten zu.

Beinahe hätte die konservative »Revolution« des Ronald Reagan nicht stattgefunden. Fünf Wochen nach seiner Amtseinführung als bislang ältester Präsident der USA (die Vereidigung fand wenige Tage vor seinem 70. Geburtstag statt) verübte ein psychisch gestörter junger Mann am 30. März 1981 ein Attentat auf Reagan. Des Präsidenten Pressesprecher James Brady wurde durch einen Kopfschuß schwer verletzt und verbringt den Rest seines Lebens im Rollstuhl. Die Kugel, die Reagan traf, kam wenige Zentimeter von seinem Herzen entfernt zu liegen. Die Ärzte in Washington kämpften erfolgreich um das Leben des Präsidenten, während es im Weißen Haus ein wenig Konfusion um die Zuständigkeit bei vorübergehender Amtsunfähigkeit des Präsidenten gab. Diese Frage ist inzwischen durch einen Verfassungszusatz eindeutig geregelt, die Verantwortung geht – zum Beispiel in Fällen, wo der Präsident in Narkose oder anderweitig nicht bei Bewußtsein ist – bis auf weiteres an den Vizepräsidenten über. Während Reagan an jenem regnerischen Frühlingstag auf dem OP-Tisch des George Washington University Hospitals lag, verkündete sein Außenminister Alexander Haig, ehemaliger NATO-Oberkommandierender, mit dem Bravado des alten Soldaten *I am in charge now !* Es dauerte einige Schreckminuten, bis andere Kabinetts- und Stabsmitglieder sich bewusst wurden, dass Haig sich Kompetenzen anmaßte, für die es keine Verankerung in der Verfassung gab. Er sollte eine recht kurze Amtszeit als Außenminister haben und wurde bereits im nächsten Jahr in die Frühpensionierung geschickt.

Reagan erholte sich dank seiner ungewöhnlich stabilen Konstitution und eines unerschütterlichen Vertrauens in seinen von Gott vorgegebenen Weg gut von der schweren Verletzung und stand 1984 als rüstiger 73jähriger zur Wiederwahl an. Inzwischen war ihm ein Stimmungsumschwung gelungen. Das Wort »Malaise« war Vergangenheit, viele Amerikaner sahen ihr Land auf dem Weg zurück zu alter Stärke, Patriotismus wurde wieder offen zur Schau getragen. Die hohe Inflation der Carter-Jahre wurde gebändigt, die Stellung Amerikas in der Welt war erkennbar stärker geworden. Nach der Demütigung von Vietnam hatte die kleine Militäraktion gegen ein marxistisches Regime und seine kubanischen Helfer auf der Karibikinsel Grenada im Oktober 1983 das Selbstbewusstsein des Landes und seiner Streitkräfte gestärkt. Außerdem waren die Probleme des weltpolitischen Kontrahenten, der Sowjetunion, zunehmend evident geworden: in Polen hatte sich eine Freiheitsbewegung um die unabhängige Gewerkschaft Solidarität gebildet, die auch die Ausrufung des Kriegsrechtes nicht dauerhaft unterdrücken konnte. In Afghanistan war das sowjetische Militär auf dem Weg, sein eigenes Vietnam zu erleben. Und dank amerikanischer Unterstützung, die mal offen, mal verdeckt erfolgte, waren »Befreiungsbewegungen« in Ländern der sogenannten Dritten Welt nicht länger ideologische Verbündete der Sowjets, sondern zunehmend *our guys*. In Angola und Nicaragua kamen marxistische Regime unter Druck – der noch vor wenigen Jahren scheinbar unaufhaltsame Weg weiter Teile der Welt in Richtung Sozialismus war gestoppt. In Europa schließlich hatten die Wähler Politiker in die Verantwortung gebracht, die es an Entschlossenheit Reagan gleichtaten wie Margaret Thatcher in Großbritannien und Helmut Kohl in Deutschland.

»Der Wahlkampf wurde dominiert von den vier P«, schrieb das Nachrichtenmagazin TIME 1984, »Prosperität, *Peace* (Frieden), Patriotismus und Persönlichkeit.«[9] Alle vier Faktoren sprachen für den Amtsinhaber, sein demokratischer Herausforderer Walter Mondale, Vizepräsident unter Jimmy Carter, hatte allenfalls Außenseiterchancen. Erinnerungswürdig an seinem Wahlkampf ist nur ein historisches Novum: Mondale bestimmte die New Yorkerin Geraldine Ferraro zu seiner Vizepräsidentschaftskandidatin – es war das erste Mal, dass eine Frau auf einem Ticket

---

[9] Mieczkowski, S. 135.

einer der beiden großen Parteien stand. Dem Wahlkampf konnte sie indes wenig Auftrieb geben. Mondale sah in der ersten Fernsehdebatte gegen Reagan recht gut aus, da der Präsident teilweise unkonzentriert und müde wirkte; es schien, als merke man Reagan sein Alter an. Doch in der zweiten Debatte war Reagan wieder Herr der Lage und hatte die Lacher – selbst Mondale konnte nicht umhin, dem Aperçu lachend Respekt zu zollen – auf seiner Seite, als er erklärte, er werde das Alter nicht zu einem Wahlkampfthema machen und die Jugend und Unerfahrenheit seines Gegners nicht für politische Zwecke ausnutzen.

Reagans Sieg im November 1984 war überwältigend. Mondale gewann lediglich seinen Heimatstaat Minnesota und die Hauptstadt Washington D.C. Im Wahlmännerkollegium bedeutete dies 13 Stimmen, denen eine erdrückende Mehrheit von 525 Stimmen für Ronald Reagan gegenüber standen. Reagans Anteil an der Zahl der Wählerstimmen belief sich auf 58,8%. Besonders auffallend war bei der Analyse des Wählerverhaltens, dass der älteste Präsident der amerikanischen Geschichte zwei Drittel der Jungwähler zwischen 18 und 24 Jahren hinter sich hatte – eine Gruppe, die über Jahrzehnte mehrheitlich demokratisch gewählt hatte.

In sehr begrenztem Maß nahm Reagan noch einmal an einem Wahlkampf teil, jenem von 1988. Der ausscheidende und trotz der Iran-Contra-Affäre weithin beliebte Präsident unterstützte seinen über acht Jahre loyalen Vizepräsidenten George H.W. Bush und bat auf dem Parteitag die Delegierten *Win this one for the Gipper!* – eine Anspielung auf eine seiner frühen Filmrollen, einen Footballspieler mit dem nunmehr auf Reagan übergegangenen Spitznamen The Gipper. Den Demokraten gelang es abermals, mit dem Gouverneur von Massachusetts, Michael Dukakis, einen erschreckend schwachen Kandidaten zu finden, der den teilweise schmutzigen Angriffen des Bush-Teams wenig entgegenzusetzen hatte. Bush gewann 426 Wahlmännerstimmen gegen 111 für Dukakis und siegte nicht nur für den Gipper, sondern vor allem für seine eigene Dynastie. Der Name eines Angehörigen der texanischen Ölfamilie mit Wurzeln in Connecticut stand zwischen 1980 und 2004 insgesamt sechsmal auf dem Ticket der Republikaner[10], als Vize- oder als Präsidentschaftskandidat – ein einsamer Rekord in der amerikanischen Wahlgeschichte.

Präsident Reagan zog kurz vor seinem Ausscheiden aus dem Amt im Januar 1989, am Vorabend des Zusammenbruchs des Ostblocks und mit

---

[10] Bush senior kandidierte 1980 und 1984 für die Vizepräsidentschaft (erfolgreich) sowie 1988 (erfolgreich) und 1992 (nicht erfolgreich) für die Präsidentschaft. Sein Sohn George W. Bush siegte bei den Präsidentschaftswahlen von 2000 und 2004.

dem Ende des Kalten Krieges[11] ein bescheidenes, doch zutreffendes Fazit seiner acht weltbewegenden Jahre im Weißen Haus: *Not bad, my friends. Not bad at all.*

> *Lessons from History:*
> Des einen Angst, des anderen Hoffnung: Die »October Surprise«
>
> In vielen Wahlkämpfen der letzten Jahrzehnte haben die Umfragen in den Tagen und Wochen vor dem ersten Dienstag nach dem ersten Monat im November ein Kopf-an-Kopf-Rennen angedeutet. Ein plötzliches, unvorhergesehenes Ereignis könnte schnell das Pendel in die eine oder andere Richtung ausschlagen lassen – die legendenumwobene, aber nie richtig Realität gewordene *October Surprise*. Niemals zuvor und niemals danach hätte ein Ereignis einen so fundamentalen Stimmungsumschwung im Oktober, kurz vor der Wahl, auslösen können wie die Freilassung der amerikanischen Geiseln im Iran 1980. Nur: diese Überraschung ist nie eingetreten. Sie hätte mit hoher Wahrscheinlichkeit Jimmy Carters Präsidentschaft gerettet und einen Wahlsieg Reagans verhindert – und der ehemalige kalifornische Gouverneur hätte noch gute Miene machen und als Patriot Freude über das Ende der Quälerei seiner Landsleute bekunden müssen. So sind fast unvermeidlicherweise bald nach Reagans Wahlsieg und der Freilassung der Amerikaner genau zur Mittagsstunde von Reagans Vereidigung am 20. Januar 1981 Gerüchte gestreut worden, die Republikaner hätten mit dem Regime der Ayatollahs Abmachungen getroffen, um die Freilassungen bis nach der Wahl hinauszuzögern. Beweise für einen solchen Deal sind nie vorgelegt worden.
>
> Die erste als solche wahrgenommene Oktober-Überraschung war die Ankündigung des ausscheidenden Präsidenten Johnson am 31. Oktober 1968, die Bombardierung Nordvietnams einzustellen, angeblich habe es bei den Pariser Friedensverhandlungen mit den Kommunisten Fortschritte gegeben. Letzteres war im günstigsten Fall Wunschdenken der demokratischen Administration, im schlimmsten Fall eine Lüge – zu einem Friedensschluß kam es erst fünf Jahre später. Doch ihren wahltaktischen Zweck erreichte diese Ankündigung wenige Tage vor dem Urnengang – beinahe. Johnsons Vizepräsident Hubert Humphrey

---

[11] Reagan und Gorbatschow hatten bereits im Dezember 1987 im Weißen Haus einen amerikanisch-sowjetischen Vertrag unterzeichnet, mit dem eine ganze Klasse von strategischen Waffen, jene mittlerer Reichweite, über die in Europa die Nachrüstungsdebatte entbrannt war, der Vernichtung preisgegeben wurde.

zog in den Umfragen plötzlich an, der Wahlausgang wurde denkbar knapp. Humphrey verlor dennoch trotz dieser Schützenhilfe gegen Richard Nixon.

Kurz vor der Wahl 2004 tauchte ein Video von Osama bin Laden auf. Nach Einschätzung von Experten lenkte dies den Blick vieler Wähler wieder auf die Bedrohung Amerikas durch Terroristen und half damit Präsident George W. Bush.

FAKTEN ZUR WAHL
Primaries und Conventions – wie die Parteien ihre Kandidaten finden

John F. Kennedy verkündete am 2. Januar 1960, dass er für die Präsidentschaft der Vereinigten Staaten kandidiere – jene im November 1960. Es klingt wie eine Fabel aus einer längst vergangenen Zeit: im selben Jahr die Kandidatur bekannt zu geben, in dem die Wähler ihre Stimmen abgeben! Bei der Wahl von 2008 hatten zahlreiche Kandidaten bereits im Januar, spätestens aber bis Sommer des vorhergehenden Jahres ihre Kandidatur verkündet, bis Ende 2007 fanden mehr als ein Dutzend live im ganzen Land ausgestrahlter Fernsehdebatten unter den republikanischen und unter den demokratischen Kandidaten statt. Neben der Tatsache, dass 2008 ein ungewöhnlich offenes Rennen, ohne einen amtierenden Präsidenten oder Vizepräsidenten als Kandidaten und mit einem großen Bewerberfeld darstellte, trägt die gestiegene Bedeutung der *primaries*, der Vorwahlen dazu bei, dass man sich möglichst frühzeitig in Position bringt und eine möglichst tragfähige Organisation in denjenigen Staaten aufbaut, denen eine besondere Bedeutung im innerparteilichen Ausleseverfahren zukommt. Dies vor allem in zwei Bundesstaaten, die sonst weder demographisch noch ökonomisch ins Gewicht fallen: Iowa und New Hampshire. Traditionsgemäß findet in Iowa ein erster *Caucus*, eine Sammlung lokaler Parteizusammenkünfte, die dann ein Votum abgeben, statt und in New Hampshire die erste Vorwahl. Fast alle Kandidaten des Jahres 2008 hatten bereits 2007 oft Monate in beiden Staaten verbracht, unzählige Hände geschüttelt, Babys geküßt und Ribs, Hot Dogs, gegrillte Maiskolben oder andere kulinarische Symbole von Volkstümlichkeit in sich hineingestopft. Der Medienrummel war ungeheuer und die Aufmerksamkeit, die diesen beiden Wahlvorgängen zukam, stand in keinem Verhältnis zu der tatsächlichen dort zu gewinnenden Delegiertenzahl – der psychologische Effekt eines gelungenen Starts ist jede Anstrengung wert.

Der Kandidatenfindungsprozess ist in den letzten Jahrzehnten stark demokratisiert worden. Waren *primaries* früher die Ausnahme und die Ernennung von Delegierten zur Convention durch die Parteiorganisation, die Bosse, die Regel, so fällt heute gewöhnlich in den Vorwahlen die Entscheidung, die dann auf dem Parteitag als großartiges medial zelebriertes Politvolksfest auf eine Weise gefeiert wird, die dem frisch Gekürten meist einen drastischen, aber nicht unbedingt permanenten Boom in den Umfragewerten beschert. Sehr demokratisch ist auch die Offenheit dieser Wahlen : in manchen Staaten muss man keineswegs eingeschriebenes Mitglied bei einer Partei sein, um für einen der Kandidaten zu stimmen. Man kann sich auch als Unabhängiger in das Wählerverzeichnis eintragen und am Entscheidungsprozess teilnehmen. Nie zuvor haben so viele Vorwahlen so früh stattgefunden wie 2008 – Anfang Februar hat bereits die Hälfte der Bundesstaaten gewählt.

Die Delegierten werden gemäß dem Wahlergebnis entweder nach dem *winner takes it all*-Prinzip dem siegreichen Kandidaten zugeschlagen oder entsprechend der Stimmenanteile der einzelnen Kandidaten verteilt. In aller Regel setzte sich in den vergangenen Jahren bereits nach einigen Vorwahlen ein Kandidat vom Feld ab; bei seinen Mitbewerbern kommt es dann schnell dazu, die Kandidatur zu beenden – der ganze Prozess der Kandidatur ist extrem kostenträchtig und Sponsoren lieben besonders in Amerika Siegertypen. Bei den letzten *primaries*, die Anfang Juni 2008 in Montana und Utah stattfinden, dürfte das Rennen längst gelaufen sein. Es wäre äußerst ungewöhnlich, wenn der Sieger der *primaries* nicht schon lange vor den Conventions als tatsächlicher Präsidentschaftskandidat feststünde, den die Republikaner dann vom 1. bis 4. September in Minneapolis, die Demokraten vom 25. bis 28. August in Denver küren.

Nicht alle Delegierten des Parteitages werden direkt gewählt. So sind bei den Demokraten die Kongressabgeordneten ebenso wie die Gouverneure automatisch Delegierte, auch schicken die meisten Staaten einige *unpledged*, nicht festgelegte Delegierte auf den Parteitag. Bei den Demokraten sind 2.182 Delegiertenstimmen zur Nominierung notwendig. Der größte Staat, Kalifornien, entsendet beispielsweise 441 Delegierte zum Parteitag, das dünn besiedelte Alaska nur 18. Bei den Republikanern reicht eine Mehrheit der 2.516 Delegierten, also 1.259.

Auf der Convention wird nach der Wahl des Kandidaten und der Ernennung des Vizepräsidentschaftskandidaten dieses Ticket ausgiebig gefeiert, in einer Choreographie, die meist wenig Unterschied zwischen beiden Parteien aufweist. Angesichts der relativ späten Terminierung beider Conventions 2008 bleibt den Kandidaten diesmal keine Zeit für eine Sommerpause: Die heiße Phase des Wahlkampfes wird, inklusive der manchmal in ihrer Bedeutung auch überschätzten Fernsehdebatten, unmittelbar nach den Parteitagen beginnen.

DIE CLINTONS, DIE BUSHS, SWING STATES UND ELEKTOREN
Auf dem Weg ins 21. Jahrhundert

Die Vereinigten Staaten wurden aus einer Rebellion gegen einen fernen König, gegen die privilegierte Aristokratie des Mutterlandes England geboren. Bei allem Egalitarismus – ein Faible für große Namen haben sich die Amerikaner stets bewahrt. In der Galerie der amerikanischen Präsidenten tauchen nicht weniger als vier Familien auf, deren hoher gesellschaftlicher Rang und deren entsprechendes Ansehen eine bedeutsame politische Rolle spielten: zwei Präsidenten entstammten der Familie Adams aus Massachusetts, zwei den Harrisons aus Virginia bzw. Indiana, zwei den Roosevelts aus New York und zwei dem texanischen Bush-Clan.[1] Ein Unikum in der amerikanischen Geschichte ist es, dass über 28 Jahre, von 1980 bis 2008, gleich zwei Familiennamen immer wieder in der Kandidatenschar auftauchen: Bush und Clinton. George Bush Vater stand 1980 und 1984 an der Seite Ronald Reagans als zweiter Mann auf dem Ticket der Republikaner, 1988 wurde er zum Präsidenten gewählt, 1992 verlor er gegen Bill Clinton. George Bush Sohn, George W., siegte 2000 und 2004. Nach Bill Clinton (1992 und 1996) kandidiert seine Frau Hillary Clinton im demokratischen Bewerberfeld für die Wahl 2008.

Bill Clinton konnte, wie bereits erwähnt, auch deshalb den keineswegs erfolglosen Amtsinhaber George H. W. Bush schlagen, weil der unabhängige Kandidat Ross Perot beträchtlich unter Bushs Stammwählern wilderte. Clintons Wiederwahl 1996 gegen den Republikaner Bob Dole war zumindest im Wahlmännerkollegium mit 379 zu 159 Stimmen ungefährdet; ein Präsident der absoluten Mehrheit wurde Clinton, dessen zweite Amtszeit von der Lewinsky-Affäre und dem Amtsenthebungsverfahren verdunkelt wurde, auch bei dieser Wahl nicht. Er erhielt 49,2% der Stimmen gegenüber 40,7% für Dole.

Der wiedergewählte Präsident Clinton war in gewisser Weise eine Ausnahmeerscheinung, war er doch Teil einer politischen Ehe, einer Partnerschaft, wie es sie bis dato nicht gegeben hatte. Politik zieht sich durch die Biographie von Bill und Hillary Clinton wie ein roter Faden, viel stärker als bei jeder anderen Familie im Weißen Haus. Jacqueline Kennedy und Barbara Bush waren treue Weggefährten ihrer Gatten, doch ob sie je politisch aktiv geworden wären, hätten sie nicht John F. Kennedy und George Herbert Walker Bush kennen gelernt, darf bezweifelt werden. Eleanor

---
[1] Siehe hierzu: Ronald D. Gerste: Amerikanische Dynastien. Regensburg 2005.

Roosevelt war eher als diese Kolleginnen im inoffiziellen Amt der First Lady ein Homo politicus, doch der Gedanke, selbst für einen Sitz in einer Volksvertretung zu kandidieren, wäre auch ihr völlig fremd gewesen. Hillary Rodham Clinton hingegen war von Anfang an politisch engagiert, ja sie war der politisch engagiertere Teil des Paares. Als Bill Anfang der Siebziger Jahre noch von einer akademischen Karriere als Einser-Jurist träumte – der junge Mann aus bescheidenen Verhältnissen hatte eines der hochrenommierten Rhodes-Stipendien zum Studium in Oxford erhalten – arbeitete seine Freundin schon im Zentrum der Macht in Washington. Hillarys parteipolitisches Weltbild war schon früh ziemlich gefestigt. 1972 unterstützte sie im Präsidentschaftswahlkampf Nixons demokratischen Herausforderer George McGovern. 1974 gehörte sie zu dem im Laufe des Jahres stetig anschwellenden Team von Juristen und politischen Aktivisten (der demokratischen Partei), die das Amtsgebaren von Präsident Richard Nixon in der Watergate-Affäre untersuchten. Die Ermittlungen hatten ein Amtsenthebungsverfahren gegen Nixon, ein *impeachment*, zum Ziel. Nixon kam diesem Verfahren zuvor, indem er im August 1974 zurücktrat – als erster und bislang einziger Präsident der USA. Wieder einmal bestätigte sich danach die alte Weisheit, wonach das Leben nicht nur die schönsten Geschichten schreibt, sondern auch die größten Ironien bereit hält. Genau ein Vierteljahrhundert später wurde abermals ein Impeachment gegen einen Präsidenten angestrebt und auch in die Wege geleitet. Bei dem Objekt der Bemühungen handelte es sich um Hillarys Mann Bill, und die First Lady erlebte die demütigendste Zeit ihres Lebens – aber auch eine Epoche, in der sie eine ungeheure Stärke an den Tag legte, die zur Grundlage ihrer nachfolgenden politischen Karriere wurde. Das Amtsenthebungsverfahren gegen Bill Clinton, dem – anders als Nixon – keine politischen, sondern moralische Verfehlungen vorgeworfen wurden, scheiterte im Kongress.

 Selbst engen Freunden der Clintons soll es dem Vernehmen nach schwer fallen, die Ehe der beiden genau zu charakterisieren. Ob ihre Verbindung bei all den durchlebten Krisen so lange gehalten hätte, wäre nicht zu der Zuneigung, der Liebe, dem Respekt oder was immer die beiden für einander empfinden (vielleicht eine Kombination von all dem Genannten) auch das Band einer politischen Partnerschaft gekommen, das durch sämtliche Krisen seinen festigenden Charakter bewahrt hat? Die Antwort muss spekulativ bleiben. Für Bills Karriere war Hillary mehr als eine Unterstützerin – viele Beobachter sehen in ihr den eigentlichen Motor des Aufstieges jenes leicht nassforschen Politikers, der es schaffte, zum jüngsten Gouverneur aller Zeiten des Staates Arkansas gewählt zu werden, und der dann, nach etlichen Enttäuschungen für die Bürger während seiner zweijährigen Amtszeit, bald der jüngste Ex-Gouverneur von Arkansas wurde. Doch an Bill blieb der Name *Comeback Kid* haften. Ihn abzuschreiben, war ein Fehler; er lief stets dann zu großer Form auf, wenn er mit dem Rücken zur Wand stand. Diese Eigenschaft teilt er mit seiner Frau: so heftig die Senatorin des Staates New York, die seit dem Start des demokratischen Nominierungsprozesses im Frühjahr 2007 in der Favoritenrolle stand, auch angegriffen wird – ihre Fähigkeit, einzustecken und zurückzuschlagen, versetzt ihre Anhänger in Bewunderung (und verstärkt die rational oft kaum zu erklärende Abneigung weiter Teile der rechten Hälfte des politischen Spektrums gegen die Senatorin).

Die Wahl von 2004 war nicht ganz so knapp und bei weitem nicht so skandalumwittert wie jene von 2000, doch wie vier Jahre zuvor herrschte auch diesmal am Morgen nach dem Wahltag ein Rest von Unklarheit. Bei dieser Wahl war es nicht Florida, sondern Ohio, das etwas mehr Zeit für den Zählprozess brauchte. Mehr noch als 2000 machte die Wahl von 2004 deutlich, dass der Wahlkampf nicht im ganzen Land mit gleicher Intensität geführt wurde, sondern dass beide Parteien ihre Mittel möglichst rationell einsetzten: besonders intensiv nämlich wurde nur um die *swing states* gekämpft, jene Staaten, die in die eine oder die andere Richtung »fallen« konnten. Diejenigen Staaten, die von den Demoskopen ganz eindeutig in dem einen oder dem anderen Lager gesehen wurden, waren der Investition immer weiterer Millionen, vor allem für TV-Spots, nicht für würdig befunden worden. So galten und gelten zum Beispiel für die Republikaner Alaska, Nevada, Oklahoma, Texas und Kansas als so sicher, dass hier kein besonderer Aufwand getrieben werden musste; auf der anderen Seite waren und sind Maryland, Massachusetts, Illinois, Washington (sowohl der Staat an der Pazifikküste als auch die Hauptstadt) und auch Kalifornien mit seinen vielen Wahlmännerstimmen (2004: 55) »sicheres« Gelände für die Demokraten.

Bei den Kongresswahlen von 2006, den *midterm elections*, gewannen die Demokraten im Repräsentantenhaus eine absolute und im Senat eine relative Mehrheit (wo sie auf Unterstützung durch zwei Unabhängige angewiesen sind). Innerhalb der tektonischen Verschiebung hin zu den Demokraten, die teilweise in tiefrotem (nach amerikanischer Farbenlehre: republikanischem) Territorium wie Indiana und Montana Einbrüche erzielen konnten, hatte Hillary Clintons Sieg bei der Senatswahl in New York Erdrutschcharakter und wurde doch fast für selbstverständlich gehalten. Die Senatorin schlug ihren republikanischen Rivalen John Spencer, der sich im Wahlkampf als eisenharter Gefolgsmann von Präsident Bush outete, mit 66,5%, was eine beträchtliche Steigerung gegenüber ihrem auch schon guten Wahlergebnis von 2000 bedeutete, als sie mit

55% ihre Karriere im Senat nach acht Jahren als First Lady begann. Aussagekräftiger – und aus demokratischer Sicht glückverheißend – ist eine genaue Betrachtung des Ergebnisses von 2006: Hillary Clinton legte nämlich in »Upstate New York«, im ländlich geprägten, wertkonservativen nördlichen Teil des Flächenstaates besonders deutlich zu. Sie konnte sich in dieser Region, die demographisch und ideologisch wie republikanisches Stammland erscheint, von 48% auf 61% steigern.

Ihr Erfolg hatte viele Gründe. Zum einen war es ihr gelungen, das Manko ihrer Zustimmung zum Irak-Krieg, die andernorts manchem Kandidaten das Genick gebrochen hatte, als Marginalie erscheinen zu lassen. Zum anderen hat sie, das geben auch überzeugte Parteigänger der Republikaner zu, auf ruhige, unprätentiöse Weise gute Arbeit für den Staat New York geleistet. Die im Jahr 2000 verschiedentlich laut gewordenen Vorwürfe, sie sehe den Senat – auf Kosten der New Yorker und ihrer Probleme – nur als Stufe auf dem Weg zur Präsidentschaft an, waren längst verstummt und wurden bei der Ankündigung ihrer Kandidatur im Jahr 2007 nicht wieder belebt. Ganz entscheidend für den Stimmungswandel zu ihren Gunsten war der fast dramatische Wechsel in der Art und Weise, wie sie öffentlich und in den Wandelgängen des Senats auftrat. Clinton, als junge Frau eine Exponentin der politischen Linken mit dem dort nicht seltenen flammenden Sendungsbewusstsein, hatte aus den Rückschlägen der ersten Jahre von Bills Präsidentschaft gelernt, vor allem aus dem Fiasko ihrer Bemühungen um eine Gesundheitsreform. Ihr Aktivismus hatte zu wenig Rücksicht auf gewachsene Washingtoner Strukturen genommen und nicht nur viele Entscheidungsträger vor den Kopf gestoßen, sondern ihr auch das wenig vorteilhafte Image einer Art Lady Macbeth verpasst, einer machthungrigen Frau hinter dem Königsthron der Präsidentschaft. Es muss für sie beschämend gewesen sein, dass ihre Beliebtheit nicht aufgrund eigener Leistungen wieder wuchs, sondern wegen ihrer beeindruckenden Haltung während der Lewinsky-Affäre, in der hinter der Fassade von Lady Macbeth ein solidarischer Mensch sichtbar wurde, der litt und leidensfähig war.

Die Hillary Clinton der Jahre 2006 bis 2008 zeigte bei ihren Auftritten wenig Ähnlichkeit mit der Aktivistin von 1993. Im Senat erwarb sie sich mit einer selbst für dieses auf Etikette so bedachte Gremium ungewöhnlichen Ehrerbietung gegenüber dienstälteren Kollegen eine Wertschätzung, die durch ihre unbestreitbare Kompetenz noch erhöht wurde. Sie drängte sich in Gegenwart »distinguierter« Senatoren nie ans Mikrophon, sondern verharrte einen Schritt hinter den Lugars, Kennedys und Byrds, geduldig deren Weisheiten lauschend, mit sanftem Kopfnicken Reverenz zeigend. Überhaupt Byrd: dass sie den Grandseigneur der Demokratischen Partei, der 2006 im Alter von fast 89 Jahren zum neunten Mal für West Virginia in den Senat gewählt wurde, für sich einnehmen konnte, öffnete ihr Tor und Tür in Washington. Und mit der Wahl des Tages für die Ankündigung ihrer Präsidentschaftskandidatur bewies Hillary Clinton auch bemerkenswerten Sinn für Symbolik: es war der 20. Januar 2007. Genau zwei Jahre darauf, um 12 Uhr mittags, wird an diesem Tag der 44. Präsident der USA vereidigt. Niemals zuvor erschien die Möglichkeit so realistisch, dass es sich dabei um die erste Präsidentin handeln könnte.

Doch die Wahl von 2008 ist nicht nur deswegen eine historische Wegmarke, weil zum ersten Mal eine Frau der Präsidentschaft greifbar nahe kommt. Die gleichen Chancen hat in diesem Jahr erstmals auch ein schwarzer Kandidat – mehr noch: die demokratische Partei muss sich für eine Frau *oder* einen Amerikaner afrikanischer Abstammung entscheiden; die Vertreter jenes Bevölkerungssegmentes, das seit George Washingtons Tagen alle Präsidenten gestellt hat, blieben schon in einer frühen Phase der Vorwahlen auf der Strecke: weiße Männer mit angelsächsischem Stammbaum. Der letzte relativ aussichtsreiche Exponent dieser Spezies bei den Demokraten schied bereits Ende Januar 2008 aus dem Rennen des innerparteilichen Nominierungsprozesses aus: der Vizepräsidentschaftskandidat der Partei von 2004, John Edwards.

Die Republikaner als deutlich konservativere Partei und mit geringerem Zuspruch bei Minderheiten gingen ausschließlich mit dem Standardtyp eines Politikers ihrer Ausrichtung ins Rennen. Einen Late-Night-Fernsehkomiker veranlasste eine der ersten innerrepublikanischen Debatten mit damals noch acht Kandidaten zu der Bemerkung, ihm habe der reiche und alte weiße Bursche am besten gefallen - eine Beschreibung, die mehr oder minder auf jeden Republikaner im anfangs noch großen Kandidatenfeld zutraf.

Von allen Slogans und Begriffen des Vorwahlkampfs 2008 geht von einem die wohl größte Wirkung aus. Keiner wird so oft genannt und keiner ist von so vielen, ja den meisten Wählerinnen und Wählern mit so großen Erwartungen besetzt wie »Wandel« (*change*), als Versprechen und als Hoffnung. Nach den acht Jahren der Bush-Cheney-Administration ist die Sehnsucht nach einem Wechsel, nach einem Neubeginn für Amerika so groß wie nie seit 1980. Anfang Februar 2008 waren laut *NBC* und *Wall Street Journal* nur noch 19 % der Amerikaner der Meinung, ihr Land sei auf dem richtigen Weg. Diese Grundstimmung dürfte auch am Wahltag des 4. November vorherrschen.

Der Wunsch nach einer tiefgreifenden Änderung besteht sogar bei vielen Republikanern. Das erklärt den Zuspruch für Kandidaten wie John McCain, der jahrelang das Image eines Außenseiters in seiner Partei erst durchlitten und dann sorgsam gepflegt hat, und Mitt Romney. Dieser, ein ehemaliger Gouverneur von Massachusetts, führte einen Wahlkampf, der über weite Strecken aus Tiraden gegen »Washington« bestand, womit er die etablierte politische Klasse meinte. Dass die als Feindbild gezeichneten Institutionen in den voraufgegangenen acht Jahren von Republikanern, also von Parteifreunden geführt wurden, verschwieg der Mormone tunlichst: die zahlreichen Fehlentwicklungen von der Akzeptanz von Folter über eine tiefgreifende Wissenschaftsskepsis, ja -feindlichkeit bis hin zu zahllosen Skandalen, in denen engste Mitstreiter Bushs und Cheneys Hauptrollen spielten. Romney zog sich nach dem *Super Tuesday* vom 5. Februar, der für ihn erneut enttäuschenden Serie von Vorwahlen in über 20 Staaten, aus dem Rennen zurück. Spitzenreiter bei den Republikanern ist nun John McCain, dessen geradliniges Festhalten an eigenen Überzeugungen, selbst wenn sie unpopulär sind wie seine ungebrochene Befürwortung des Irakkrieges, ihm bei vielen republikanisch gesinnten Wählern einen spürbaren Glaubwürdigkeitsvorsprung verschafft hat. Dass er nun der *frontrunner* seiner Partei ist, sehen amerikanische Medien mittlerweile als eines der größten politischen Comebacks seit Menschengedenken an.

Keiner unter allen Kandidaten aber verkörpert den Wunsch nach Wechsel, den Willen zu einem neuen Anfang so eindrücklich wie der »junior Senator« des Staates Illinois, Barack Obama. Seit Beginn des Vorwahlkampfes 2007 hat der damals erst 46-Jährige eine wachsende Welle der Begeisterung entfacht. Sie erfasst, wie die Vorwahlen durchgängig zeigen, gerade junge Menschen und erinnert langjährige politische Beobachter an zwei legendäre Wahlkämpfe: jenen von 1960, in dem John F. Kennedy sein ganzes Charisma ausspielte, und die *Campaign of 1968*, als das von einem fernen Krieg und Problemen im Inneren erschütterte Land nach einem Ausweg aus seiner Krise suchte und Robert Kennedy für einige tragisch kurze Wochen zum großen Hoffnungsträger wurde. Dass der letzte der Kennedy-Brüder, Senator Edward Kennedy, und die Präsidententochter Carolyn Obama unterstützen, ist von fast logischer Symbolik. Die Vergleiche Obamas mit dem Kennedy von 1960 sind so überbordend, dass die *New York Times* sich zu dem Kommentar veranlasst sah, JFK gehe im Wahlkampf um wie ein »Poltergeist«.

Obama verfügt über eine Biographie, wie sie für einen amerikanischen Spitzenpolitiker völlig ungewöhnlich ist – aber sie verkörpert den »Amerikanischen Traum« aufs Gelungenste. Der Sohn eines kenianischen Vaters und einer weißen Mutter aus Kansas, am 4. August 1961 in Hawaii geboren, hat nicht jene Lebenserfahrungen, über die Millionen anderer Afroamerikaner verfügen, im extremen Fall als *ghetto experience* bezeichnet.

Er verbrachte mehrere Jahre seiner Kindheit in Indonesien – die Berührung mit einem anderen Kulturkreis in einer prägenden Phase seiner Entwicklung ist ein Punkt, der sich in keiner Präsidentschaftskandidaten-Vita der US-Geschichte findet. Als Zehnjähriger nach Hawaii zurückgekehrt, erwies der junge Obama sich als glänzender Schüler, dem eine brillante akademische Karriere bevorstand. In Harvard, das er mit einem Stipendium besuchte, wurde er zum ersten afrikanischstämmigen Herausgeber der renommierten *Harvard Law Review*, seinen juristischen Doktorgrad erwarb er an der *Harvard Law School* mit Auszeichnung – dass diese an der angesehensten Jurafakultät des Landes erworbenen Meriten im Wahlkampf fast schamhaft verschwiegen werden, zeigt sicher auch, wie sehr sich Obamas Biographie von der Millionen anderer schwarzer Amerikaner unterscheidet.

Ein großer Pluspunkt des Kandidaten im Wahlkampf 2008 ist, dass er – anders als Hillary Clinton – zu keinem Zeitpunkt dem fatalen Kriegsabenteuer im Irak seine Zustimmung gegeben und es bereits im Oktober 2002, fast ein halbes Jahr vor Beginn des Krieges, als Dummheit und als Ausdruck der Machenschaften von »im Armsessel sitzenden Wochenendkriegern« wie den »Neocons« Richard Perle und Paul Wolfowitz gegeißelt hatte. Nach seiner Wahl in den US-Senat für seinen Heimatstaat Illinois im November 2004 stieg Obama in erst zögernden, dann immer schnelleren Schritten zu einem neuen Hoffnungsträger der Demokraten und, über die Parteigrenzen hinaus, einer neuen Generation auf.

Unabhängig davon, wer im November 2008 den Sieg davon trägt - *eine* historische Tatsache ist bereits geschaffen worden. Die Frage, ob Amerika »so weit sei«, eine Frau oder einen Farbigen zu wählen, über viele Jahre in politischen Diskussionen auf einen fernen Tag in einer sonnigeren Zukunft verwiesen, ist positiv beantwortet worden. Die USA, deren Ansehen als Nation in der Welt nach den zurückliegenden acht Jahren dringend eine Stärkungsspritze vertragen kann, haben sich bereits durch den Vorwahlkampf verändert. Zum Besseren. Und wäre es nicht eine tiefgründige historische Pointe, sollte der erste afroamerikanische Präsident der Vereinigten Staaten wenige Tage vor dem 200. Geburtstag des Sklavenbefreiers Abraham Lincoln, der am 12. Februar 2009 gefeiert wird, seinen Amtseid ablegen?

Zu Beginn des 21. Jahrhunderts sind zahlreiche Stimmen laut geworden, die bezweifeln, dass das *Electoral College* als entscheidende Instanz für die Wahl des Präsidenten noch zeitgemäß ist. Vor allem der Ausgang der Wahl 2000, als der Kandidat mit den meisten Wählerstimmen, Al Gore, in diesem Gremium unterlag, hat zu Verbitterung auf Seiten vieler demokratischer Parteigänger geführt. Verschiedene Reformvorschläge werden diskutiert. Den Kandidaten mit den meisten Stimmen zum Präsidenten zu machen, wäre ein Konzept, das europäischen Parlamentswahlen ähnlich ist. Fraglich ist, ob dieser Weg das gegenwärtige Zweiparteiensystem zementieren oder im Gegenteil zu einer Zersplitterung der politischen Landschaft führen würde. In letzterem Fall, bei mehr als zwei aussichtsreichen Kandidaten, ist es denkbar, dass der Präsident mit seinem Stimmenanteil den Willen einer Minderheit verkörpert und vielleicht gar mit einem geringeren Prozentsatz der Stimmen ins Weiße Haus zieht als Woodrow Wilson 1912 (41,9%) oder Bill Clinton 1992 (42,3%). Eine Stichwahl wie bei der Wahl des französischen Staatspräsidenten könnte dieses Dilemma zumindest formell vermeiden helfen – vorausgesetzt, die enttäuschten Anhänger der Dritt- oder Viertplazierten gehen abermals zur Wahl. Ob dann dem Neugewählten nicht unvermeidlicherweise das Manko des »kleineren Übels« anhaftet?

Eine Alternative wäre die Beibehaltung des Electoral College, in dem die Wahlmänner dann allerdings nicht mehr nach der *The Winner takes it all*-Regel alle Stimmen eines Staates an den Sieger geben, sondern prozentual aufsplitten. Dann hätte beispielsweise das hart umkämpfte Ohio 2004 seine 20 Stimmen nicht geschlossen an George W. Bush gehen lassen, sondern im Verhältnis 11:9 an den Präsidenten und den Herausforderer John Kerry. Eine Abkehr von der überdimensionalen Aufmerksamkeit, die momentan den *swing states* gilt, könnte die Stimmvergabe anhand der Ergebnisse in den Kongresswahlkreisen mit sich bringen. Bei diesem Verfahren bliebe die Zahl der Wahlmänner pro Staat wie bisher, doch würden diese nicht mehr für den ganzen Staat en bloc vergeben, sondern je nachdem, welcher Kongresskandidat in seinem Wahlkreis jeweils die Mehrheit erreicht hat. Die beiden zusätzlichen Stimmen im Wahlmännerkollegium, die der beiden Senatoren, gingen an den Präsidentschaftskandidaten, der *statewide* die meisten Stimmen erhalten hat. Ein Beispiel möge verdeutlichen, wie das aussehen könnte: Maryland hat 8 Kongresswahlkreise und mit den Senatoren insgesamt zehn Elektorenstimmen. Gewönne in sechs dieser Wahlkreise ein demokratischer Kandidat, in den beiden übrigen ein Republikaner, und erhielte der demokratische Präsidentschaftskandidat wie John Kerry 2004 56% der Stimmen, so vergäbe Maryland im Elektorenkollegium acht von zehn Stimmen an den Demokraten und zwei an den Republikaner.

Zwar zerbrechen sich viele kluge Menschen die Köpfe über eine Reform des Wahlsystems, doch müssen einer Änderung drei Viertel der Staaten zustimmen. Kann man davon ausgehen, dass Delaware, Rhode Island oder Hawaii sich für eine solche Abwandlung stark machen, bei der ihre eigene Bedeutung völlig marginalisiert würde? Wohl kaum. Die Abstimmung nach Staaten kommt dem uramerikanischen Bedürfnis entgegen, dass diese, die engere Heimat der Bevölkerung, ein gewichtiges Mitspracherecht gegenüber »Washington«, gegenüber einer Zentralregierung haben, die wiederholt im Laufe der amerikanischen Geschichte mit Misstrauen betrachtet worden ist. Das Wahlmännerkollegium hat sich ungeachtet umstrittener Wahlen wie jener von 1824, 1876 und 2000 als stabilisierender Faktor erwiesen. Dass seine Abschaffung vor allem von Wahlverlierern propagiert wird, verschafft diesen Initiativen in einem Land, das ungeachtet aller Rückschläge und Krisen sich seinen Grundoptimismus bewahrt hat und vor allem Sieger liebt, nicht unbedingt zusätzlichen Auftrieb.

Vielleicht am gewichtigsten jedoch ist die Tatsache, dass das Wahlmännerkollegium und die ganz spezielle Art der Vereinigten Staaten, ihren führenden Repräsentanten zu bestimmen, ein Erbe der Väter der Verfassung sind, ein Erbe, das heute nach wie vor lebendig ist. Diese freiheitliche Verfassung ist einer der Gründe, warum der zunächst lose Bund dreizehn ehemaliger Kolonien wuchs und gedieh, sich über einen riesigen Kontinent ausdehnte und die Föderation von schließlich 50 Staaten zur Weltmacht erstarken ließ. Die Verfassung und die demokratische Kultur, die unter ihrem Dach erblüht ist, eine Kultur, die man in einer vielschichtigen Presselandschaft (die Skandale von Harding bis zu Nixon, von der Iran-Contra-Affäre bis zu den Lügen über Massenvernichtungswaffen im Irak und zu Enron schonungslos aufdeckte) und in der Streitkultur auf fast jedem Universitäts-Campus spüren kann, haben ganz entscheidend dazu beigetragen, dass seit ihrer Konzipierung in Philadelphia Menschen aus allen Teilen der Welt ihre Blicke auf »das noble Experiment« der amerikanischen Republik gerichtet haben. Amerikas Freiheitsideale haben Millionen veranlasst, ihre Heimat zu verlassen und sich auf den Weg in eine Neue Welt zu begeben. Auch heute streben alljährlich Hunderttausende danach (oft, wie an der Grenze zu Mexiko, unter Gefahr für das eigene Leben), den Boden eines Landes mit einer solchen Verfassung zu betreten und dort ein neues Kapitel ihres Lebens anzufangen.

Einer, der es wissen muss, Bill Clinton, schrieb: »Für mich haben die *election days* stets das große Geheimnis der Demokratie verkörpert. Egal, wie sehr Meinungsforscher und Experten es zu entmystifizieren suchen – es bleibt ein Geheimnis. Es ist dieser eine Tag, an dem der normale Bürger so viel Macht hat wie der Präsident oder der Millionär. Manche Menschen machen von ihr Gebrauch, andere nicht. Die ersteren wählen ihren Kandidaten aus einer ganzen Reihe von Gründen, manche rational, andere nach Gefühl, einige mit Sicherheit, andere mit Skepsis. Irgendwie ernennen sie meist die richtige Führungspersönlichkeit für ihre Zeit. Das ist es, warum es Amerika nach mehr als 228[2] Jahren noch gibt und warum es ihm immer noch gut geht.«[3]

Zum *American Dream* haben auch die stabilen demokratischen Institutionen beigetragen. Und das Wahlsystem ist Teil dieser in guten wie in schlechten Zeiten nie wirklich erschütterten Demokratie.

Lessons from History: Wahlen zur Halbzeit – die »midterm elections«

Eine Präsidentschaftswahl kommt nie allein. Stets finden gleichzeitig – oft neben zahlreichen lokalen Wahlen und Referenden sowie Wahlen in die Staatsparlamente oder für das Amt des Gouverneurs – auch Kongresswahlen statt. Die Amtsdauer der Kongressabgeordneten bedingt indes, dass es auch genau zwischen zwei Präsidentschaftswahlen zu einem Urnengang kommen muß. Die 435 Mitglieder des Repräsentantenhauses haben eine für europäische Parlamentsverhältnisse recht kurze, nämlich nur zweijährige Amtsdauer. Die Senatoren hingegen bleiben sechs Jahre im Amt, werden jedoch nicht alle gleichzeitig, sondern alle zwei Jahre zu je einem Drittel gewählt. Das bedeutet: zur Hälfte der Amtszeit eines Präsidenten stehen die *midterm elections* an. Bei diesen Zwischenwahlen werden das gesamte Repräsentantenhaus und darüber hinaus noch ein Drittel der Senatoren gewählt. Neben diesen Entscheidungen über die Machtverhältnisse in der Legislative, dem aus zwei Kammern, Repräsentantenhaus und Senat, bestehenden Parlament auf Washingtons Capitol Hill, finden auch die Gouverneurswahlen landesweit eine starke Beachtung, teils wegen regionaler Besonderheiten – wie z. B. einem ehemaligen Hollywoodstar in Kalifornien – teils als Stimmungsbarometer. Die überwiegende Mehrzahl der Gouverneure wird während der Zwischenwahlen gewählt: in 34 Bundesstaaten mit vierjähriger Amtszeit, in Vermont und New Hampshire mit zweijähriger Amtszeit. Parallel zu einer Präsidentschaftswahl werden die Gouverneure der verbleibenden 14 Bundesstaaten mit jeweils vierjähriger Amtszeit gewählt, dazu abermals jene von Vermont und New Hampshire.

Es bleibt nicht aus, dass gerade die Wahlen zum Kongress (und in geringerem Maße die Gouverneurswahlen) in der Mitte der Amtszeit eines Präsidenten auch ein Stimmungstest sind und viele Wählerinnen und Wähler beim Urnengang ihre Einschätzung der Situation des Landes und der Leistung der Administration mit der Wahlentschei-

---

[2] Geschrieben 2004, inzwischen sind es 232 Jahre.
[3] Bill Clinton: My Life. New York 2004. S. 443.

dung ausdrücken. In den allermeisten Fällen musste in der Vergangenheit die Partei des amtierenden Präsidenten bei den *midterm elections* Stimmenverluste einstecken – das aus deutschen Landtagswahlen bekannte Phänomen des »Denkzettels« für oder besser gegen die Bundesregierung ist also auch den Amerikanern nicht fremd. Die Wahlen von 2006 beispielsweise brachten eine herbe Niederlage für die regierenden Republikaner. Ein wichtiger Grund war die Unzufriedenheit mit dem Krieg im Irak, in dem das Blutvergießen auch drei Jahre nach Präsident Bushs Statement, wonach die Kampfhandlungen siegreich beendet seien, kein Ende nahm. Die Demokraten, deren Fähigkeit als effektive Opposition ihre erkennbaren Grenzen hatte, gewannen im Repräsentantenhaus die absolute, im Senat eine wackelige relative Mehrheit, die auf zwei unabhängige Senatoren angewiesen ist: den ehemaligen Demokraten und Vizepräsidentschaftskandidaten von 2000, Joe Lieberman aus Connecticut, sowie den einsamen Sozialisten im Senat, Bernie Sanders aus Vermont. Historisch war ein Ergebnis dieser Wahl von 2006: zum ersten Mal in der amerikanischen Geschichte rückte eine Frau, die Demokratin Nancy Pelosi aus San Francisco, in das Amt des Sprechers – oder der Sprecherin – des Repräsentantenhauses vor. Sie steht damit in der präsidentiellen Amtsnachfolge weit oben: würde dem Präsidenten *und* dem Vizepräsidenten etwas zustoßen, wird der *Speaker of the House* neuer Präsident.
Doch die Partei des Präsidenten hat bei *midterm elections* nicht immer Rückschläge einstecken müssen. Eine wichtige Ausnahme von der Regel war die Wahl von 1934, in der Roosevelts Demokraten ihre Dominanz im Kongress ausbauen konnten. Und im Jahr 1998 gewannen die Demokraten des angeschlagenen Präsidenten Clinton im Repräsentantenhaus 5 Sitze hinzu. Zahlreiche Wähler waren von dem wegen einer privaten Verfehlung des Präsidenten durch die Republikaner betriebenen Amtsenthebungsverfahren mit seinem treibjagdähnlichen Charakter angewidert. 2002 gewannen Präsident George W. Bushs Republikaner in beiden Häusern leicht hinzu – die Solidarität mit dem Präsidenten ein Jahr nach den Anschlägen vom 11. September 2001 war noch nicht aufgebraucht, der mit fragwürdiger Begründung begonnene Krieg gegen den Irak lag noch in der Zukunft.

Das Manuskript dieses Kapitels wurde am 11. Februar 2008 abgeschlossen.

AUSWAHLBIBLIOGRAPHIE

Abramson, Paul R.: Change and Continuity in the 2004 and 2006 Elections. Washington 2007.
Biles, Roger: A New Deal for the American People. Dekalb (Illinois) 1991
Boller, Paul F.: Presidential Campaigns. From George Washington to George W. Bush. New York 2004.
Brands, H.W.: T.R. The Last Romantic, New York 1997.
Buckley, Kara Z.: Parties and Elections in America. The Electoral Process. Lanham, Maryland. 2004
Burns, James McGregor: Roosevelt. The Lion and the Fox. New York 1956.
Busch, Andrew E.: Red over Blue. The 2004 Elections and American Politics. Lanham, Maryland. 2005.
Busch, Andrew E.: Reagan's Victory. The Presidential Election of 1980 and the Rise of the Right. Lawrence, Kansas 2005
Cesar, James W.: The Perfect Tie. The True Story of the 2000 Presidential Election. Lanham (Maryland) 2001.
Chace, James: 1912. Wilson, Roosevelt, Taft and Debs – The Election that Changed the Country. New York 2005.
Chambers, William N. und Walter D. Burnham (Hrsg) : The American Party Systems. Stages of Development. New York 1967.
Craig, Stephen C.: Electoral Challenge. Theory Meets Practice. Washington 2006.
Cole, Donald B.: Martin Van Buren and the American Political System. Princeton, New Jersey 1984.
Collier, Peter: The Roosevelts. An American Saga. New York 1994.
Crotty, William: A Defining Moment. The Presidential Election of 2004. Amonk, New York 2005.
Dallek, Robert : An Unfinished Life. John F. Kennedy 1917 – 1963. Boston 2003.
Dippel, Horst: Geschichte der USA. München 2001.
Dooley, Brian: Robert Kennedy.The Final Years. New Years 1996.
Donald, David Herbert: Lincoln. New York 1995.
Donaldson, Gary: The First Modern Campaign. Kennedy, Nixon and the Election of 1960. Lanham, Maryland. 2007.
Dunn, Susan: Jefferson's Second Revolution. The Election of 1800 and the Triumph of Republicanism. New York 2004.
Ellis, Joseph J.: Founding Brothers: The Revolutionary Generation. New York 2000.
Ellis, Joseph J.: His Excellency George Washington. New York 2004.
Ellis, Joseph J.: American Creation. Triumphs and Tragedies at the Founding of the Republic. New York 2007.
Emery, Fred: Watergate. The Corruption of American Politics and the Fall of Richard Nixon. New York 1994
Evans, Hugh E. : The Hidden Campaign. FDR's Health and the 1944 Election. New York 2002.
Ferling, John: Adams vs. Jefferson. The Tumultous Election of 1800. New York 2005.
Fleming, Thomas: The New Dealers' War. New York 2001.

Gallagher, Hugh Gregory: FDR's Splendid Deception. Arlington, Virginia 1994.
Gerste, Ronald D.: Die First Ladies der Vereinigten Staaten. Regensburg 2000.
Gerste, Ronald D.: Defining Moments. Amerikas Schicksalstage. Vom 4. Juli 1776 bis 11. September 2001. Regensburg 2002.
Gerste, Ronald D.: Amerikanische Dynastien. Regensburg 2005.
Gerste, Ronald D.: Die gemeuchelte Hoffnung Amerikas. (über Robert F. Kennedy). Die Zeit, 17. November 1995.
Graff, Henry F. (Hrsg): The Presidents. A Reference History. New York 1996.
Goodwin, Doris Kearns: No Ordinary Time. Franklin and Eleanor Roosevelt: The Home Front in World War II. New York 1994
Gould, Lewis L.: 1968. The Election That Changed America. Chicago 1993.
Harries, Meirion and Susan: The Last Days of the Innocence. America at War 1917 – 1918. New York 1997.
Hoogenbom, Ari: Rutherford B. Hayes. Lawrence, Kansas 1995.
Howe, Daniel Walker: What Hath God Wrought. The Transformation of America, 1815 – 1848. Oxford History of the United States. New York 2007.
Johnson, David E.: A Funny Thing Happenend on the Way to the White House. Lanham, Maryland 2004.
Johnson, Paul: A History of the American People. New York 1999.
Kaiser, David E.: American Tragedy: Kennedy, Johnson and the Vietnam War. Cambridge, Massachusetts 2000.
Karabell, Zachary: The Last Campaign. How Truman won the 1948 Election. New York 2001.
Kraus, Sidney (Ed.): The Great Debates. Kennedy vs Nixon 1960. Bloomington, Indiana 1977.
Kunhardt, Philip B.: Lincoln. New York 1992.
Languth, A.J.: Patriots. The Men Who Started the American Revolution. New York 1988.
Larson, Edward J.: A Magnificent Catastrophe. The Tumultous Election of 1800, America's First Presidential Campaign. New York 2007.
Levin, Phyllis Lee: Edith and Woodrow. The Wilson White House. New York 2001.
Lord, Walter: By the Dawn's Early Light. Baltimore 1994.
McCormick, Richard P.: The Presidential Game. The Origins of American Presidential Politics. New York 1984.
McCullough, David: John Adams. New York 2001.
McDonald, Forrest: The Presidency of George Washington. Lawrence (Kansas) 1974.
McGovern, James R.: And a Time for Hope. Americans in the Great Depression. Westport, Connecticut, 2000.
McPherson, James : The Battle Cry of Freedom. New York und Oxford 1988.
Mieczkowski, Yanek: Presidential Elections. New York und London 2001.
Morgan, Ted: FDR. A Biography. New York 1985,
Morris, Edmund: Theodore Rex. New York 2001.
Morris, Roy : Fraud of the Century. Rutherford B. Hayes, Samuel Tilden and the Stolen Election of 1876. New York 2003.
Nakashima, Ellen: Deadlock. The Inside Story of America's Closest Election. New York 2001.
Peters, Charles: Five Days in Philadelphia. The Amazing »We Want Willkie !« Convention of 1940 and how it freed FDR to save the Western World. New York 2005.

Peterson, Merrill D.: Lincoln in American History. New York 1994.
Pietrusza, David: 1920. The Year of the Six Presidents. New York 2006.
Polsby, Nelson W.: Presidential Elections. Strategies and Structures of American Politics. Lanham, Maryland 2007.
Posner, Richard A.: Breaking Deadlock. The 2000 Election. Princeton und Oxford 2001.
Presidential Elections 1789 – 2004. Hrsg. von Congressional Quarterly. Washington DC 2005.
Randel, William P.: Centennial: American Life in 1876. Philadelphia 1969.
Rehnquist, William H.: The Disputed Election of 1876. New York 2004.
Ritchie, Donald A.: Electing FDR. The New Deal Campaign of 1932. Lawrence, Kansas 2007.
Schlesinger, Arthur M. : Robert Kennedy and his Times. New York 1978.
Schroeder, Alan: Presidential Debates. New York 2001.
Shaw, Daron R.: The Race to 270. The Electoral College and Campaign Strategies of 2000 and 2004. Chicago 2006.
Shenkman, Richard: Presidential Ambition. How the Presidents Gained Power, kept power, and got things done. New York 1999.
Simon, James F.: What Kind of Nation: Thomas Jefferson, John Marshall, and the Epic Struggle to Create a United States. New York 2002.
Smith, Jean Edward: Grant. New York 2001.
Summers, Anthony: The Arrogance of Power. The Secret World of Richard Nixon. New York 2000.
Thomas, Evan : Robert Kennedy: His Life. New York 2000.
Thomas, Evan: Election 2004. How Bush Won and What You Can Expect in the Future. New York 2005.
Thompson, Robert Smith: A Time for War. Franklin D. Roosevelt and the Path to Pearl Harbor. New York 1991.
Thurber, James A. (Hrsg): Campaigns and Elections American Style. Boulder, Colorado 2004.
Toobin, Jeffrey: A Vast Conspiracy. The Real Story Of The Sex Scandal That Nearly Brought Down A President. New York 2000.
Toobin, Jeffrey: Too close too call. New York 2001.
Tucker, Robert W. und Hendrickson,David C.: Empire of Liberty. The Statecraft of Thomas Jefferson.Oxford 1990.
Volpe, Carolyn C.: They also ran. Losing Candidates in the United States Presidential Elections 1789 – 2004. Bangor, Maine 2007.
Waugh, John C.: Reelecting Lincoln. The Battle for the 1864 Presidency. New York 1997.
Weisberger, Bernard A.: America Afire. Jefferson, Adams and the First Contested Election. New York 2000. S.261
West, Darrell M.: Air Wars. Television Advertising in Election Campaigns 1952 – 2004. Washington 2005.
White, Theodore H.: America in Search of Itself. The Making of the President 1956 – 1980. New York 1982
Winik, Jay: The Great Upheaval. America and The Birth of the Modern World, 1788 – 1800. New York 2007.
Zelnick, Robert: Winning Florida. How the Bush Team Fought the Battle. Palo Alto, Kalifornien 2001.

PRÄSIDENTSCHAFTSWAHLEN

Alle Ergebnisse von 1789 bis 2004

Jahr	**Sieger** und wichtigster Gegenkandidat (Partei)	Wahlmänner-stimmen	Wähler-stimmen
1789	**George Washington**	69	
1792	**George Washington**	132	
1796	**John Adams** (Federalist) Thomas Jefferson (Democratic Republican)	71 68	
1800	**Thomas Jefferson** (Democratic Republican) Aaron Burr (Democratic Republican)	73 73	
1804	**Thomas Jefferson** (Democratic Republican) Charles C. Pinckney (Federalist)	162 14	
1808	**James Madison** (Democrat) Charles C. Pinckney (Federalist)	122 47	
1812	**James Madison** (Democrat) DeWitt Clinton (Federalist)	128 89	
1816	**James Monroe** (Democrat) Rufus King (Independent Republican)	183 34	
1820	**James Monroe** (Democrat) John Quincy Adams (Independent Republican)	231 1	
1824	**John Quincy Adams** (Democrat) Andrew Jackson (Democrat)	84 99	108.740 153.544
1828	**Andrew Jackson** (Democrat) John Quincy Adams (National Republican)	178 83	647.286 508.064
1832	**Andrew Jackson** (Democrat) Henry Clay (National Republican)	219 49	701.780 484.205
1836	**Martin Van Buren** (Democrat) William Henry Harrison (Whig)	170 73	764.176 550.816

Jahr	Sieger und wichtigster Gegenkandidat (Partei)	Wahlmänner-stimmen	Wähler-stimmen
1840	**William Henry Harrison** (Whig) Martin Van Buren (Democrat)	234 60	1.275.016 1.129.102
1844	**James K. Polk** (Democrat) Henry Clay (Whig)	170 105	1.337.243 1.290.062
1848	**Zachary Taylor** (Whig) Lewis Cass (Democrat)	163 127	1.360.099 1.229.544
1852	**Franklin Pierce** (Democrat) Winfield Scott (Whig)	254 42	1.601.274 1.386.580
1856	**James Buchanan** (Democrat) John C. Frémont (Republican)	174 114	1.838.169 1.341.264
1860	**Abraham Lincoln** (Republican) John C. Breckinridge (Southern Democrat)	180 72	1.866.452 847.953
1864	**Abraham Lincoln** (Republican) George B. McClellan (Democrat)	212 21	2.213.665 1.805.237
1868	**Ulysses S. Grant** (Republican) Horatio Seymour (Democrat)	214 80	3.012.833 2.703.249
1872	**Ulysses S. Grant** (Republican) Horace Greeley (Democrat/Liberal Republican)	286 –	3.597.132 2.834.125
1876	**Rutherford B. Hayes** (Republican) Samuel J. Tilden (Democrat)	185 184	4.036.298 4.300.590
1880	**James A. Garfield** (Republican) Winfield S. Hancock (Democrat)	214 155	4.454.416 4.444.952
1884	**Grover Cleveland** (Democrat) James G. Blaine (Republican)	219 182	4.874.986 4.851.981
1888	**Benjamin Harrison** (Republican) Grover Cleveland (Democrat)	233 168	5.439.853 5.540.309
1892	**Grover Cleveland** (Democrat) Benjamin Harrison (Republican)	277 145	5.556.918 5.176.108
1896	**William McKinley** (Republican) William J. Bryan (Democrat)	271 176	7.104.779 6.502.925
1900	**William McKinley** (Republican) William J. Bryan (Democrat)	292 155	7.207.923 6.358.133

Jahr	Sieger und wichtigster Gegenkandidat (Partei)	Wahlmänner-stimmen	Wähler-stimmen
1904	**Theodore Roosevelt** (Republican) Alton N. Parker (Democrat)	336 140	7.623.486 5.077.911
1908	**William H. Taft** (Republican) William J. Bryan (Democrat)	321 162	7.678.908 6.409.104
1912	**Wodrow Wilson** (Democrat) Theodore Roosevelt (Progressive)	435 88	6.293.454 4.119.207
1916	**Woodrow Wilson** (Democrat) Charles E. Hughes (Republican)	277 254	9.129.606 8.538.221
1920	**Warren G. Harding** (Republican) James M. Cox (Democrat)	404 127	16.152.200 9.147.353
1924	**Calvin Coolidge** (Republican) John W. Davis (Democrat)	382 136	15.725.016 8.386.503
1928	**Herbert Hoover** (Republican) Alfred E. Smith (Democrat)	444 87	21.391.381 15.016.443
1932	**Franklin D. Roosevelt** (Democrat) Herbert Hoover (Republican)	472 59	22.821.857 15.761.841
1936	**Franklin D. Roosevelt** (Democrat) Alfred M. Landon (Republican)	523 8	27.751.597 16.679.583
1940	**Franklin D. Roosevelt** (Democrat) Wendell Wilkie (Republican)	449 82	27.244.160 22.305.198
1944	**Franklin D. Roosevelt** (Democrat) Thomas E. Dewey (Republican)	432 99	25.602.504 22.006.285
1948	**Harry Truman** (Democrat) Thomas E. Dewey (Republican)	303 189	24.105.695 21.969.170
1952	**Dwight D. Eisenhower** (Republican) Adlai Stevenson (Democrat)	442 89	33.778.963 27.314.992
1956	**Dwight D. Eisenhower** (Republican) Adlai Stevenson (Democrat)	457 73	35.581.003 25.738.765
1960	**John F. Kennedy** (Democrat) Richard M. Nixon (Republican)	303 219	34.227.096 34.107.646
1964	**Lyndon B. Johnson** (Democrat) Barry Goldwater (Republican)	486 52	42.825.463 27.146.969
1968	**Richard M. Nixon** (Republican) Hubert Humphrey (Democrat)	301 191	31.785.148 31.274.503

Jahr	Sieger und wichtigster Gegenkandidat (Partei)	Wahlmänner-stimmen	Wähler-stimmen
1972	**Richard M. Nixon** (Republican)	520	47.170.179
	George McGovern (Democrat)	17	29.171.791
1976	**Jimmy Carter** (Democrat)	297	40.825.839
	Gerald Ford (Republican)	240	39.147.770
1980	**Ronald Reagan** (Republican)	489	43.901.812
	Jimmy Carter (Democrat)	49	35.483.820
1984	**Ronald Reagan** (Republican)	525	54.455.075
	Walter F. Mondale (Democrat)	13	37.577.185
1988	**George H. W. Bush** (Republican)	426	48.886.097
	Michael Dukakis (Democrat)	111	41.809.074
1992	**Bill Clinton** (Democrat)	370	44.908.254
	George H. W. Bush (Republican)	168	39.102.343
1996	**Bill Clinton** (Democrat)	379	47.402.357
	Bob Dole (Republican)	159	39.198.755
2000	**George W. Bush** (Republican)	271	50.455.156
	Al Gore jr. (Democrat)	266	50.992.335
2004	**George W. Bush** (Republican)	286	62.040.610
	John Kerry (Democrat)	251	59.028.439

Quelle: bis 1992: Mieczkowski
1996–2004: Presidential Elections 1789–2004

Im Internet u.a.: www.uselectionatlas.org (mit gelegentlichen leichten Abweichungen bei der Gesamtstimmenzahl).

Klaus Schwabe

Weltmacht und Weltordnung

Amerikanische Außenpolitik von 1898 bis zur Gegenwart

Eine Jahrhundertgeschichte

2., durchgesehene Auflage 2007.
XIV + 560 Seiten, Leinen mit Schutzumschlag
ISBN 978-3-506-74783-9

Klaus Schwabe analysiert eine Jahrhundertgeschichte, die Geschichte des Aufstiegs der Vereinigten Staaten zur heute einzigen Weltmacht. Er hat ein Buch geschrieben, das sich vor allem durch das auszeichnet, was den hitzigen Debatten der letzten Jahre über die Rolle Amerikas auf der Bühne der Weltpolitik so oft fehlt: Beherrschung der historischen Fakten und abgewogenes Urteil.

»*Wie ist Washington zur einzigen Weltmacht geworden, wie das 20. Jahrhundert zum amerikanischen Jahrhundert? Und wie haben die Vereinigten Staaten dieses Jahrhundert gestaltet? Auf diese Fragen gibt Klaus Schwabe, einer der besten Kenner der amerikanischen Geschichte, überzeugende Antworten.*«

Frankfurter Allgemeine Zeitung

»*Schwabes Buch ist vor allem in diesen Zeiten von unschätzbarem Wert. Man würde sich wünschen, dass es zur Pflichtlektüre (...) würde.*«

Deutschlandfunk

»*Souverän, kenntnisreich und gut verständlich. Besonders erhellend ist das Kapitel über die Außenpolitik von George W. Bush.*«

Aachener Zeitung

»*Klaus Schwabe überzeugt inhaltlich, stilistisch und tendenziell. Dem Buch sei eine weite Verbreitung gewünscht.*«

Süddeutsche Zeitung

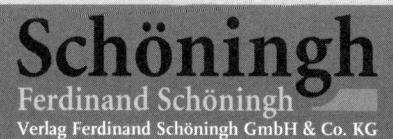

Verlag Ferdinand Schöningh GmbH & Co. KG

Postf. 2540 · D-33055 Paderborn
Tel. 05251 / 127-5 · Fax 05251 / 127-860
e-mail: info@schoeningh.de · www.schoeningh.de

LARS BERGER

Die USA und der islamistische Terrorismus

Herausforderungen im Nahen und Mittleren Osten

2007. 481 Seiten, Festeinband
ISBN 978-3-506-76369-3

Der Konflikt zweier Welten: Der islamistische Terrorismus und der Anti-Terrorkrieg der USA stehen seit dem Attentat vom 11. September 2001 weltweit im Mittelpunkt öffentlichen Interesses. Lars Berger, Amerika-Experte und Islamwissenschaftler, legt, gestützt auf einen reichen Fundus amerikanischer und arabischer Quellen, die erste umfassende Darstellung über das Wechselspiel zwischen der Außenpolitik der USA, der Entwicklung in Nah- und Mittelost und den Strategien des islamistischen Terrorismus vor.

Ein Buch, dem weite Beachtung gewiss ist!

PATRICK KELLER

Neokonservatismus und Amerikanische Außenpolitik

Ideen, Krieg und Strategie
von Ronald Reagan bis George W. Bush

2008. 344 Seiten, Festeinband
ISBN 978-3-506-76528-4

Im Streit um die amerikanische Außen- und Anti-Terror-Politik seit dem 11. September 2001 gibt es einen beherrschenden Kampfbegriff: *Neokonservatismus*. Eine Clique neokonservativer Ideologen, so der Vorwurf, habe den intellektuellen Hintergrund für den neuen amerikanischen Imperialismus und besonders für den Krieg gegen den Irak geschaffen. Wer aber sind diese *Neocons*, was macht den Kern ihres Denkens aus und wie haben sie auf die Politik der Weltmacht Einfluss genommen?

Das fesselnde Buch ist Pflichtlektüre für alle, die sich in der Beschäftigung mit den USA und ihrer Politik nicht mit Klischees begnügen wollen.

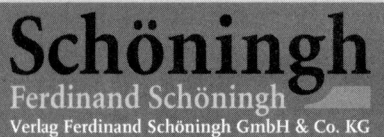

Postf. 2540 · D-33055 Paderborn
Tel. 05251 / 127-5 · Fax 05251 / 127-860
e-mail: info@schoeningh.de · www.schoeningh.de